움직임의
힘

움직임의 힘
—
2020년 4월 1일 초판 1쇄 발행
2023년 3월 2일 초판 12쇄 발행
—
지은이 켈리 맥고니걸
옮긴이 박미경
펴낸이 강준규
—
책임편집 유형일
마케팅 추영대
마케팅지원 배진경, 임혜솔, 송지유, 이원선
—
펴낸곳 (주)로크미디어
출판등록 2003년 3월 24일
주소 서울시 마포구 마포대로 45 일진빌딩 6층
전화 번호 02-3273-5135
팩스 번호 02-3273-5134
편집 02-6356-5188
홈페이지 http://rokmedia.com
이메일 rokmedia@empas.com
—
ISBN 979-11-354-6224-5 (03190)
책 값은 표지 뒷면에 있습니다.
—
• 안드로메디안(Andromedian)은 로크미디어의 실용 도서 브랜드입니다.
• 잘못 만들어진 책은 구입하신 서점에서 교환해 드립니다.

The Joy of Movement

운동은 어떻게 행복과 희망, 친밀감과 용기를 찾도록 돕는가

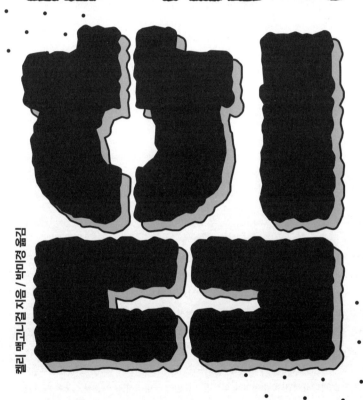

움직임의 힘

켈리 맥고니걸 지음 / 박미경 옮김

Andromedian

일러두기

출판사나 저자는 독자 개개인에게 전문적 조언이나 서비스를 제공하지 않습니다. 이 책에 담긴 아이디어와 절차와 제안은 의사의 진찰을 대신하지 못하니, 독자 여러분의 건강과 관련된 문제는 의사의 지침을 따르시기 바랍니다. 저자와 출판사는 이 책에 담긴 정보나 제안으로 발생됐다고 제기되는 일체의 손해나 피해를 책임지지 않습니다.

이 책은 움직임의 심리적, 사회적 효과를 탐색할 뿐, 개별적 조언이나 의료 가이드를 제공하지 않습니다. 움직임의 심리적 잠재 효과를 논하긴 하지만, 여러분이 현재 이용하거나 계획하는 치료나 방법을 운동으로 대체할 수 있다는 뜻은 아닙니다. 새로운 운동 프로그램이나 신체 활동을 시작하기 전에 주치의나 의료진의 조언을 구하십시오. 아울러 스포츠 행사를 앞두고 훈련하는 등 새로운 신체 목표를 세울 때는 전문가의 지시 및 공동체의 지원을 받으십시오. 신체 목표를 세우고 색다른 방식으로 움직임을 탐색할 때는 항상 여러분의 현재 능력과 건강과 생활환경을 고려해야 합니다.

내게 영감을 불어넣어준 모든 움직임 강사와
수업 시간에 나와 함께 움직였던 모든 이에게
고마움을 전합니다.
여러분과 함께 즐거움을 나눌 수 있어서
무척 좋았습니다.

켈리 맥고니걸Kelly McGonigal

켈리 맥고니걸은 건강심리학자이자 스탠퍼드 대학교 심리학 강사이다. 《왜 나는 항상 결심만 할까The Willpower Instinct》, 《스트레스와 만성통증을 완화시키는 알아차림 요가Yoga for Pain Relief》, 《스트레스의 힘The Upside of Stress》과 같은 세계적인 베스트셀러를 써낸 유명 작가이기도 하다. 보스턴 대학교에서 심리학과 매스커뮤니케이션을 전공하고, 스탠퍼드 대학교에서 심리학 박사 학위를 취득했다. 스탠퍼드에서 가장 우수한 교직원에게 수여하는 월터 J. 고어즈 상Walter J. Gores Awards을 비롯해 여러 상을 수상했으며, 〈포브스〉가 선정한 '세계에서 가장 영향력 있는 여성 20인'에 이름을 올리기도 했다. 그녀는 심리학과 신경과학, 의학 분야의 최신 연구 결과를 응용해 개인의 건강과 행복, 성공, 인간관계 개선에 도움이 되는 실천법을 제공하는 과학적 자기계발science help의 연구자로도 유명하다. 건강에 관한 심리학을 대중과 공유하기 위해 뉴욕 타임스 교육 이니셔티브의 심리학 컨설턴트를 역임하고, 퍼블릭 라디오의 과학자 및 저자와의 인터뷰를 진행하며, 각종 텔레비전 쇼에 출연하는 등 폭넓은 역할을 도맡아왔다. 스탠퍼드 대학교의 연민과 이타주의 연구 및 교육 센터CCARE, The Center for Compassion and Altruism Research and Education에서 툽텐 진파 교수와 함께 연민 배양 훈련 프로그램 CCT, Compassion Cultivation Training을 공동 창설했다. 또한 스탠퍼드에서 가르친 수업 '스트레스와 친구가 되는 법'이나 '의지력의 과학'은 TED 강의를 통해 매우 큰 인기를 끌었고 각각 책으로도 출간되어 큰 사랑을 받았다. 이 책 《움직임의 힘》에는 신체 활동이 주는 이점에 열정적이던 그녀가 2000년부터 피트니스 강사로 춤, 요가, 단체 운동을 가르치며 육체적 운동이 어떻게 현대의 우울증, 불안, 외로움 같은 전염병의 강력한 해독제가 될 수 있는지를 연구한 내용을 담았다. 이 연구는 운동과 자기계발에 관한 내용이나 운동이 주는 이득에 관한 내용을 넘어서 인간의 본성을 파헤친다. 그녀의 이번 연구는 인간은 결국 '움직이는 존재'라는 사실을 깨닫게 한다. 서문 말미에 적은 것처럼, 《움직임의 힘》은 '움직임과 인간 본성에 대한 러브레터'라 할 수 있다.

박미경

고려대학교 영문학과를 거쳐 건국대학교에서 교육학 석사학위를 받았다. 외국 항공사 승무원, 법률회사 비서, 영어 강사 등을 거쳐 현재 바른번역에서 전문 출판번역가이자 글밥아카데미 강사로 활동하고 있다. 《인생의 마지막 순간에서》, 《탁월한 인생을 만드는 법》, 《나를 바꾸는 인생의 마법》, 《혼자인 내가 좋다》, 《언틸유아마인》, 《프랑스 여자는 늙지 않는다》 외 다수의 책을 번역했다.

"그 순간 내 인생이 확 바뀌었다."

과거를 돌아보며 확신에 찬 목소리로 이렇게 말할 수 있는 사건은 별로 없다. 그런데 스물두 살 때 나한테 그런 일이 생겼다. 심리학과 대학원생 시절, 나는 '수줌음의 심리학Psychology of Shyness'이라는 세미나에 등록했다. 어렸을 때부터 소심했고 커서도 줄곧 불안감에 시달렸던 터라 세미나 프로젝트가 눈에 확 들어왔다. 중요하지만 두렵거나 자신이 없어서 회피했던 일을 실행해보자는 것이었다. 나는 그룹 운동GX 강사가 되겠다는 평생의 꿈을 이참에 이뤄보기로 했다. 거실에서 운동 비디오를 따라하며 세웠던 꿈이었다. 다른 아이들은 샐리 라이드 같은 우주비행사나 스티븐 스필버그 같은 영화감독을 꿈꿨지만, 나는 사람들로 가득한 GX 교실에서 스텝 댄스나 팔 벌려 뛰기 같은 동작을 이끄는 내 모습을 상상했다. 고등학교 시절엔 스페인어와 불어를 공부했다. 클럽 메드Club Med 리조트에서 에어로빅을 가르치려면 3개 국어 정도는 구사해야 한다는 글을 어디선가 읽었기 때문이다.

얼마 뒤, 나는 에어로빅 강사 오디션에 참가하려고 캠퍼스 내 운동 스튜디오 앞에 서 있었다. 죽어라 연습했기 때문에 자면서도 안무를 수행할 수 있을 정도였지만, 이번에도 극심한 공포감이 밀려들었다. 별안간 속이 메슥거렸다. 주먹을 어찌나 세게 쥐었던지, 손톱이 손바닥을 파고들 지경이었다. 심장이 터질 듯 쿵쾅거렸다. 증폭되는 불안감에서 어떻게든 벗어나고 싶었다. 당장 집으로 돌아가 아무 일도 없던 것처럼 행동하고 싶었다.

그 순간이 어제 일처럼 생생하다. 그날 나는 도망치고픈 마음을 억누르고 스튜디오 앞에서 끝까지 기다렸다. 어쩌면 당신도 이런 순간이 있을 것이다. 간절히 바라면서도 너무나 두려웠던 일을 기필코 이뤄내서 인생의 전환점을 맞이한 순간. 생각해 보니, 내가 평소 좋아하고 즐기던 여러 운동에서 용기를 배웠기 때문에 도망치지 않았던 것 같다. 요가에선, 숨을 깊이 들이마시고 안전지대 밖으로 나아가는 법을 배웠다. 댄스에선, 시작할 땐 의기소침해지더라도 음악에 맞춰 동작을 취하다 보면 금세 괜찮아질 거라는 낙관적 태도를 배웠다. 그리고 심장을 강화하는 유산소 운동에선, 쿵쾅거리는 심장이 늘 두려움의 징조는 아니라는 사실을 배웠다. 오히려 점점 더 튼튼해진다는 증거일 때도 있으니까.

끝까지 기다렸다가 오디션을 보기로 한 결정은 결국 내 인생을 바꾸어놓았다. 그 뒤로 나는 그룹 운동을 가르치는 길로 들어섰다. 20년 가까이 흐른 지금까지 운동 지도는 내 인생에 크나큰 기쁨과 의미를 부여한다. 그동안 나는 움직임이 사람의 기분을 얼마나 바꿔놓는지 수없이 목격했다. 어떤 이는 축 처진 모습으로 들어왔다가 운동한 뒤 희망찬 얼굴로 걸어 나갔다. 어떤 이는 자신의 강점을 파악했고, 또 어떤 이는 자신을 옭아매던 굴레를 벗어던졌다. 그동안 연령대나 신체 능력이 다른 사람들을 두루 지도하면서 움직임이 얼마나 다양한 역할을 수행할 수 있는지도 알게 되었다. 움직임은 자신을 돌보는 방식이자, 난관에 맞서는 기회이며, 친구를 사귀는 터전이었다. 내가 지도한 여러 강좌는 커뮤니티로, 즉 사교의 장으로 발전했다. 사람들은 함께 모여 운동할 뿐만 아니라 서로 격려하

움직임의 힘

고 응원했다. 사람들이 일제히 스텝을 밟는 모습에서, 또 오랫동안 보이지 않던 회원이 오면 제 식구마냥 따뜻하게 맞아주는 모습에서 나는 집단적 즐거움이 어떤 느낌인지 알게 되었다. 그룹 운동을 이끄는 즐거움이 워낙 컸기에 중간에 그만둘 수 없었다. 움직임의 즐거움을 나누는 데서 오는 만족감 때문만은 아니었다. 움직임이 내게 크나큰 도움을 주었기 때문이기도 했다. 인생의 파도를 넘을 때마다 운동은 나를 고립과 좌절에서 구해주고 용기와 희망을 안겨주었다. 기쁨을 누릴 방법을 상기해주고 사람들과 어울릴 자리를 마련해주었다.

이러한 경험은 나한테만 국한되지 않는다. 세상 어디를 둘러봐도 활발하게 활동하는 사람들이 더 행복하고 만족스럽게 살아간다. 걷기, 달리기, 수영, 댄스, 자전거 타기, 중량 들어올리기, 요가, 각종 구기 종목 등 뭐든 상관없다. 규칙적으로 운동하는 사람은 목적의식이 더 뚜렷하고, 감사와 사랑과 희망의 감정을 더 많이 경험한다. 공동체에 대한 유대감이 더 강하고, 외로움에 시달리거나 우울증에 빠질 가능성도 더 낮다. 살아가는 내내 이런 장점을 누린다. 이는 사회경제적 계급에 상관없이 누구에게나 적용되며, 어느 문화에서나 보편적으로 나타나는 것 같다. 게다가 신체 활동의 심리적, 사회적 효과는 특정한 신체 능력이나 건강 상태에 좌우되지 않는다. 그래서 만성 통증에 시달리는 사람이나 지체장애인, 정신적으로나 육체적으로 심각한 질병에 걸린 사람, 심지어 호스피스 케어를 받는 환자들 사이에서도 효과가 입증되었다. 새로운 희망과 의미, 소속감 등 앞에서 언급한 즐거움은 건강한 상태fitness가 아니라 바로 움직임movement과 밀접하게 연결되어 있다.

이 책은 신체 활동이 인간의 행복에 어떻게 기여하는지를 중점적으로 다룬다. 연구를 시작하면서 과학적 근거를 두루 조사했다. 운동하는 사람이 더 행복하다는 걸 보여주는 갖가지 사례는 건너뛰었지만, 그 이유를 밝힐 수 있는 연구와 이론은 집중적으로 파헤쳤다. 신경과학에서 고생물학, 음악학에 이르기까지 다양한 분야의 학술 논문을 조사했다. 운동선수와 운동 전문가를 인터뷰하고

자 헬스클럽과 댄스 스튜디오, 공원, 심지어 항공모함에 이르기까지 사람들이 함께 운동하는 곳이라면 어디든 찾아갔다. 시대와 문화를 통틀어 움직임의 역할을 더 잘 이해하고자 회고록을 탐독하고 민족학을 연구했다. 나는 시야를 넓혀 철학자와 종교학자의 글도 다수 살펴봤다. 팟캐스트를 다운로드하고 소셜 미디어 그룹에도 가입했다. 그리고 친구들과 가족은 물론 낯선 이들에게도 움직임의 경험을 공유해 달라고 부탁했다. 인터뷰하고 나서 거의 매번 녹음된 대화의 특정 부분을 반복해서 청취했다. 정확성을 기하기 위해서뿐만 아니라 그들의 이야기를 다시 듣고 싶었기 때문이다. 나와 이야기를 나눴던 사람 중엔 움직임이 자기에게 어떤 의미가 있는지 설명하면서 눈물을 흘리는 이가 많았다. '그녀는 이 점을 말하면서 펑펑 울었다'는 말을 세 번째로 타이핑하면서 깨달았다. 이것은 기쁨의 눈물이고, 움직임의 즐거움은 가슴을 뭉클하게 한다는 사실을.

연구를 막 시작했을 때는 운동이 우리를 행복하게 해주는 이유에 대한 설명이 지나치게 단순하다고 생각했다. 움직임의 심리적 효과는 엔도르핀 분출$^{endorphine\ rush}$로만 국한할 수 없다. 신체 활동은 활력을 불어넣고 근심을 덜어주며 타인과 유대를 맺도록 돕는 다른 뇌 화학물질에도 두루 영향을 미친다. 뇌의 염증을 줄여 결과적으로 우울증과 불안감과 외로움에 시달리지 않게 한다. 또 규칙적 운동은 뇌의 물리적 구조를 바꿔 즐거움과 사회적 연결을 더 잘 받아들이게 한다. 이러한 신경학적 변화는 우울증과 중독증에 대한 최신 치료법에서 관찰되는 변화와 맞먹는다. 정신에 영향을 미치는 운동의 효과는 근육 조직에서도 나타난다. 신체가 움직이는 동안, 근육은 뇌가 스트레스 상황을 더 잘 이겨내도록 돕는 호르몬을 분비한다. 과학자들은 이러한 호르몬을 "희망 분자$^{hope\ molecules}$"라 부른다.

갖가지 증거를 살펴본 결과, 생리 기능의 모든 측면은 움직이는 것을 보상하도록 기획됐다고 결론 내릴 수밖에 없다. 그렇다면 인체 생리학은 왜 우리를 활발히 움직이게 하려고 이토록 정교하게 조정되었을까? 일단 운동에 따른 건강 효과와 관련됐을 거라고 추론해볼 수 있다. 어쩌면 뇌는 심장마비를 예방하고자 몸을 활발하게 움직이도록 명령하는지 모른다. 하지만 이러한 관점은 너무 단순해서 인간의 생존에 대한 신체 활동의 가치를 제대로 파악했다고 보기 어렵다. 의사가 당신에게 혈당을 더 잘 조절하거나 혈압을 낮추거나 암 위험성을 줄이기 위해 운동하라고 권할 수는 있다. 하지만 인류사를 통틀어, 움직임의 핵심 목적은 질병 예방이 아니었다. 신체 활동은 곧 우리가 인생을 살아가는 방식이었다. 신경과학자 다니엘 울퍼트Daniel Wolpert의 주장처럼 "인간 뇌의 목적은 오로지 움직임을 유발하는 것이다. 움직임은 우리가 세상과 교류하는 유일한 방식이다."[1] 바로 이런 이유로 우리의 생명 작용은 움직임을 온갖 방식으로 보상한다. 가장 근본적인 수준에서 움직임에 대한 보상은 곧 뇌와 몸이 당신에게 인생을 살아가도록 격려하는 것이다. 당신이 흔쾌히 움직이려 한다면, 근육은 당신에게 희망을 줄 것이고 뇌는 즐거움을 조성해줄 것이다. 그리고 생리 기능은 당신이 계속 나아가는 데 필요한 활력과 목적과 용기를 찾도록 총체적으로 도와줄 것이다.

　움직임이 보상을 안겨주는 이유와 관련해서 좀 더 포괄적인 설명도 있다. 인간의 행복 심리학에서 유래된 것으로, 인간은 원래 생존에 유리한 활동과 경험과 정신 상태에서 즐거움을 얻도록 설계되었다는 내용이다. 이는 먹고 자는 등 대단히 현실적인 문제를 넘어, 우리를 인간으로 규정하는 심리적 특성의 상당 부분까지 포함한다. 우리는 협력하는 데서 즐거움을 느끼고 팀워크에서 만족감을 얻는다. 어떻게든 진전을 이루고자 노력하고 그 과정에서 기쁨과 자부심을 느낀다. 우리는 사람과 장소와 공동체에 애착을 형성하고, 그들을 돌보면서 따뜻한 정을 나눈다. 삶에서 의미를 찾는 능력조차도 즐거움의 신경생물학에 뿌리를 두고 있다. 그래서 이야기와 은유는 뇌의 보상체계를 사로잡아 우리 삶을 이해하도록 돕는 서사를 꾸며내도록 부추긴다. 새로운 세대가 출현할 때마다 이러한 행

　　　　　　　　　　　움직임의 힘

복 습관을 다시 들이려고 애쓰지 않아도 된다. 이러한 본능은 우리의 DNA에 새겨져 있다가 언제 어디서나 불쑥 튀어나온다. 숨을 쉬고 음식을 소화하고 근육에 혈액을 내보내는 능력만큼이나 기본적인 생존 능력인 것이다.

운동이나 탐험, 경쟁이나 환호 등의 신체 활동은 모두 이러한 본능을 자극하기 때문에 우리를 더 행복하게 한다. 움직임은 자신을 표현하고 사람들과 교류하며 기능을 숙달하는 등 인간이 누리는 대단히 기본적인 즐거움과 밀접하게 관련된다. 활발하게 움직이는 동안 우리는 내재된 즐거움에 접근한다. 음악에 맞춰 똑같이 움직이는 데서 만족감을 얻고, 빠르거나 느리게, 강하거나 우아하게 움직이는 데서 전율을 느낀다. 또한 움직임은 자연과 교감하거나 자기보다 더 큰 존재의 일원이라고 느끼고 싶은 욕구 등 인간의 핵심 니즈를 충족시킬 수 있다. 우리가 가장 끌리는 취미 활동은 함께 노력하려는 우리의 본능을 고양시키는 동시에, 끝까지 참고 노력하면서 배우고 성장하는 등 각자의 강점을 활용하도록 독특하게 고안된 것 같다. 함께 노력할 때 우리 안의 좋은 점을 드러내고 타인의 좋은 점도 보게 된다. 그런 이유로 어느 문화에서나 운동을 가장 즐겁고 의미 있는 전통의 중심에 둔다. 철학자 더그 앤더슨^{Doug Anderson}이 관찰했듯이 "움직임에는 인간을 가장 인간답게 살아가게 하는 힘이 있다."[2]

　나는 움직임과 행복 간의 관련성을 아주 상세하게 조사했다. 그래서 이 책은 당연히 가장 인간답게 사는 법에 대한 탐구이자 움직임의 힘을 이해하는 유일한 방법이다. 이 책은 다른 무엇보다도 인간의 행복이 공동체 안에서 꽃핀다는 점을 상기시킨다. 인간은 사회적 동물로 진화했기에 살아남으려면 서로가 필요하다. 인류사를 통틀어, 노동이나 의식이나 놀이에 상관없이 움직임은 우리가 서로 연결하고 협력하고 환호하도록 도와주었다. 오늘날에도 신체 활동은 계속해서 우리를 한데 모이게 하고 서로가 얼마나 필요한 존재인지 깨닫게 한다. 이것은 일종의 계시와 같다. 개개인에게 미치는 신체 활동의 심리적 혜택은 결국 우리의 사회성social nature에 달려 있으며, 움직임의 즐거움이 실은 연결의 즐거움이라는 점을 깨우쳐준다.

처음엔 운동으로 행복을 찾는 법을 알려주는 자기계발서를 염두에 두었다. 그런데 지금 내 손엔 연서戀書가 들려 있다. 이 책은 결국 온갖 형태의 움직임을 향해, 그리고 인간 본성human nature을 향해 내가 보내는 러브레터다. 참으로 신기하게도, 이 책의 작업은 움직임 자체와 똑같이 나를 고양시켰다. 작업하는 내내 나는 희망과 유대감을 느꼈다. 이 프로젝트에 대해 누군가에게 들려주면서 "난 인간을 사랑해. 사람은 참으로 놀라운 존재야"라는 말을 몇 번이나 했는지 모른다. 내 심장은 유산소 운동이 필요했던 것 이상으로 이 책이 필요했던가 보다. 어쩌면 당신도 이 책이 필요할지 모른다. 정말로 그렇다면, 내가 이 책을 집필하면서 느꼈던 기분을 당신도 이 책을 읽으면서 느낄 수 있기를 바란다. 이 책을 읽고 나서 움직임이 왜 중요한지 다시 생각해볼 수 있기를 바란다. 활발하게 움직이면

서 즐거움과 의미를 찾을 수 있기를 바란다. 이 책을 내려놓는 순간
벅찬 가슴으로 이렇게 말할 수 있기를 바란다.

"우리 인간은 참으로 신기하고 놀라운 존재야."

차례

The Joy of Movement

끈질긴 노력 끝에
맛보는 짜릿함

신나게 달릴 때 맛보는 짜릿한 기분, 일명 러너스 하이^{runner's high}는 흔히 운동을 꺼리는 사람들을 어떻게든 꾀어낼 목적으로 사용하는 말이다. 1855년, 스코틀랜드의 철학자 알렉산더 베인^{Alexander Bain}은 빨리 걷기나 달리기의 즐거움을 "일종의 무의식적 도취 상태"[1]라 일컬으며, 고대 로마의 주신酒神 바커스^{Bacchus}를 열렬히 숭배할 때와 비슷한 쾌감이라고 설명했다.

문화사학자 바이바 크레건-리드^{Vybarr Cregan-Reid}도 《주석^{Footnotes}(국내 미출간)》이라는 제목의 회고록에서 그런 기분을 만취 상태에 비유했다. "마치 밀주 위스키를 진탕 마신 기분이다. 지나가는 사람마다 붙잡고 그들이 얼마나 예쁜지, 세상이 얼마나 멋진지, 살아 있다는 게 얼마나 좋은지 떠벌리고 싶어진다."[2]

트레일 러너이자 트라이애슬론 선수인 스콧 던랩^{Scott Dunlap}은 달릴 때의 쾌감을 이렇게 압축해서 묘사했다. "그 기분은 마치 50달러

짜리 로또 당첨 티켓을 주머니에 꽂은 채 보드카 레드불 칵테일 두 잔과 소염진통제인 이부프로펜 세 알을 꿀꺽한 상태와 같다고 할 수 있다."[3]

여러 러너가 달릴 때의 쾌감을 얼큰하게 취한 상태에 비유하길 좋아하지만, 간혹 영적 체험에 비유하는 사람도 있다. 《러너스 하이The Runner's High(국내 미출간)》에서 댄 스턴Dan Sturn은 아침마다 7마일 (약 11킬로미터)씩 달리다 보면 눈물이 주르르 흐른다고 말했다. "나는 신비주의자와 주술사, 마약에 취한 사람이 묘사하려 애쓰는 상태로 점점 더 빠져들었다. 매 순간이 너무나 소중했다. 혼자인 것 같으면서 동시에 모두와 연결된 것 같았다."[4]

알코올이나 종교 대신 사랑을 들먹이는 사람도 있다. 소셜 뉴스 웹사이트인 레딧Reddit에서 러너스 하이가 어떤 기분인지 논하던 중, 한 참여자가 이런 글을 올렸다. "나는 달리기를 사랑하고, 달리면서 만나는 사람도 다 사랑한다." 그러자 다른 참여자가 바로 동조하는 글을 올렸다. "당신이 누군가에게 호감을 느꼈는데 마침 그 사람에게서 당신을 좋아한다는 고백을 받았을 때의 기분과 흡사하다."[5]

울트라 러너인 스테파니 케이스Stephanie Case는 달릴 때 느끼는 만족감을 이렇게 묘사한다. "사랑하는 사람들은 물론이요, 주변에서 달리는 사람들 누구와도 연결된 것 같다. 그리고 내 앞에 창창한 미래가 펼쳐질 것 같은 기분이 든다."[6]

흔히 러너들이 운동의 짜릿함exercise high을 칭송하는데, 이러한 효과가 달리기에만 국한되는 건 아니다. 하이킹이나 수영, 사이클,

춤, 요가 같은 신체 활동도 꾸준히 하면 비슷한 행복감을 맛볼 수 있다. 아무래도 이는 꾸준한 노력에 대한 뇌의 보상 방식인 듯하다. 그렇다면 어째서 이런 보상이 존재할까? 그리고 더 중요하게, 격렬한 운동으로 어째서 사랑의 감정까지 느끼게 되는 걸까?

러너스 하이에 관한 최신 이론에서는 과감한 주장이 제기되고 있다. 격렬한 운동 뒤에 행복을 느끼는 능력이 사냥이나 채집으로 살아가던 고대 조상들의 삶과 연결된다는 것이다. 생물학자 데니스 브램블Dennis Bramble과 고인류학자 대니얼 리버만Daniel Lieberman은 "오늘날 장거리 달리기는 주로 운동과 오락의 한 형태지만, 그 뿌리는 사람속human genus의 기원만큼이나 오래됐는지도 모른다"고 주장했다.[7]

달릴 때 행복을 느끼는 신경화학적 상태가 사냥과 채집으로 살아가야 했던 초기 인류에게 주어진 보상이었는지 모른다. 우리가 러너스 하이라고 부르는 것이 실은 우리 조상들을 서로 협력하게 하고 사냥의 전리품을 나눠 먹도록 부추겼는지도 모른다.

먼 옛날, 우리 조상은 신체 활동이 즐거웠기 때문에 살아남았을 수 있다. 그리고 오늘날 달리기를 통해서든 다른 신체 활동을 통해서든 우리도 조상들이 느꼈던 즐거움을 똑같이 맛보고 사회적 연결도 더 쉽게 맺을 수 있다. 러너스 하이에 숨겨진 과학적 원리를 이해한다면, 이러한 효과를 십분 활용하여 사람들과 더 잘 어울릴 수도 있고, 사랑에 빠진 듯한 기분을 맛볼 운동 종목을 찾을 수도 있을 것이다.

2010년, 인류학자이자 듀크 대학 교수인 허먼 폰처Herman Pontzer
는 텐트에서 자다가 사자 떼가 으르렁거리는 소리에 깜짝 놀라 눈
을 떴다. 폰처는 당시 탄자니아 북부의 에야시 호수 근처에서 야영
을 하고 있었는데, 최초로 도구를 만들어 사용했다는 호모 하빌리
스Homo habilis가 200만 년 전에 살았던 협곡에서 멀지 않은 곳이었다.
폰처는 하드자Hadza족의 신체 활동 습관을 관찰하고자 한동안 탄자
니아에서 지냈다. 하드자족이 아프리카에서 수렵과 채집으로 살아
가는 마지막 부족 중 하나였기 때문이다. 사자들이 반마일(약 800미
터)쯤 떨어진 곳에서 으르렁거린 날은 폰처 일행이 하드자 야영지
에 머문 지 이틀째 되던 날이었다. 폰처는 낯선 환경에 몸을 뒤척이
며 다시 억지로 잠을 청했다.

다음날 아침, 폰처는 여섯 시에 일어나 모닥불 주변에 둘러앉은
팀원들에 합류했다. 커피와 오트밀을 준비하려고 물을 끓이는데
하드자족 남자들이 야영지 쪽으로 다가왔다. 그들의 어깨엔 큼직
한 덩어리가 하나씩 들려 있었다. 똑같이 사자 떼의 울음소리를 들
었는데, 그들은 폰처처럼 다시 잠을 청하는 대신, 어둠을 뚫고 나가
사자 떼의 먹이를 약탈했던 것이다. 폰처는 당시 기분을 이렇게 회
상했다. "하드자족 남자 다섯이 사자 무리에게서 갓 잡은 영양을 빼
앗아 오는 동안, 쪼그려 앉아서 오트밀 죽을 먹는 것보다 남자로서
더 초라하게 느낄 만한 일은 없을 것이다."[8]

폰처 일행이 탄자니아에 간 건 하드자족과 서구인의 생활양식 간에 현격한 차이를 연구하기 위해서였다. 하드자족은 우리 조상들이 살았던 곳과 비슷한 환경에서 살고 있으며, 그들의 DNA를 분석한 결과 지구상에서 가장 오래된 인간 혈통 중 하나로 드러났다. 그렇다고 하드자족이 살아 있는 화석이라는 말은 아니다. 그들도 지구 곳곳에 흩어진 여느 인간과 마찬가지로 진화했다. 하지만 그들의 문화는 다른 사회 집단처럼 빠른 속도로 변하지 않았다. 300명 정도 남은 하드자족은 여전히 수렵채집인의 생활양식을 따르며, 초기 인류가 의존했던 생존 전략과 흡사한 방식으로 목숨을 부지한다. 폰처의 동료 하나가 내게 말한 것처럼 먼 옛날 인간의 삶이 어떠했는지 이해하기에 "이곳은 더할 나위 없다." 인간의 몸과 뇌가 적응해가는 신체 활동의 유형을 실제로 볼 수 있는 최고의 기회인 셈이다.

하드자족은 거의 온종일 사냥을 하거나 먹이를 구하러 다닌다. 남자는 손수 만든 활과 독화살을 들고 아침 일찍 나가서 작은 새와 개코원숭이 등을 닥치는 대로 잡는다. (폰처가 하드자족 남자 둘을 따라다닌 첫날, 그들은 다친 혹멧돼지 한 마리를 잡으려고 핏자국을 따라 수시간을 헤맸다.) 여자는 오전에 나가 베리류와 바오밥나무 과일을 따고 땅에서 덩이줄기를 캐는데, 10킬로그램 정도 모으면 숙소로 돌아왔다가 오후에 다시 나간다. 폰처 일행은 리서치 프로젝트의 일환으로 하드자족 남자 열아홉 명과 여자 스물일곱 명에게 활동 추적기와 심박수 측정기를 부착해 새벽부터 해 질 녘까지 그들의 활동을 기록했다. [9] 하드자족은 달리기처럼 중간에서 고강도 활동을 두 시간쯤 하고, 걷기처럼 가벼운 활동을 여러 시간 했다. 남자와 여자, 혹은 젊은이와 노인의 활동 수준은 별 차이가 없었다. 오히려 나이를 먹을수록 더 활발하게 활동했다. 이와는 대조적으로 미국에서 일반 성인은 중간에서 고강도 활동을 10분도 하지 않으며, 여섯 살때 신체 활동이 최고조에 달한다. [10] 하드자족의 생활 방식이 인간의 몸이 적응되어온 방식을 정말로 반영하는 거라면, 우리는 잘못돼도 심각하게 잘못되었다.

하드자족에게서는 산업화된 사회에 만연한 심혈관계 질환이 보이지 않는다는 점은 주목할 만하다. [11] 동일 연령의 미국인과 비교하면, 하드자족은 혈압이 낮고, 콜레스테롤과 트리글리세리드, C-반응성 단백질 등 향후 심장마비를 예측하는 척도인 혈류 내 염증 수치도 매우 낮다. 이렇게 건강한 심장은 흔히 신체 활동 수준이 높은 집단에서 보게 된다. 폰처는 하드자족 사이에서 현대의 유행병 두 가지, 즉 불안감과 우울증이 보이지 않는다는 사실 또한 매우 놀랍다고 했다. 그들의 활발한 생활 방식과 관련됐다고 단정할 순 없지만, 이를 전혀 고려하지 않기도 어렵다. 미국의 경우, 가속도계accelerometer로 측정한 일일 신체 활동은 삶의 목적의식과 상관관계가 있다. [12] 실시간 추적 조사에서도 사람들은 활발하게 활동할 때에 가만히 앉아 있을 때보다 더 행복한 것으로 나타났다. [13] 또 평소보다 더 활발하게 활동한 날 자기 삶에 더 만족해했다. [14]

미국과 영국에서 진행된 다른 실험에서, 꽤 활동적인 성인들에게 일정 기간 동안 몸을 많이 움직이지 못하게 했더니 행복감이 줄어드는 결과가 나왔다. 규칙적으로 운동하는 사람들을 두 주 동안 주로 앉아서 지내게 하자 불안해하고 짜증도 많이 부렸다.[15] 성인에게 임의로 일일 보행 수를 줄이게 하자 88퍼센트가 더 우울해졌다. 활동을 더 줄이게 하자 일주일도 안 돼 삶의 만족도가 31퍼센트나 감소했다.[16] 하루 평균 5,649보만 걸으면 불안과 우울증이 생기고 삶의 만족도가 떨어지는 것으로 밝혀졌다. 그런데 일반적으로 미국인은 하루 평균 4,774보를 걷는다.[17] 전 세계 성인의 평균 보행 수는 4,961보다.

인간이 늘 수렵과 채집으로 살았던 건 아니다. 200만 년 전, 엄청난 사건으로 지구가 차가워지는 바람에 동아프리카의 풍경이 바뀌었다. 빽빽하던 밀림 지대가 갈라져서 탁 트인 삼림과 초원이 되었다. 서식지가 바뀌자 먹이 공급도 달라져서 초기 인류는 점점 더 멀리 나가 동물을 사냥하거나 동물 사체를 찾아 헤매고 식물을 채집해야 했다. 인류학자들은 바로 이 시기가 우리 종種의 진화에 전환점이 됐을 거라고 추정한다. 달리기를 돕는 신체 특징이 자연적으로 선택된 것이다. 결국 사냥을 감당할 수 있는 신체 조건을 가진 사람만 살아남았다.

조상들의 달리는 모습을 직접 볼 수는 없지만, 화석화된 유골을 통해 유추할 수는 있다. 인간 화석을 살펴보면, 지난 200만 년 동안 달리기를 가능하게 해준 해부학적 적응 모습을 명확히 파악할 수

움직임의 힘

있다. 현대 인류의 선조는 400만 년 전부터 두 발로 걸어 다녔다. 하지만 당시 호미닌^{hominin}*은 나무 위에서도 생활했다. 그들의 발은 더 유연하고 굽어 있었으며, 나뭇가지를 붙들기 좋도록 발가락이 길었다. 달리기에는 적합하지 않았다. 그러다 100만 년에서 200만 년 전 사이로 추정되는 화석에서 우리와 비슷한 모양의 발을 가진 인류를 발견했다. 그들은 발가락이 짧아서 나무를 타긴 어렵지만 발이 편평해 대지를 단단히 딛고 다녔을 것이다. 호모 에렉투스^{Homo erectus}**의 해골이 보이기 시작한 것도 이 무렵이다. 호모 에렉투스는 더 앞선 시대에 살았던 호미니드^{hominid}***보다 대퇴골이 50퍼센트 정도 더 길고, 어깨가 더 넓으며 팔뚝이 더 짧았다. 이러한 형태상의 변화는 모두 더 효율적으로 달리기 위한 방편이었다.[18]

화석 자료를 제쳐두고, 우리 몸에서도 달리기에 유리한 특징을 두루 관찰할 수 있다. 널찍한 둔근臀筋과 긴 아킬레스건腱은 추진력을 높여준다. 인간은 다른 영장류에 비해 피로를 견디는 지근섬유遲筋纖維가 많고, 달리는 근육에 미토콘드리아가 많아 산소를 연료로 더 많이 소비할 수 있다. 우리는 또 항인대項靭帶가 있는 유일한 영장류이다. 항인대는 두개골 밑에서 척추까지 고정하는 결합조직으로, 늑대와 말처럼 달리기를 잘하는 네발짐승에게 있다. 항인대 덕

분에 달릴 때 고개가 까딱거리지 않는다. 이러한 적응 구조는 모두 우리가 장거리 마라토너로 진화했음을 암시한다. 초기 인류가 더 멀리 더 빠르게 달려야 살아남을 수 있었기에 우리의 뼈와 근육과 관절은 먼 거리를 가는 데 적합하도록 진화되었다.

애리조나 대학에서 인류학을 가르치는 데이비드 라이클렌^{David} Raichlen은 자연 선택으로 인간이 달리기에 유리한 특징을 갖게 됐다는 데 전적으로 동의한다. 2005년도 학술 논문인 〈인간의 둔근은 왜 이렇게 클까?^{Why Is the Human Gluteus So Maximus?}〉를 포함해, 대학원 시절 그가 했던 연구가 이러한 이론을 수립하는 데 일조했다. 하지만 그는 아직 동기 문제를 명확히 밝혀내지 못했다. 더 쉽게 달릴 수 있는 골격이 갖춰졌다고 해서 무작정 장거리 마라토너가 되지는 않았을 것이다. 초기 인류를 그토록 필사적으로 달리게 했던 이유는 과연 무엇일까? 인간은 에너지를 비축하는 성향이 있는데, 큰 짐승을 잡을 생각으로 온종일 헤매면서 에너지 비축량을 다 소비해버리면 위험에 처할 수 있다. 폰처의 표현대로 사냥과 채집은 "판돈이 큰 게임으로 화폐가 칼로리라서 파산하면 죽을 수밖에 없다."[19] 사냥하고 채집하러 종일 쏘다니면 힘들고 지치고 지루하기 마련이다. 그들은 빈속으로 종일 사냥하거나 새벽부터 해 질 녘까지 먹이를 찾아다니는 부담을 어떻게 견뎌낼 수 있었을까?

라이클렌은 취미로 달리기를 즐기면서 러너스 하이에 대해 생각하기 시작했다. 러너스 하이가 왜 존재하는지 아무도 그럴듯한 설명을 내놓지 못했기 때문이다. 러너스 하이가 장거리 달리기에서

임의로 나타나는 생리적 부산물이 아니라 끈질긴 노력에 대한 자연의 보상이라면? 뇌의 기분 좋은 화학물질을 활용해 지구력을 키워나가는 식으로 진화된 것이라면? 라이클렌은 초기 인류가 굶주림에 시달리지 않으려고 달릴 때 쾌감을 느꼈는지 모른다고 생각했다. 아울러 그러한 신경학적 보상이 고통을 덜어주고 즐거움을 유발했을 거라고 추론했다. 과학자들은 예전부터 러너스 하이의 배후에 엔도르핀이 있다고 짐작했다. 실제로 여러 연구에서 고강도 운동이 엔도르핀 분출을 유발한다는 사실이 드러났다.[20] 하지만 라이클렌은 또 다른 후보, 즉 엔도카나비노이드endocannabinoids라 불리는 뇌 화학물질에 주목했다. 엔도카나비노이드는 대마초(마리화나)에 의해 모방되는 화학물질로, 통증을 가라앉히고 기분을 고양시켜준다. 육체적 수고를 보상한다는 라이클렌의 요건에 딱 들어맞는다. 게다가 대마초의 여러 효능은 운동으로 유발되는 쾌감과 일치한다. 가령 걱정이나 스트레스가 싹 사라지고, 통증이 가라앉고, 시간이 느리게 가고, 감각이 고조된다.[21]

운동이 이러한 뇌 화학물질을 유발한다고 암시하는 연구는 이전에도 있었지만, 달리기에서 이 점을 입증한 연구는 없었다. 그래서 라이클렌은 규칙적으로 달리는 사람들을 트레드밀에서 달리게 했다.[22] 달리는 강도는 저마다 다르게 하고, 달리기 전과 후에 피를 뽑아 엔도카나비노이드 수치를 측정했다. 30분 동안 천천히 달린 경우 아무 변화가 없었다. 진이 빠질 정도로 격렬하게 달린 경우에도 마찬가지였다. 하지만 조깅, 즉 가벼운 러닝을 한 경우에는 러너의 엔도카나비노이드 수치가 세 배나 높아졌다. 엔도카나비노이드의 증가는 러너 자신이 느끼는 쾌감과도 상관관계가 있었다. 라이클렌의 예감이 적중했다. 신나게 달릴 때 느껴지는 러너스 하이는 바로 붕 뜬 것 같은 기분이었다.

그렇다면 조깅할 땐 엔도카나비노이드가 증가하지만 천천히 걷거나 진 빠지게 달릴 땐 왜 증가하지 않을까? 우리 뇌가 200만 년 전 사냥과 채집을 위해 달리던 강도와 비슷한 수준으로 운동할 때만 보상을 주는 거라고 라이클렌은 추론한다. 이 추론이 맞는다면 비슷한 방식으로 사냥을 하거나 사체를 먹어치우는 다른 동물도 같은 식으로 보상을 받았어야 한다. 예를 들어 갯과 동물은 넓은 지역을 쏘다니며 먹이를 쫓도록 진화됐다. 라이클렌은 애완견도 쾌감을 느끼는지 알아보려고 트레드밀에서 달리게 하기로 결정했다.[23] (연구를 위해선 늑대가 더 좋은 후보였지만, 협조를 구하기엔 개가 더 쉬운 상대였다.) 대조군으로는 족제비를 선정했다. 야생 족제비는 야행성이라, 굴에서 자는 작은 포유류를 사냥하거나 두꺼비와 새알처럼 지칠 정도로 쫓지 않아도 되는 먹이를 찾아다닌다. 따라서 족제비는 지구력이 발달할 필요가 없었고, 실제로도 그런 것 같다. 30분 동안 조깅한 개들은 혈액 내 엔도카나비노이드 수치가 증가했다. 반면, 족제비는 시속 1.9마일(약 3킬로미터)의 속도로 바삐 걸었지만 수치가 전혀 증가하지 않았다.

이 모든 사항이 오늘날 취미로 운동하는 사람들에게 어떤 의미가 있을까? 일단 달리기 자체가 아니라 중간 강도로 꾸준히 하는 신체 활동이 러너스 하이의 핵심 열쇠임을 알 수 있다. 실제로 과학자들은 자전거 타기, 경사진 트레드밀에서 걷기, 등산을 통해서도 엔도카나비노이드가 비슷하게 증가한다는 사실을 확인했다.[24] 짜릿한 기분을 맛보고 싶으면, 그저 시간과 노력을 기울이면 되는 것이다. 줄리아를 예로 들어보자.[25] 줄리아는 22년 전 척수소뇌성 운동실조증^{spinocerebellar ataxia}이라는 희귀한 유전질환을 진단받았다. 균형을 잡기 어렵고 갑자기 움찔하거나 근육 경련을 일으키는 등의 증상이 유발되는 신경퇴행성 질환이다. 줄리아에게 삶에서 제일 중요한 일을 꼽자면, 이따금 손자들을 돌봐주는 데 필요한 기동성을 유지하는 것이다. 그래서 그녀는 아침마다 밖에 나가 500미터를 걷고, 140개에 달하는 아파트 계단을 이용해 집으로 돌아온다. 가족은 줄리아가 걸으면서 들을 음악을 선곡해주고 산책할 거리도 계산해주었다. 아파트 주민들도 줄리아를 만나면 언제든 도움을 청하라고 상냥하게 말한다. 날마다 하는 산책과 계단 오르기는 줄리아에게 짜릿한 기분을 느끼게 한다. 줄리아는 이렇게 말한다. "걷고 나면 정말 상쾌해요. 짜릿한 흥분 같은 걸 느끼죠. 마라토너들이 말하는 게 아드레날린인가요? 아니, 헤로인이었나? 아무튼 나도 그런걸 맛보는 것 같아요."

당신을 계속 움직이게 해서 심박동수를 증가시키는 것은 뭐든 자연의 보상을 촉발시키기에 충분하다. 달성해야 할 성과의 객관적 척도도 없고, 도달해야 할 걸음 수나 거리도 없다. 운동으로 유발되는 행복감을 경험할지 말지 결정하는 기준은 어디에도 없다. 그저

적당히 힘든 일을 20분 이상 꾸준히 수행하기만 하면 된다. 그렇기 때문에 러너스 하이runner's high는 달리기running의 짜릿함이 아니라 끈질긴 노력 끝persistence에 맛보는 짜릿함이다.

혹시라도 조디 벤더Jody Bender가 집 근처 공원을 달리는 모습을 보면, 일단 그녀의 오른쪽 다리에 눈길이 갈 것이다. 그녀의 오른쪽 다리는 왼쪽 다리와 달리 문신으로 가득 덮여 있다. 허벅지 앞쪽으로는 흑백의 페가수스가 날개를 활짝 펼치고 있고, 발목에서 무릎까지 부위에는 파란 염소가 붉은 양귀비 밭에서 날렵한 뿔과 금빛 갈기를 자랑하며 늠름하게 서 있다. 발 근처에는 행운을 상징하는 토끼발자국 무늬가 찍혀 있다. 한쪽 다리에만 문신이 그려진 데는 사연이 있다. 서른 살인 벤더는 스물두 살 때 뇌졸중으로 쓰러진 후 오른쪽 다리에 감각이 전혀 없다. 당시 벤더는 목의 통증을 가라앉히려고 보온 패드를 대고 있었다. 그런데 난데없이 머리 왼쪽에 뱀이 기어가는 것 같은 느낌이 들었다. 몸을 일으켰지만 똑바로 걸을 수 없었다. 마치 옆으로 기우는 배에 서 있는 듯했다. 간신히 욕실까지 갔지만 참을 수 없는 통증이 밀려왔다. 다시 기어서 침실로 돌아왔고, 그대로 의식을 잃고 말았다.

두개골에서 뱀이 기어가는 것 같은 느낌은 뇌로 피가 스며들던 것이었다. 벤더는 섬유근성 형성이상fibromuscular dysplasia이라는 유전병을 앓고 있다. 팔다리가 병적으로 약해지고 혈관이 쉽게 손상되는 질환이다. 그 당시 목을 스트레칭하려다 그만 동맥이 터져서 출혈성 뇌졸중이 일어났던 것이다. 일주일 뒤에 찍은 MRI 영상을 보면, 좌측 뇌에 피가 골프공만 한 크기로 고여 하얗게 보인다. 뇌졸중으로 쓰러진 뒤로 벤더는 오른쪽 다리와 발이 영원히 잠든 것처럼 아무런 감각도 느낄 수 없었다. 의료진은 다리 감각이 돌아올지 확신하지 못했다. 1년 후, 벤더는 걸을 순 있었지만 걸핏하면 발을 헛디뎌 넘어졌다. 뇌졸중이 또 올까 봐 혈액 희석제를 복용했기 때문에 다치면 큰일이었다. 넘어져 상처라도 생긴다면 출혈이 멈추지 않을 테니 말이다. 벤더는 어느 날 개를 데리고 산책하다가 넘어졌던 때를 생생하게 기억한다. 넘어지면서 까진 무릎과 손바닥에서 피가 줄줄 흘렀다. 그 순간 벤더는 어떻게든 안정성과 체력을 키우기로 굳게 결심했다.

의료진이 효과를 장담할 수 없다고 하는데도 벤더는 좀 더 강도 높은 물리치료를 요구했다. 치료 첫날, 물리치료사는 균형감을 키워주는 밸런스 기구에 벤더를 세웠다. 산등성이처럼 보이는 그림이 그려진 기구였다. 그런데 딛고 선 발판이 회전하자 벤더는 바로 쓰러졌다. 마라토너이기도 한 물리치료사는 벤더에게 일단 트레드밀에서 달리는 것이 균형감을 회복하는 데 도움이 되겠다고 제안했다. 벤더는 그때를 회상하며 이렇게 말했다. "그 말에 나는 '미쳤어요? 바로 넘어져서 얼굴을 박을 거라고요'라고 반박했죠." 벤더의 반발에도 물리치료사는 벤더를 기어이 트레드밀에 세웠다. 그리고 벤더가 넘어지지 않도록 옆에서 잡아주며 한 번에 30초씩 걷기와 뛰기를 반복하게 했다. "사실 뛰었다고 할 순 없어요. 기껏해야 빠르게 걷는 정도였죠."

물리치료를 시작한 지 한 달 만에 벤더는 1마일(약 1.6킬로미터)을 달릴 수 있게 됐다. 두 달 뒤, 물리치료사는 벤더에게 트레드밀에서 5킬로미터씩 달리라고 지시했다. 그 무렵 찍은 사진을 보면, 벤더는 물리치료사가 지켜보는 가운데 고개를 빳빳이 들고 활짝 웃으며 달리고 있다. "5킬로미터나 뛸 수 있다는 게 너무나 놀라웠어요." 벤더가 내게 사진을 보여주며 말했다. "내가 그만큼 달릴 수 있을 거라고는 생각지도 못했거든요."

회사에서 인사 담당자로 일하는 벤더는 뇌졸중이 오기 전까지 달리기하곤 담을 쌓고 살았다. "예전엔 뛰는 걸 끔찍이 싫어했어요. 평생 1마일 넘게 달려본 적이 있나 싶어요. 내 사전에 달릴 일이 생긴다면, 뭔가 안 좋은 일이 벌어진 거라고 생각했을 정도예요." 하지만 이젠 거의 매일 달린다. 때로는 쿠조라는 이름의 개를 데리고 달린다. ("정말 멋진 녀석이죠. 달리기는 또 얼마나 잘하는데요. 쿠조 때문에 덩달아 빨리 달리게 된다니까요." 벤더가 애완견 이야기를 했을 때 처음에 나는 흠칫 놀랐다. 알고 보니 벤더는 공포 영화의 열혈 팬이었다. 〈쿠조Cujo〉는 1983년에 상영된 공포 영화의 제목이자 주인공 개의 이름이다. 착하기 이를 데 없이 생겼지만 광견병에 걸린 뒤 닥치는 대로 사람을 공격한다.) 벤더의 신발장에는 러닝화가 가득하다. 달리러 나갈 때는 늘 양말과 운동화를 왼발부터 신는다. 양말이 왼발을 감싸는 느낌을 감지한 후, 조심스럽게 오른발에 양말을 신으며 그 느낌을 상상한다. 운동화를 신을 때도 마찬가지다. 늘 똑같이 반복하는데도 제대로 하는 데 몇 분씩 걸린다. 오른발에 양말과 운동화가 똑바로 신겼는지 확인하려면 이 방법밖에 없다. "감각이 없으니 물집도 쉽게 잡혀요. 눈으로 직접 확인하지 않으면 운동화 속에 작은 돌멩이가 들어가도 모르거든요. 나중에 발을 보고서야 피가 난지 알게 되죠."

벤더는 달리면서 자신의 삶을 돌아보기도 한다. "한참 달리다 보면 문득 내가 어디에 있고 또 어디서 왔는지 생각하게 되더군요. 때로는 달리다 눈물을 흘리기도 해요. 하지만 땀을 줄줄 흘리기 때문에 내가 운다고 생각하는 사람은 아무도 없을 거예요. 그게 러너스 하이인지, 아니면 달릴 수 있다는 사실에 가슴이 벅찬 건지는 나도 모르겠어요. 아무튼 내 자신이 참으로 대견해요. 얼마 전까지만 해도 이렇게 달릴 수 있을 거라곤 생각지도 못했어요."

벤더가 달리는 공원엔 나무가 우거진 흙길도 나오고 건너기 힘든 개울도 있다. 울퉁불퉁한 길에 자잘한 돌멩이가 많아 까딱하면 넘어지기 쉽고, 때로는 뱀이 불쑥 나타나기도 한다. "발밑을 바라보며 한참 달리다 어느 순간 고개를 들어요. 발길에 차이는 자갈이나 도토리에서 시선을 거두고 앞쪽을, 훨씬 더 앞쪽을 바라보죠. 그리고 발을 다시 높이 들고 힘차게 나아갑니다. 커다란 돌을 비켜 가고 웅덩이를 훌쩍 뛰어넘어요. 나한테는 그때가 제일 멋진 순간이에요."

〈위대한 춤: 어느 사냥꾼의 이야기The Great Dance: A Hunter's Story〉라는 다큐멘터리 영화에 한 사냥꾼의 끈질긴 추적 장면이 나온다. 카로

하 랑웨인^{Karoha Langwane}이라는 사냥꾼은 섭씨 50도의 뜨거운 칼라하리 사막에서 영양을 쫓아 몇 시간이고 달린다. 영화를 공동 감독한 크레이그 포스터^{Craig Foster}는 지쳐 쓰러진 영양의 가슴에 사냥꾼이 창을 내리꽂는 장면에서 관객이 불편해할 거라 예상했다. 하지만 관객들은 오히려 그 장면에서 깊은 감동을 받았다. 추적을 끝낸 카로하의 얼굴에 가족과 부족을 먹일 수 있다는 뿌듯함과 안도감이 서려 있었기 때문이다. 포스터 감독은 ESPN 기자에게 "사람들은 그 장면에 압도당했습니다. 우리 안에 존재하는지도 몰랐던 중요한 부분을 목격한 거죠"라고 말했다.[26]

인류 유산의 이러한 측면, 즉 '생존을 위해 집요하게 추적하는 능력'을 목격한다면 누구라도 경외감을 느낄 것이다. 그런데 러너들과 운동선수들이 무력감을 이겨내거나 멈추고 싶은 유혹을 물리치는 순간에도 이런 능력이 언뜻 드러난다. 조디 벤더가 얼마 전 텍사스주 빅벤드 국립공원에 다녀온 이야기를 내게 들려줬다. 벤더는 남편과 사흘 동안 15마일(약 24킬로미터)을 걸었다고 했다. 등에 묵직한 배낭을 메고 산악지대를 그렇게 오래 걷다니, 산등성이 그림이 그려진 밸런스 기구에 똑바로 서 있지도 못하던 시절엔 꿈도 못 꿀 일이었다. "너무 힘들어서 두어 차례 넘어지기도 했어요. 온몸이 쿡쿡 쑤신 데다 마실 물도 거의 바닥난 상태였죠." 벤더가 당시 상황을 떠올리며 말했다. "하지만 다 마친 순간엔 힘들었던 일은 전혀 기억나지 않더라고요. 뿌듯한 기분만 남죠. 죽을 만큼 힘들었지만 포기하지 않고 기어이 해냈잖아요. 그 점이 대단한 거죠."

끈질긴 노력이야말로 운동하면서 맛보는 짜릿함의 비결이지만, 이렇게만 설명하면 그러한 노력을 제대로 평가하지 못하는 것 같다. 우리는 단순히 신경화학적 보상을 바라고 죽어라 노력하는 게 아니다. 짜릿한 기분은 우리가 끈질기게 노력할 수 있도록 그저 우리의 생명 활동에 심어졌을 뿐이다. 자연 선택을 통해 우리는 목표를 추구하고 힘들 때도 계속 나아갈 능력을 얻었다. 러너스 하이는 우리를 더 큰 목표로 나아가게 하는 일시적 보상이다. 사람들은 흔히 불굴의 의지를 발휘한 후, 움직임에 의미를 부여하고 그 경험을 보람 있게 느낀다. 이 점은 덜 알려졌지만 어쩌면 끈질긴 노력 끝에 맛보는 짜릿함의 가장 오래 지속되는 효과일 것이다. 당신도 힘겨운 상황에서 포기하지 말고 기어이 해내는 경험을 맛봐야 한다. 조디 벤더는 뇌졸중으로 쓰러진 지 7년 만에 그런 경험을 맛볼 수 있었다. 벤더는 해낼 수 있다는 자신감의 상당 부분이 달리기 덕분이라고 말한다.

"난 지금의 나를 잘 알아요. 예전에 어땠는지는 상관없어요."

신경과학자들은 엔도카나비노이드를 두고 "근심을 없애고 행복을 선사하는" 화학물질이라고 말한다. 이는 운동의 짜릿함, 즉 엑서사이즈 하이exercise high가 당신의 뇌에 행하는 일에 관한 첫 번째 단서를 제공한다. 편도체와 전액골 피질 등 스트레스 반응을 조절하는 뇌 부위에는 엔도카나비노이드 수용체가 풍부하다. 이 수용체에 엔도카나비노이드 분자가 걸려들면, 불안감이 줄어들고 만족한 상태가 형성된다. 또 엔도카나비노이드는 뇌의 보상 체계에서 도파민을 증가시켜 낙관적 감정을 부추긴다. 달리기를 즐기는 아다하라난드 핀Adharanand Finn은 "이게 그저 뇌에 떠다니는 화학물질 탓인지는 모르겠지만, 장거리를 달리고 난 뒤에는 세상만사가 다 좋게 보인다"고 주장한다. [27]

엔도카나비노이드가 하는 일을 이해할 방법이 한 가지 더 있다. 이걸 억제했을 때 벌어지는 상황을 살펴보면 된다. 지금은 금지된 체중 감량제인 리모나반트Rrimonabant는 엔도카나비노이드 수용체를 차단해 식욕을 떨어뜨린다. 임상 시험 단계에서 이 약물은 네 건의 자살을 야기했고, 그 외에도 대체로 불안감과 우울증을 급격히 증가시켰다. [28] 기분에 미치는 부정적 효과가 너무 심한 탓에 유럽 시장에서는 약물 사용이 금지되었고, 미국에서는 시판 허가도 받지 못했다. 그런데 해밀턴 모리스Hamilton Morris라는 이름의 부剛기자가 다소 무모한 실험을 감행했다. 대마초와 상반된 효과가 있다는 이 약물을 직접 복용했던 것이다. 그는 리모나반트 60밀리그램을 복용하고 나서 그 효과를 이렇게 묘사했다. "내 평생 이렇게 침울했던 적은 처음입니다." [29]

그는 약물을 복용하는 내내 불안과 메스꺼움에 시달렸고, 뚜렷한 이유도 없이 눈물이 쏟아질 것 같았다. 그런데 실험이 끝나고 회복기에 접어들자 이번엔 러너스 하이로 오인될 만한 기분에 휩싸였다. "신경화학적 수문이 활짝 열리면서 형언할 수 없는 행복감이 밀려왔습니다. 밤새 거리를 쏘다녔는데, 세상이 너무나 평화롭고 아름다워 보였지요. 마주치는 누구하고라도 손바닥을 마주치고 싶었다니까요."

리모나반트는 시판되지는 않지만 실험에는 쓰이는데, 달리기를 좋아하는 설치류에게 이 약물을 먹이면 쳇바퀴 돌기가 급격히 줄어드는 것을 확인할 수 있다.[30] (한 실험에서는 일부 쥐에게 리모나반트 대신 대마초의 향정신성 성분인 THC를 투여했다. THC는 쥐들이 달리는 정도에는 별다른 영향을 미치지 않았다. 하지만 쥐들이 쳇바퀴를 돌면서 흥미로운 경험을 했는지는 알 수 없다.) 엔도카나비노이드를 차단하면 불안감이 감소하고 통증 내성이 증가하는 등 러너스 하이의 두 가지 혜택이 사라진다.[31] 쥐는 흔히 새로운 환경을 두려워하지만, 쳇바퀴에서 뛰고 난 후엔 낯설고 어두운 상자에 넣어도 상당히 용감하게 행동한다. 뜨거운 철판에 올려놔도 펄쩍펄쩍 뛰면서 뒷발을 핥는 등의 불안 행동을 덜 보인다. 하지만 쳇바퀴에서 뛰기 전에 리모나반트 같은 약물을 주입하면 이러한 효과가 나타나지 않는다. 오히려 전혀 뛰지 않은 쥐와 마찬가지로 겁에 질려 괴로워한다.

이러한 연구 결과는 엔도카나비노이드가 달리기의 보상이 된다는 또 다른 증거를 제공한다. 아울러 매일 하는 운동의 심리적 효과에 대한 흥미로운 가능성도 제기한다. 짜릿한 기분을 감지하고 느끼기는 쉽지만, 그 기저에서 앞으로 닥쳐올 일에 대비해 뇌 화학물질이 우리를 어떻게 준비시키는지를 알기는 어렵다. '일상의 경험에 관한 국책 연구National Study of Daily Experiences'를 위해 연구진은 서른 세 살에서 여든네 살 사이의 미국인 2,000여 명을 대상으로 8일 동안 신체 활동과 기분을 추적 조사했다. 매일 밤 참가자에게 연락해 그날 스트레스를 제일 많이 받은 사건을 물었다. 참가자들은 활동이 많았던 날엔 직장에서 겪은 갈등이나 아픈 자녀를 돌보는 일 같은 스트레스 상황에서 정신적 타격을 덜 입었다고 보고했다.[32]

연구실 실험에서, 흔히 CCK-4로 야기되는 공황 발작을 운동으로 예방할 수 있다는 결과가 나왔다.[33] CCK-4는 흔히 호흡곤란과 심계항진 같은 신체 증상과 심각한 불안감을 유발하는 약물이다. 그런데 CCK-4에 노출되기 전에 30분 동안 운동을 하면 아티반Ativan 같은 벤조디아제핀계 진정제를 복용한 것과 같은 효과가 나타난다. 신체 활동이 실제로 혈류에 주입된 불안감마저 상쇄하는 것이다. 나는 아침형 인간이 아니지만, 눈을 뜨자마자 비틀거리며 주방에 가서 커피를 마시고 바로 운동을 시작한다. 나한테는 그게 생존 전략이다. 아침 운동을 끝낸 후 내 모습으로 하루를 시작하고 싶어서다. 그게 어떤 모습이냐고? 더 대범하고 낙천적이며, 닥쳐올 어떠한 난관에도 응전할 태세를 갖춘 모습이다.

시애틀에서 간호사로 일하는 서른일곱 살의 니키 플레머Niki Flemmer는 날마다 헬스클럽에서 트레드밀에 올라가 5킬로미터씩 달렸다. 하지만 매번 혼자서 똑같은 운동을 반복하는 게 지겨웠다. 그러던 차에 한 강습소에서 단체로 트레드밀과 노 젓기 운동 수업을

움직임의 힘

진행한다는 소식을 들었다. "처음엔 강도 높은 훈련을 따라갈 수 있을지 자신이 없었어요." 그래도 틀에 박힌 일상에서 벗어나고 싶었기에 플레머는 일단 부딪쳐보기로 했다. 수업이 진행되는 동안, 참가자는 모두 각자의 한계를 뛰어넘는 속도로 운동을 한다. 누군가는 1마일을 7분 동안 달리고 누군가는 15분 동안 걷는다. 플레머는 같은 동작이라도 혼자서 할 때와 단체로 할 때 의미가 달라진다는 사실을 알고 무척 기뻤다. 모든 참가자가 집단적 목표를 추구하면서 자기 자신은 물론, 함께 운동하는 사람들을 위해 전력을 기울인다. 숨이 턱까지 차오른 순간 코치가 "젖 먹던 힘까지 짜내세요!"라고 소리치면, 플레머는 옆에서 달리는 사람을 쳐다보며 "힘냅시다!"라고 말한다. "열두 명이 일렬로 늘어서서 죽어라 달리는 모습을 볼 때면 가슴이 뭉클하고 눈물이 핑 돌곤 해요."

강습소는 벽면 전체가 거울로 되어 있다. 최근에 플레머는 운동하다가 뒷줄에서 달리는 남자와 시선이 마주쳤다. "눈이 마주친 순간, 우리는 서로 응원한다는 걸 알기에 끈끈한 유대감을 느꼈어요. 왠지 고맙더라고요. 그 남자에게, 끝까지 노력하는 그의 투지에 그리고 유대감을 느끼는 인간의 능력에 감사한 마음이 들었어요." 이러한 감정은 수업이 끝난 후에도 남아 있다. 플레머는 이렇게 말했다. "이제 나는 사람들한테 더 담대하게 다가설 수 있어요. 누구를 만나든 시선을 마주치며 더 친밀하게 대해요. 단체 운동에 참여하면서 사람들이 관계를 맺고 싶어 한다는 걸 알게 됐거든요. 웃으며 다가가면 다들 좋아하더라고요."

땀 흘려 운동하면 사회적 자신감만 높아지는 게 아니라 사람들과 실제적으로 연결된다. 2017년 과학자들은 엔도카나비노이드 시스템이 뇌에서 어떻게 작동하는지 검토한 결과, 이 화학물질의 분비를 확실하게 증가시키는 세 가지를 파악했다.[34] 그것은 대마초 중독, 운동, 사회적 연결이었다. 그렇다면 낮은 수치의 엔도카나비노이드와 밀접하게 연결된 심리 상태는 무엇일까? 대마초 중단, 불안감, 외로움이었다. 즉 엔도카나비노이드는 근심을 없애고 행복을 선사할 뿐만 아니라 사람들과 가깝게 느끼도록 해주기도 한다.[35] 이러한 뇌 화학물질의 수치가 높아지면, 주변 사람들과 더 즐겁게 어울릴 수 있다. 아울러 사교에 방해가 되는 사회적 불안감도 낮아진다. 반면 엔도카나비노이드를 억제하면 러너스 하이만 못 느끼는 게 아니라 사람들과 어울리고 싶은 욕구나 능력까지 없어진다. 실제 엔도카나비노이드 차단제를 주입한 쥐는 다른 쥐들과 어울리는 데 관심이 없다.[36] 갓 출산한 어미 쥐는 새끼를 돌보지 않는다.[37]

러너스 하이는 관계를 맺도록 돕는다. 친구나 가족과 소통하는 기회로 달리기를 활용하는 사람이 많다. 마흔한 살의 존 케리John Cary는 작가이자 두 아이의 아버지인데, 가끔 어린 딸을 데리고 달리러 나간다. 딸을 조깅용 유모차에 태우고 캘리포니아주 오클랜드 외곽을 신나게 달리면서 동물 소리를 내기도 하고, 딸을 아끼고 사랑하는 사람들에 대한 이야기를 들려주기도 한다. "달리면서 하나둘 얘기하다 보면 오륙십 명 정도 언급하게 됩니다. 아이가 다 알아듣는지 알 순 없지만, 그냥 우리가 함께하는 그 시간이 정말 좋습니다."

더 다정하고 배려하는 부모나 파트너가 되려고 매일 운동한다는 사람도 있다. 운동하고 나면 더 상쾌한 기분으로 가족과 소통할 수 있기 때문이다. 달리기를 즐긴다는 어떤 사람이 내게 이렇게 말했다. "우리 가족은 가끔 나한테 얼른 달리고 오라면서 등을 떠밀곤 해요. 내가 훨씬 더 나은 사람이 돼서 돌아올 걸 알기 때문이죠."

사람들이 운동한 날에는 주변 사람들과 더 긍정적으로 소통한다는 연구 결과도 있다.[38] 결혼한 사람들도 배우자와 함께 운동한 날엔 더 친밀감을 느낀다.[39] 더 믿고 의지하면서 애정이 깊어지는 것이다.

엔도카나비노이드를 사회적 연결과 결부시킨 연구를 접했을 때, 문득 인류학자 허먼 폰처가 내게 들려준 말이 떠올랐다. 폰처는 초기 인류가 달라진 풍경에 적응한 방법을 설명하면서 달리기가 생존을 도왔던 유일한 요인은 아니라고 했다. "사냥과 채집의 기원을 여는 행동을 한 가지만 고른다면, 나눔을 꼽겠습니다. 나눔이 결정적 역할을 했지요."

사냥과 채집은 분업이다. 이러한 분업은 수십만 년 전에도 이뤄졌을 것이고, 오늘날 하드자족 사이에서도 확실하게 이뤄지고 있다. 집단의 일부는 사냥하러 나가고, 일부는 식물의 열매를 따거나 뿌리를 캐는 등 좀 더 확실한 먹이 활동을 한다. "날이 저물면 다들 그날 수확한 음식을 들고 와서 함께 나눠 먹습니다. 나누면 다들 배불리 먹을 만큼 충분하죠."

잘 나눠 먹는 집단은 생존할 가능성이 더 컸다. 자연 선택은 더 긴 다리뼈처럼 지구력을 향상시키는 방향으로, 또 집단 내 협력을 장려하는 방향으로 이뤄졌다. 그래서 인류는 눈의 흰자위가 무척 넓다. 그래야 눈 맞춤을 통해 상대와 신뢰를 형성하거나 소통하기 쉽기 때문이다.[40]

또 다른 적응 요인은 나눔과 협력에 대한 신경생물학적 보상인데, 이는 러너스 하이와 굉장히 흡사해 보인다.[41] 상호 협력할 때 보상과 연계된 뇌 부위가 활성화돼 도파민과 엔도르핀, 엔도카나비노이드 같은 기분을 좋게 하는 화학물질이 동시에 분비된다.[42] 이 호르몬 칵테일을 협력의 짜릿함cooperation high이라고 불러도 될 것 같다. 공동 목표를 이루고자 함께 노력하면 기분이 좋아지는데, 이는 뇌 영상을 연구한 결과로도 입증되었다. 이전에 협력했던 사람의 얼굴을 보면 보상 체계가 다시 가동되는 것으로 나타난 것이다. 진화론적 관점에서 이는 신뢰를 쌓기 위한 신경생물학적 토대이며 예감의 짜릿함anticipatory high이라 할 수 있다. 니키 플레머가 단체로 달리기와 노 젓기 운동 수업에서 벅찬 감동을 경험한 것도 그런 이유에서다. 강습소에 들어가 이전 수업에서 하이파이브를 하거나 눈짓을 주고받은 사람을 보자마자 그녀의 뇌 보상 체계가 활성화된 것이다.

나눔의 기쁨도 사람들을 함께 운동하도록 유도한다. 주짓수를 수련하는 한 여성은 장비를 공유하는 전통이 주짓수의 매력 중 하나라고 말했다. "주짓수 도장은 가족 같은 분위기예요. 장비를 공유하면서 신참자를 반갑게 맞아주죠." 수련자들은 주짓수의 도복인 기gi를 공유한다. 그녀의 첫 도복도 친구한테 물려받은 것이다. 마우스가드 역시 도장의 다른 학생이 선물로 주었다. 장비를 물려받으면 유대감이 형성되기 마련이다. "처음부터 다 갖추지 않아도 괜찮아요. 오히려 뭔가 부족해야 사람들이 다가갈 수 있어요."

하드자족은 밤에 모닥불을 피워놓고 둘러앉는다. 하루 종일 위험한 사냥과 고된 채집을 한 뒤 긴장을 푸는 것이다. 모닥불 주위에 둘러앉으면 사회적 유대감이 강화된다.[43] 벌겋게 일렁이는 불꽃의 온기와 타닥거리는 장작 소리에 취하다 보면 사람들과 어울리는 게 더 즐겁게 느껴진다. 하드자족의 저녁 의식을 생각하다 보니, 문득 러너스 하이도 이와 비슷한 효과가 있는지 궁금해졌다. 신체 활동의 여운도 함께 생활하는 사람들을 더 따스하게 느끼도록 해줄까? 하루를 마치고 집에 돌아와 식사하면서 두런두런 이야기를 나누는 활동을 훨씬 더 만족스럽게 해줄까?

내가 보기에, 엔도카나비노이드에 힘입은 러너스 하이는 수렵과 채집 활동을 더 즐겁게 할 뿐만 아니라 사람들을 더 가깝게 연결시켜 전리품을 나눠 먹는 행동을 더 보람 있게 했던 것 같다. 실제로 로마 라 사피엔차 대학Sapienza University of Rome에서 실시한 실험은 신체 활동이 이러한 효과를 거둘 수 있음을 보여준다.[44] 참가자들은 공동 기금에 돈을 기부하도록 유도하는 투자 게임을 실시했다. 그들이 기부하면 할수록 구성원 모두 더 많은 혜택을 받을 수 있다.

게임을 시작하기 전에 30분 동안 운동했던 참가자들은 그러지 않은 참가자들보다 더 많이 기부했다.

나는 인류학자인 데이비드 라이클렌에게 러너스 하이가 협력과 유대감을 부추기는 것 같다는 말을 내비쳤다. 그러자 그는 운동으로 유발된 엔도카나비노이드가 사회적 결속력에 기여한다는 내 가설에 바로 수긍했다. 더 나아가, 단체로 운동하는 것이 혼자 운동하는 것보다 엔도카나비노이드 분비를 촉진하는지 알아보고자 당장 연구를 시작하고 싶어 했다. 하지만 나는 다른 가능성에 더 관심이 있었다. 활발한 신체 활동은 과연 협력의 짜릿함을 높여줄까? 또 팀으로 활동하거나 남을 돕는 과정에서 더 큰 즐거움을 맛보게 할까? 알고 보니, 이런 점을 궁금해한 사람이 내가 처음은 아니었다. 달리기의 짜릿함runner's high과 남들을 도울 때 느끼는 짜릿함helper's high을 합치면, 그 보상은 단순히 운동으로 느끼는 만족감보다 훨씬 더 크다. 러너들은 가족처럼 가까워지고, 공동체는 더 화합하며, 인간은 믿고 의지할 집단tribe이 생긴다.

서른다섯 살 난 니콜레트 월리스Nykolette Wallace는 의료공단NHS에서 행정가로 일하면서 가끔 달리기를 즐긴다. 하루는 런던 남동부 지역을 달리다 폭우를 만났다. 월리스는 비가 밤늦게 내릴 거라 예상했기에 미처 비옷을 준비하지 못했다. 후드 티에 야구모자로는 폭우를 감당하기 어려워 금세 홀딱 젖고 말았다. 당시 월리스는 굿 짐GoodGym의 자원봉사자들과 함께 달리고 있었다. 런던에서 처음 생긴 굿짐은 달리기와 봉사 프로젝트를 연결해주는 비영리 단체다. 그날의 코스는 월리스가 사는 루이셤Lewisham 지역을 지나 골드스미스 복지관까지였다. 이 복지관은 지역 주민을 위해 유치원을 운영하고, 기도 모임과 사교춤 교실, 금주 교실 등 다양한 지원 프로그램을 제공한다. 점심시간에 찾아가면 누구나 닭고기 요리를 먹으면서 빙고 게임도 할 수 있다. 복지관까지 가는 도중에 월리스는 집 앞을 지나게 되었다. 월리스는 얼른 집에 들어가 젖은 옷을 갈아입고 싶은 유혹을 느꼈다. 하지만 빗속에서 함께 뛰는 사람들을 저버릴 수 없었다. "다들 폭우 속에 달린다고 투덜거리면서도 여전히 즐겁게 웃고 떠들었어요." 월리스가 당시를 회상하며 말했다. "우린 좋은 일을 하기 위해 자원해서 달렸지, 억지로 달린 게 아니었거든요."

굿짐의 설립자인 이보 곰리Ivo Gormley는 헬스클럽의 트레드밀에서 무작정 달리는 사람들을 볼 때마다 '이런 식으로 기운을 허비하다니, 참으로 아깝다'고 생각했다. 그래서 그들의 에너지를 활용할 방법이 없을까 궁리했다. 첫 실험으로, 곰리는 달리기도 하고 봉사도 하고 싶은 사람들을 모집해 런던 지역에서 홀로 사는 노인들을 방문하게 했다. 정부의 통계 자료를 보면, 영국 노인의 절반 정도는 TV와 반려동물이 유일한 벗이다.[45] 상당수는 일주일에 단 하루도 외출하지 않는다. 잉글랜드와 웨일스 지역의 노인들 중 20만 명은 친구나 가족과 한 달 넘게 한 마디도 나누지 않는다.[46] 굿짐 봉사자의 방문을 요청한 한 노인은 이렇게 말했다. "텔레비전에 나오는 사람들만 노상 쳐다보다가 실제로 사람을 만나면 얼마나 좋은지 몰라요."[47]

자원봉사자의 방문을 받는 노인에겐 '코치coach'라는 호칭이 부여된다. 코치의 역할은 달려갈 장소와 만날 사람을 제공해 러너들에게 동기를 부여하는 것이다. 러너들은 자주 코치를 찾아가 말동무를 해주고, 전구를 갈아주는 것 같은 자잘한 집안일을 돕는다. 자원봉사자와 코치는 점점 정이 들어 가족처럼 지내게 된다. 코치가 병에 걸려 입원할 경우, 병문안을 오는 사람이 굿짐 러너들뿐일 때가 있다. 코치가 퇴원할 때 집으로 모셔다주는 사람도 그들이다. 물론 상황이 바뀌어 굿짐 러너를 도와주러 코치가 방문할 때도 있다.

굿짐은 규모가 커지면서 활동 반경을 넓혀나갔다. 좀 더 넓은 지역에서 러너들을 자원봉사자로 모집하여 지역 사회에서 진행되는 다양한 프로젝트에 보냈다. 각 그룹은 항상 워밍업 시간에 그날의 미션을 확인한 후 달리기를 시작한다. 이야기를 주고받을 수 있는 속도로 프로젝트가 열리는 장소까지 1~2마일(약 1.5~3킬로미터) 정도를 달린다. 맨 뒤에서 달리도록 정해진 사람은 무리 중 누구도 낙오되지 않도록 신경 쓴다. 굿짐은 속도가 느린 사람들을 위해 걷기 그룹도 추가했다. 현장에 도착하면, 그들은 기증품을 분류하거나 잡초를 뽑거나 지역 사회를 위한 장난감 도서관을 조성한다. 최근 한 그룹은 노숙자를 위한 쉼터를 마련하고 스파게티를 대접했다.

골드스미스 복지관까지 달리는 길에 폭우를 만났던 월리스의 그룹은 그날 노숙자 쉼터를 새로 칠하기 위해 문과 창틀의 묵은 때를 벗겨냈다. 벗겨진 페인트와 녹을 사포로 열심히 문지르다 보니, 월리스는 추위와 축축한 옷, 질척거리는 운동화의 불편함을 싹 잊었다. 빗줄기가 가늘어졌을 때, 러너들은 다시 달리면서 복지관이 주최하는 크리스마스 바자회 전단지를 곳곳에 붙였다. 지역 주민은 누구나 바자회에 와서 따끈한 와인과 민스파이를 먹으며 크리스마스 쇼핑을 즐길 수 있다. 굿짐 러너들은 활동을 모두 마친 후 스트레칭으로 몸을 풀면서 자신들의 송년 모임에 대한 계획을 세웠다.

굿짐에 참여하기 전까지, 월리스는 피트니스 센터에서 두어 달에 한 번씩 운동하는 게 고작이었다. 하지만 이젠 자원봉사자 그룹과 매주 달린다. "기차를 타러 갈 때마다 내가 참여했던 프로젝트를 볼 수 있어요."

월리스는 루이셤 지역의 대형 쇼핑센터 주변에 화단을 새로 만들고, 튤립과 수선화, 팬지를 심는 프로젝트에도 참여했다. 만나는 사람들마다 화단 프로젝트의 결과물에 감탄했다. 프로젝트를 마치고 얼마 후에 만난 월리스의 할머니도 이렇게 말했다. "루이셤 쇼핑센터 옆에 멋진 화단이 생겼더구나. 너도 봤니?"

월리스는 인근에 홀로 사는 한 할아버지를 코치로 두고 있다. 일흔다섯 살 난 노인을 처음 만나러 갈 때는 자신을 마음에 들어 하지 않을까 봐 내심 걱정했었다. '나를 싫어하면 어쩌지? 만나면 무슨 말을 하지?' 기껏해야 15분쯤 머물다 일어나지 않을까 생각했는데,

처음 만난 노인과 한 시간 넘게 수다를 떨었다. 주로 인생과 책과 무술 영화에 대한 이야기를 나눴다. BBC에서 방영한 자연 다큐멘터리 〈블루 플레닛Blue Planet〉 시리즈에 대해서도 얘기했다. "공통점이 그렇게 많을 거라고는 생각지도 못했어요. 하루는 그분에게 '할아버지를 알게 돼서 정말 기뻐요'라고 말씀드렸더니 그분도 똑같이 말씀하시더라고요."

월리스는 달리기 그룹과 끈끈한 유대감이 생겨 내심 놀라웠다. 그들을 굿짐 가족이라고 부를 정도다. 굿짐에 대한 소식을 처음 접했을 때, 월리스는 일상에 갇혀 산다는 기분에 시달리던 참이었다. 십대 딸을 홀로 키우면서 회사와 집만 왔다 갔다 할 뿐, 터놓고 이야기할 친구가 없었다. 사람이 그리웠다. 굿짐에 합류한 지 1년째 되던 날, 월리스는 함께 달리는 사람들이 얼마나 소중한지 생각하는 것만으로도 가슴이 뭉클했다. "이들과 함께라면 못 할 일도 없고, 못 갈 데도 없어요. 이렇게 든든한 친구들이 생겨서 얼마나 기쁜지 모릅니다."

이 단체의 원래 미션이 노인들의 사회적 고립을 종식시키는 건데, 봉사자 중에도 단체에 합류하기 전까진 고립감을 느끼던 사람이 많았다고 한다. 굿짐은 인근에 사는 낯선 사람들을 끈끈한 공동체로 맺어주는 중개소가 된 셈이다.

헌슬로 지역의 굿짐 러너인 레미 마이셀Remy Maisel이 얼마 전 패혈성 인후염으로 고생하던 중 이런 트윗을 올렸다. "굿짐 친구들 덕분에 살았다! 그룹 달리기도 빠지고 집에서 혼자 끙끙 앓고 있는데 굿짐 헌슬로 팀이 간식을 잔뜩 싸들고 찾아왔다. 고맙네, 친구들!"

함께 올린 사진에는 얼른 털고 일어나라는 응원 카드와 함께 마카로니치즈와 화이트 초콜릿 라즈베리 머핀이 있었다. 마이셀의 트윗을 보며, 음식을 나누는 행동이 집단의 일원임을 알게 하는 원시적 방법임을 새삼 깨달았다. 마이셀의 동료들은 아픈 친구가 식사를 거르지 않도록 신경 썼는데, 러너스 하이가 진화를 거듭하면서 이런 식의 인간 본성과 연결될 수 있다는 점이 참으로 신기하다. 함께 모여 운동하거나 봉사하는 과정에서 우리에게 자양분을 공급하는 우정을 다질 수 있다는 점이 참으로 놀랍다.

장거리 마라토너인 아밋 세스Amith Sheth는 러너스 하이에 대해서 "일찍이 헬렌 켈러는 '세상에서 가장 멋지고 아름다운 것들은 볼 수도 만질 수도 없다. 그저 가슴으로 느껴야 한다'고 말했다. 달릴 때의 쾌감도 그중 하나다"라는 글을 남겼다.[48] 이 글을 읽으며 나는 소속감을 느낄 때 맛보는 기쁨도 딱 이와 같다고 생각했다. 달리기와 소속감, 참으로 난해한 조합이다. 그런데 우리 뇌는 왜 신체 활동과 사회적 연결을 이토록 쉽게 결부시키는 것일까? 그리고 러너스 하이의 생리학은 협력의 신경화학neurochemistry of cooperation과 왜 이토록 정확하게 일치하는 것일까? 이유가 뭐든, 우리는 이런 식으로 진화했다. 우리는 우리 자신은 물론이요, 타인을 위해서도 끈기를 발휘할 수 있다. 저녁거리를 사냥하든, 유모차를 밀고 언덕을 올라가든, 어려운 이웃을 돌보든, 우리는 그 안에서 기쁨을 느낄 수 있다.

신체 활동을 많이 곁들일수록 보람도 더 많이 느낀다. 규칙적인 운동이 당신의 뇌를 바꾸는 여러 방법 중 하나로 엔도카나비노이드에 대한 결합 부위의 밀도를 증가시키기 때문이다.[49] 당신의 뇌는 엔도카나비노이드 시스템을 활성화하는 온갖 즐거움에 더 민감해져서 기쁨을 더 많이 느낄 것이다. 러너스 하이도 이에 포함되는데, 사람들이 운동을 많이 하면 할수록 더 즐겁게 생각하는 이유를 설명하는 데 도움이 된다. 아울러 나눔과 협력, 놀이와 유대감 같은 사회적 즐거움도 이에 포함된다. 규칙적 운동은 가족이나 친구, 낯선 사람에 상관없이 친밀감과 동료애, 소속감을 더 자연스럽게 느끼도록 해서 타인과 연결된 느낌에 대한 문턱을 낮춰준다.

처음엔 러너스 하이가 사회적 고립을 해소하리라고는 생각지도 못했다. 하지만 그 옛날 우리 조상을 굶주림에서 구해준 신경생물학적 보상이 이제 현대 사회의 더 절박한 굶주림, 즉 외로움에서 우리를 구해줄지도 모른다. 신체 활동과 사회적 연결 간의 고리는 우리가 활동적이어야 하는 납득할 만한 이유를 제공한다. 아울러 인간이 번성하려면 서로가 필요하다는 점도 확실히 일깨운다.

The Joy of Movement

푹

빠지기

1960년대 말, 브루클린 지역에서 활동하던 정신과 의사 프레더릭 베이클랜드Frederick Baekeland는 수면 연구를 위해 운동을 즐기는 사람들을 모집하려고 했다. 운동이 수면을 돕는다는 사실을 선행 실험을 통해 알아낸 바 있던 그는 이번엔 운동 중단이 숙면을 방해하는지 알아보고 싶었다. 운동을 꾸준히 해온 사람 중에서 30일 동안 기꺼이 중단하겠다는 지원자만 나타나면 됐다. 그런데 문제가 생겼다. 아무도 지원하려 하지 않은 것이다.

베이클랜드는 선행 연구 피험자들에게 지불했던 것보다 많은 비용을 제시하기까지 했다. 나중에 그는 지원자 모집의 어려움을 이렇게 토로했다. "피험자 후보 상당수, 특히 매일 운동하던 사람들은 돈을 아무리 많이 줘도 운동을 중단하지 않겠다고 단언했다."[1]

기어이 설득당해 실험에 참가한 사람들은 나빠진 수면의 질뿐만 아니라 운동을 못 해서 생겼다고 할 만한 심리적 고통까지 호소했다.

1970년에 발표된 이 연구는 운동 의존성에 관한 최초의 과학 보고서로 널리 알려져 있다. 그 후, 다양한 연구가 이어지면서 규칙적으로 운동하는 사람은 운동을 하루라도 거르면 불안과 짜증이 초래될 수 있다는 사실이 드러났다.[2] 운동을 3일간 못 하면 우울 증상이 나타나고, 1주일간 못 하면 심각한 기분 장애와 불면증이 나타날 수 있다. 헝가리의 운동 과학자 아틸라 자보Attila Szabo는 운동 의존성에 관한 더 긴 실험은 "쓸모없다"고까지 단언했다.[3] 어렵사리 참가자를 모집한다 해도, 운동에 집착하는 사람은 중독자와 마찬가지로 속임수를 쓰거나 거짓말을 하려 들 거라는 이유에서였다.

중독addiction은 운동 마니아들과 연구자들 사이에서 애용되는 비유이다. 몇 가지 측면에선 그럴듯한 비유이기도 하다. 신체 활동은 정신에 영향을 미칠 수 있어서 대마초나 코카인 같은 마약과 마찬가지로 신경전달 물질계에 영향을 미친다. 운동 마니아는 짜릿한 기분을 추구한다는 점에서 마약 주사를 맞아야 하는 약물 중독자와 일맥상통한다고 볼 수 있다. 또 그들은 화학적 의존성과 관련된 기벽을 드러내기도 한다. 가령 알코올 중독자가 포도주나 술을 앞에 두고 쉽사리 흔들리는 것처럼, 규칙적으로 운동하는 사람은 운동과 관련된 일이라면 뭐든 집착한다. 이러한 '주의의 포획attentional capture' 때문에 뇌는 좋아하는 활동에 뛰어들 기회를 호시탐탐 노린다.[4] 신경영상 연구에서는 더 흥미로운 유사점을 찾아볼 수 있다. 예를 들어 자칭 운동 중독자는 운동하는 사람의 이미지를 보면, 흡연자가 담배를 볼 때 일어나는 것과 같은 방식으로 뇌의 갈망 회로가 폭발한다.[5] 간혹 심리적 의존 증상까지 보이는 사람은 "운동이 내 인생에서 가장 중요하다" 또는 "운동을 하도 많이 해서 가족 또는 파트너와 갈등을 빚기도 한다"와 같은 진술에 선뜻 동의한다.[6]

마흔여섯 살 먹은 한 장거리 러너는 발목이 부러진 상태에서 2년 넘게 달리기를 계속했다고 한다. 어떻게 하면 달리기를 쉴 수 있겠냐고 묻자 그녀는 "누가 내 발목에 족쇄를 채우지 않는 한 달리기를 멈출 수 없어요"라고 대답했다.

이러한 연구는 신체 활동이 가장 강력한 습관성 물질과 마찬가지로 뭔가에 푹 빠지게 하는 역량을 활용한다는 점을 보여준다. 운동과 중독 간의 유사점을 살핀다면, 신체 활동이 뇌를 어떻게 변화시키는지 이해하는 데 도움이 될 수 있다. 아울러 신체 활동을 하면 할수록 더 보상이 따르는 이유를 설명하는 데도 도움이 된다. 그렇지만 운동을 중독에 비유하는 데는 한계점도 있다. 대다수 운동 마니아는 건강을 해치거나 남은 생애에 지장을 줄 의존성 문제로 고통받지 않는다. 그들은 단지 운동에 대한 갈망과 필요성과 집념을 품고 있을 뿐이다. 그들의 열정에 관해서는 약물 남용보다 더 나은 비교 대상이 필요하다. 운동에 푹 빠진다고 해서 우리가 익히 아는 부정적 개념의 중독과 같다고 볼 순 없다. 운동이 약이라면, 가장 흡사한 것으로 항우울제를 들 수 있다. 나를 포함해 많은 사람이 운동에 푹 빠지는 이유는 내재된 중독성 때문이 아니라 좋은 사람들과 관계를 맺으려는 뇌의 역량 때문이다.

과학자들은 운동의 생리적 효과를 모방한 약을 개발하려고 10년 넘게 노력해왔다. 꼼짝하지 않았는데도 격렬하게 운동했을 때와 같은 분자 변화를 일으키는 약을 복용하면 될 테니까. 하지만 이런 시도에 모두 다 박수를 보내지는 않는다. 생물학자 시어도어 갈런드 주니어Theodore Garland Jr.는 〈뉴요커〉지 기자에게 "개인적으로 나는 운동하도록 부추길 만한 약물에 더 관심이 갑니다"라고 말했다.[7]

이런 의견을 내놓은 과학자가 갈런드만도 아니다. 운동 생리학자인 새뮤얼 마코라Samuele Marcora는 사람들을 좀 더 활발히 움직이게 하는 향정신성 약물을 사용하자고 제안했다.[8] 그러면서 카페인을 가장 유망한 후보로 꼽았다. 다음으로, 기면증이 있는 사람들을 깨어 있게 하는 알약인 모다피닐modafinil, 그리고 암페타민과 같은 자극제인 메틸페니데이트methylphenidate를 추천했다. 이 세 가지 약물은 주로 도파민과 노르아드레날린 분비에 영향을 미친다. 둘 다 신체 활동 중에 자연스럽게 수치가 높아져서 기분을 좋게 하는 효과가 있다. 마코라는 심지어 오피오이드* 시스템을 겨냥한 약물이 운동의 짜릿함을 증가시킨다면 유용할 수도 있다고 제안했다. ("내가 이런 의견을 내놨을 때 한 운동 심리학자가 처음 보였던 섬뜩한 반응을 아직도 기억한다"고 마코라는 적고 있다.)

---

* 오피오이드 수용체에 결합하는 화합물로 행복감을 유발하는 신경호르몬을 총칭한다. - 편집자주

섬뜩하든 혹하든 간에 이런 접근방식은 지나친 감이 없지 않다. 전제 자체가 잘못됐기 때문이다. 이는 인간의 뇌가 신체 활동만으로 충분히 만족하지 못하고, 운동을 좋아한다고 속이거나 좋아하도록 유혹하기 위해 정신을 변화시키는 다른 물질이 필요하다고 가정한다. 그렇지만 이 문제와 관련된 연구 결과는 명백하다. 사람은 운동 습관을 들이기 위해 향정신성 약물이 필요하지 않다. 여러 방면에서 운동 자체가 약이다. 중독성이 강한 물질과 마찬가지로, 운동에 꾸준히 노출되면 결국 운동을 좋아하고 원하고 수행하도록 뇌를 길들일 수 있다.

중독은 모두 뇌의 보상 체계에서 시작된다. 알코올과 코카인, 헤로인, 니코틴 등의 약물 남용은 모두 비슷한 방식으로 이 체계에 영향을 미친다. 이러한 약물은 처음 복용할 때부터 보상의 출현을 알리는 신경전달물질인 도파민을 촉발하고, 도파민은 당신의 관심을 붙든 다음 더 분비될 수 있도록 어떻게든 약물에 접근하고 복용하라고 명령한다. 또 약물 남용은 엔도르핀이나 세로토닌, 노르아드레날린 등 기분을 좋게 하는 다른 뇌 화학물질도 증가시킨다. 이 강력한 신경화학적 혼합물이 물질 중독을 일으키는 것이다.

이러한 약물을 만성적으로 복용하면 결국 중독을 유발하는 분자 스위치가 켜진다고 연구진은 말한다.[9] 습관성 약물에 반복해서 노출되면, 뇌가 경험하면서 배우도록 돕는 단백질이 보상 체계의 뉴런 내부에 축적되고, 이러한 단백질은 도파민성 뇌세포에 지속적인 변화를 일으켜 처음 이 과정을 촉발시킨 물질에 훨씬 더 민감하게 반응하게 한다.[10] 이로 인해 코카인 상습 복용자가 코카인을(그리고 코카인만) 복용할 기회에 놓이면 도파민이 쓰나미처럼 분출되고, 헤로인 복용자가 헤로인을 복용할 가능성이 생기면 비슷한 상황이 일어난다. 이처럼 약물을 한 번 복용하면 뇌는 그 약물을 점점 더 원하도록 지시한다.

이런 식으로 길들여진 뇌세포는 다른 보상에 대해선 잘 반응하지 않는다. 제 주인을 이미 선택했기 때문에 다른 것으로 꾀려 해도 넘어오지 않는 것이다. 코카인에 노출된 보상 체계는 코카인을 원하지, 집에서 요리한 음식이나 멋진 석양을 원하지 않는다. 일단 이 분자 스위치가 켜지면 갖가지 중독 징후가 나타난다. 오로지 그 보상만 갈망하고, 그것을 얻기 위해 무슨 짓이든 불사하며, 도저히 얻을 수 없을 땐 금단 증상에 시달리게 된다. 순간의 쾌락("이거 좋은데!")이 확고한 갈망("난 이걸 원해!")이 되고, 결국엔 의존이 된다("난 이게 필요해!").

과학자들은 코카인과 알코올과 당을 갈망하도록 길들여진 뇌에서 이러한 변화를 관찰했다.[11] 그렇다면 운동은 어떤가? 그 답은 간단하지 않다. 전부는 아니지만 일부 측면에서, 신체 활동은 습관성 약물과 확실히 닮았다. 중독성 물질과 마찬가지로 운동 역시 도파민과 노르아드레날린, 엔도카나비노이드, 엔도르핀 같은 신경화학 물질을 다수 분비하게 한다. 가령 달리기도 자꾸 하다 보면 중독을 유발하는 분자 스위치가 켜진다.[12] 쥐를 대상으로 실험을 했는데, 한 달 동안 매일 10킬로미터를 달리게 하자 코카인이나 모르핀을 매일 주입한 것과 흡사하게 도파민성 뉴런에 영향을 미쳤다.[13] 쳇바퀴를 달린 쥐는 중독된 인간과 비슷한 행동도 보였다. 24시간 동안 쳇바퀴를 돌리지 못하게 한 뒤 다시 접근을 허락하니 달리기에 미친 듯 열중한 것이다.[14]

그렇지만 코카인 같은 약물과 운동 간에는 중요한 차이점이 있다. 하나는 타이밍과 관련된다. 코카인 같은 약물이나 운동에 노출된 뒤 뇌의 보상 체계에서 유사한 변화가 목격되긴 하지만, 운동에 푹 빠지는 데는 시간이 더 걸린다. 2주 동안 쳇바퀴를 돌리는 것으론 실험실 쥐의 분자 스위치를 켜는 데 부족하다. 하지만 6주가 지나면 쥐들은 밤마다 더 많이 달리고 그들의 뇌가 푹 빠졌다는 신경학적 신호를 보인다.[15] 마찬가지로 움직임이 많지 않은 성인도 고강도 훈련을 시작하면 시간이 지나면서 즐거움을 느끼기 시작하다가 6주 만에 정점에 도달한다.[16] 한 체육관의 신규 회원들을 대상으로 실시한 연구 결과, 새로운 운동 습관을 들이는 데 필요한 최소 '노출' 시간이 주 4회씩 6주 정도인 것으로 나타났다.[17] 운동 습관을 들이는 데 시간이 더 걸린다는 점에서 약물 복용자가 중독될 때 일어나는 것과는 다른 일이 분자 차원에서 일어난다는 사실을 알 수 있다. 약물은 보상 체계에 침투해 잽싸게 장악하는 반면, 운동은 경험에서 배우는 보상 체계의 능력을 좀 더 점진적으로 활용하는 것 같다. 한 여성은 평생 운동을 멀리하다 오십대에 들어서야 달리기와 사이클을 즐기게 되었다면서 "상황이 서서히 변합니다. 때로는 변화하는 자신을 의식하지도 못합니다. 그런데 지금은 운동화를 신었을 때가 가장 행복하다니까요"라고 말했다.

새로운 운동을 처음 시도할 때의 느낌이 그 운동을 많이 경험한 뒤의 느낌과 꼭 일치하지는 않는다. 많은 사람에게 운동은 습득된 즐거움이다. 어떤 활동의 즐거움은 몸과 뇌가 적응함에 따라 서서히 나타난다. 운동이라면 고개를 절레절레 저었던 한 남자는 쉰세 살에 처음으로 피트니스 센터에 등록했다. 건강도 증진하고 12단계 금주 프로그램에 도움도 받고자 개인 트레이너까지 고용했다. 처음엔 매주 한 번씩 운동했지만, 3주 만에 두 번으로 늘렸다. 하루는 운동을 마치고 나오는데 얼굴에 절로 미소가 번졌다. 그로서는 전혀 생각지도 못한 반응이었다. "왠지 기분이 좋았습니다. 운동하는 게 진짜 즐거웠던 거죠. 술을 끊은 뒤로 그런 즐거움을 맛볼 거라고는 생각지도 못했습니다."

어떤 사람에겐 적절한 때에 적절한 활동을 찾아내는 것이 관건이다. 가령 한 젊은 여성은 자신을 '외로운 싱글맘'이라고만 생각하다가 네트볼 리그팀에 가입한 뒤 친구들도 만나고 운동선수라는 새로운 정체성도 찾았다.[18] 또 어떤 사람들에겐 자기 몸에 맞는 움직임을 찾아내는 것이 관건이다. 사십대에 조정을 시작한 한 여성은 "나와 함께 노를 젓는 여자들은 대부분 운동선수라고 생각하지 않아요. 하지만 보트에 오르자마자 그들은 운동선수인 것처럼 움직이죠. 그야말로 일사불란하게 말이에요"라며 자신이 하는 운동에 대한 애정을 드러냈다.

인간은 쳇바퀴를 도는 실험실 동물보다 심리적으로 더 복잡하다. 우리는 운동의 느낌뿐만 아니라 활동의 의미에 의해서도 보상받는다. 한 여성은 폭력적인 남편과 헤어진 뒤 체육관에 다니기 시작했다. 38년 동안 남편에게 눌려 살다가 북적이는 체육관에 나와 트레드밀 위에서 걷게 되자 해방감을 느꼈다. "움직일 때마다 내가 자유롭다는 사실에 기분이 째집니다."[19]

운동을 전혀 즐기지 않는다고 말하는 사람이 많은데, 장담컨대 대부분 '운동가'로 거듭날 경험이나 유형이나 공동체를 접하지 못했기 때문이다. 적당한 경험과 유형, 장소와 시간이 결합되면, 운동을 평생 멀리했던 사람도 운동에 푹 빠질 수 있다. 펜실베이니아주 스토우시에 사는 노라 헤펠Nora Haefele은 오십대 중반에야 달리기를 시작했다. 현재 예순두 살인 헤펠은 달리기 대회에 200회 넘게 출전했다. 그중 하프 마라톤 대회만 여든다섯 번이다. 코네티컷주 워터베리에서 열린 레이스는 일흔다섯 번째 하프 마라톤 출전이었다. 이를 기념하여 행사 책임자가 헤펠에게 트로피를 수여했다. 그녀의 이름이 새겨진 대리석 받침대에 날개 달린 황금 운동화가 멋지게 놓인 트로피였다. 그 트로피는 지금 거실 테이블에서 화려한 빛을 발하고 있다. 테이블 옆 진열장에는 지금까지 그녀가 참가한 대회의 완주 메달이 줄줄이 걸려 있다.

헤펠은 빨리 달리지 못한다. "총성이 울리고 레이스가 시작되면, 나는 5분도 안 돼 혼자가 되고 끝날 때까지 내내 혼자 달립니다." 길가에 늘어서서 응원하는 사람들은 꼴찌로 들어오는 헤펠에게 뜨거운 박수를 보낸다. 그들은 무리에서 뒤처진 러너들을 더 열렬히 응원한다. "결승선을 맨 마지막에 통과해도 상관없어요. 내 덕에 누군가는 꼴찌를 면할 테니까요."

헤펠은 끝까지 달린다는 점에 남다른 자부심을 느낀다. 해리스버그에서 열렸던 하프 마라톤 도중에 폭우가 내렸다. 웅덩이에 고인 물이 발목까지 차올랐고, 자동차 운전자들은 도로에서 미끄러지기 일쑤였다. 헤펠은 이번에도 결승선에 마지막으로 도착했다. 하지만 같은 연령대의 러너들이 모두 포기했기 때문에 그녀가 속한 부문에서 1등을 차지했다.

헤펠은 세무사로 활동할 때 트레드밀에 처음 올라갔다. 하지만 금세 실내 운동이 자기에게 맞지 않다고 생각했다. 비좁은 실내보다 툭 터진 공간에서 여러 사람들과 함께 하는 폭스포팅volkssporting이 훨씬 좋을 것 같았다. 폭스포팅은 독일어로 '대중 스포츠'라는 뜻인데, 야외에서 사람들과 함께 걷기, 등산, 자전거, 수영, 크로스컨트리 스키 등을 자유롭게 즐기는 스포츠이다. 행사가 진행되는 도중에 아무 때나 참여할 수 있고, 자기 페이스에 따라 걷거나 달리며 경치도 감상하고 사람들과 어울릴 수도 있다. 헤펠은 10킬로미터 걷기 행사에 두루 참여하면서 미국 전역을 여행했다. 그러다 체력에 자신이 생겼을 즈음, 처음으로 기록을 다투는 5킬로미터 걷기 레이스에 도전했다. "신청할 때만 해도 가슴이 무척 떨렸죠. 젊고 팔팔한 청춘들 사이에 나 같은 사람이 끼면, 다들 '저 뚱뚱한 아줌마가 여기서 뭐 한대?'라고 쳐다볼 것 같았거든요."

다행히 레이스 현장은 전혀 그렇지 않았다. 헤펠은 따뜻한 환대를 받았고 레이스도 무사히 마쳤다. 그리고 나이를 먹어도 뭐든 할 수 있다는 자신감을 얻었다. 경험이 쌓인 다음엔 "그저 어떤 기분인지 알고 싶어서" 앨라배마주 버밍햄에서 열리는 하프 마라톤 걷기 레이스에 등록했다. 놀랍게도 그 역시 즐겁게 마칠 수 있었다. 그래서 다음으로 달리기에 도전하기로 마음먹었다. "15킬로미터쯤 달리다 문득 '내가 미쳤지. 이렇게 힘든 걸 뭐가 재미있다고 하는 거지?'라고 생각하기도 해요. 하지만 대개는 굉장히 행복한 마음으로 달려요. 굳건한 두 다리로 힘차게 달리다 보면 가슴이 벅차올라요. 결승선에 다가갈 때면 기분이 끝내주죠."

기념비적인 일흔다섯 번째 하프 마라톤을 마쳤을 때, 헤펠은 죽기 전까지 100회 출전을 목표로 세웠다. "레이스는 내 삶의 원동력이요, 즐거움이에요. 예순한 살에 그런 기쁨을 알게 돼서 참으로 감사하죠."

내가 헤펠에게 레이스 하면 뭐가 연상되는지 묻자 헤펠은 한 치의 망설임도 없이 이렇게 대답했다. "교회 예배가 연상됩니다. 레이스는 세상을 찬양하는 내 나름의 방식이에요. 다 함께 찬양하고 경배하면서 우리가 누리는 이 멋진 세상에 감사를 표하죠. 교회에서 예배드리는 것과 다르지 않아요." 헤펠이 잠시 숨을 고른 후 말을 이었다. "어떤 점에선 떠들썩한 파티가 연상되기도 해요. 레이스를 마친 후엔 세상 사람들이 다 멋지게 보이거든요. 때로는 그런 기분이 한동안 이어져요. 집에 가다가 들른 편의점에서 커피를 파는 남자한테도 사랑의 감정이 싹튼다니까요. 엑스터시 같은 마약은 입에 대본 적도 없지만, 그 기분만큼은 상상할 수 있어요. 세상만사가 술술 풀릴 것 같고 모든 사람이 멋져 보이죠. 그런 기분을 맛보고 싶으면 하프 마라톤을 뛰어봐요. 그만한 가치가 있어요."

헤펠은 알코올 중독에서 벗어났는데도 1988년 이후론 술을 한 모금도 안 마셨다. "난 술 대신 달리기를 선택했어요. 똑같은 니즈를 채워주지만 방법은 천지차이죠."

헤펠은 달리기에 푹 빠질 거라곤 생각지도 못했다. 그녀는 1957년에 태어나 '타이틀 나인Title IX'이 제정되기 전에 학교를 마쳤다. 타이틀 나인은 남학생과 여학생에게 체육 활동 기회를 똑같이 제공하도록 하는 제도로, 교육계에서 성차별을 없애고자 1972년에 제정되었다. "나는 늘 '스포츠는 여학생에게 맞지 않아'라고 생각했어요. 고등학교 시절에 누가 나한테 달리기 대회에 출전하겠냐고 물었다면 정신 나간 사람이라고 생각했을 거예요. 여자는 그런 걸 하면 안 되는 줄 알았으니까. 게다가 난 뚱뚱했어요. 그쪽은 나랑 전혀 상관없는 세상 같아서 들어갈 엄두를 못 냈죠. 그러다 문득 '까짓것, 나라고 못할게 뭐 있어. 내가 하면 그만이지'라는 생각이 들더군요. 나이 오십을 넘기면 남들이 뭐라 하든 개의치 않게 되니까. 내가 왜 평생 뚱뚱한 여자는 운동하면 안 된다고 생각했는지 모르겠어요. 아까운 시간만 허비하고 말았죠."

이제 헤펠은 누가 5킬로미터 레이스에 도전하고 싶은데 완주할 수 있을지, 혹은 낯선 사람들 틈에서 어색하지 않을지 걱정하면, 주저하지 말고 해보라고 권한다. "내가 처음 5킬로미터 레이스에 도전했을 때 이야기를 들려주죠. 뛰기 전에 얼마나 걱정했는지, 뛰고 나서 내 인생이 얼마나 바뀌었는지. 할 수만 있다면 그들과 같이 뛰겠다고 제안하겠어요. 아울러 존 빙햄John Bingham *의 말을 꼭 들려주고 싶네요. '기적은 내가 완주했다는 게 아니라 내가 용기 내서 시작했다는 것이다.' 난 이 말을 들을 때면 왠지 눈물이 날 것 같아요. 누구든 시작하는 데 필요한 용기를 조금만 낼 수 있다면 모든 게 달라진다니까요."

노라 헤펠은 레이스를 다 마치고 차로 출구를 빠져나갈 때면 온몸을 감싸는 따스한 기운을 느낀다. "내가 뛴 레이스, 뛰면서 만난 다양한 사람들, 그날의 날씨, 레이스를 마쳤을 때의 기분. 어느 하나 소중하지 않은 게 없어요."

1976년에 마라토너 이안 톰슨Ian Thompson은 〈뉴욕 매거진〉과의 인터뷰에서 "운동화를 신을 생각만 해도 온몸이 붕 뜨는 것 같은 짜릿함이 밀려옵니다"고 했다.[20]

출구를 빠져나갈 때 헤펠의 몸을 감싼 행복한 기운과 운동화를 생각만 해도 톰슨을 들뜨게 한 짜릿한 기분은 모두 중독과 운동에 대한 열정 간의 묘한 유사점을 가리킨다. 과학자들은 이런 조건반사적인 감정 분출을 '쾌락 광택제pleasure gloss'라 부른다.[21] 굉장히 즐

---

* 펭귄 플라이트 스쿨스Penguin Flight Schools에서 성인이 된 후 운동을 시작한 선수들에게 달리기의 기초를 가르치는 강사다. 마라톤 대회 전야제 행사에 단골로 초대받는 연사이기도 하다. 《천천히 달려라No need for speed:a beginner's guide to the joy of running》를 썼다. -편집자주

거운 상황에서 냄새나 소리, 맛, 풍경, 감촉을 반복해서 경험하면, 그 느낌이 즐거운 경험으로 암호화되어 기억 속에 저장된다. 설사 처음엔 무덤덤하거나 불쾌한 느낌이었더라도 나중엔 뇌에서 굉장히 유쾌한 느낌으로 해석되기도 한다. 일단 이러한 연관성이 형성되면, 평범한 감각 자극은 쾌락 폭탄이 되어 엔도르핀과 도파민을 마구 분출한다. 예를 들어 나스카(개조 차량을 대상으로 한 경주 대회) 팬들이 고무 타는 역한 냄새를 처음엔 억지로 참아내지만 나중엔 음미한다는 사실을 생각해보라. 또는 스탠드 믹서가 윙윙 돌아가는 소리에 울음을 터뜨리던 아이가 나중엔 그 소리를 듣고 자신이 안전하고 사랑받는다고 느낀다는 점을 떠올려보라.

중독의 경우, 감각 신호들이 강렬한 갈망을 유발할 수 있다. 때로는 금단 증상마저 유발할 수 있다. 그래서 마약 용품을 보기만 해도, 또는 반복해서 쾌감을 느꼈던 장소의 냄새만 맡아도 다시 복용하고픈 욕구가 강하게 솟는다. 심리학자인 벤저민 키신Benjamin Kissin은 헤로인 중독자들이 싱싱 형무소에서 5년간 복역한 뒤 뉴욕으로 돌아왔을 때 기차가 옛 동네로 들어서자마자 금단 증상을 느꼈다는 점에 주목했다.[22]

운동 마니아들도 각자 나름의 쾌락 광택제와 신호 의존적cue-dependent 갈망을 보고한다. 운동을 떠올리기만 해도 대단히 즐거우며, 좋아하는 활동과 관련된 물체나 장소 등의 신호를 접하면 움직이고 싶은 강한 욕구가 일어난다는 것이다. 구체적 사례를 물어봤더니 냄새를 거론하는 사람이 많았다. 실내 수영장의 염소 소독약 냄새. 축구장의 갓 깎은 잔디 냄새. 심지어 말을 타고 뛰놀던 농장의 거름 냄새까지. 내 수강생 하나는 자신의 요가 매트에서 나는 냄새가 뇌의 쾌락 회로를 자극한다고 말했다. 매트에서 어떤 냄새가 나느냐고 묻자, 그는 "고무 냄새"라고 대답했다. 이는 우리 뇌가 종류를 가리지 않고 쾌락 광택제를 발라준다는 증거로 볼 수 있다. 소리에서 만족을 얻는다고 말한 사람도 많았다. 피트니스 센터에서 묵직한 역기가 철커덕 떨어지는 소리. 테니스공을 꺼낼 때 통이 펑! 열리는 소리. 사이클링 운동화가 페달에 철컥 하고 걸리는 소리. 어떤 물건을 보고 쾌감을 느끼는 사람도 있었다. 평소 즐겨 입던 러닝 셔츠("그 셔츠를 입으면 기운이 펄펄 납니다."). 요가 매트 위에 까는 타월("전날 밤 타월을 가방에 넣을 때부터 기분이 좋아져요. 부드럽고 포근한 감촉에서 행복한 기운을 느낄 수 있거든요."). 심박수 측정기("충전하려고 측정기를 콘센트에 꽂을 때부터 짜릿한 흥분을 느낍니다. 실은 지금 생각만 해도 가슴이 벌렁거립니다. 그걸 손에 쥐면 온몸이 충전된 듯 힘이 생기는 것 같아요."). 신체 활동에 푹 빠진 적이 없는 사람에겐 이런 말이 너무 낯설게 들릴 것이다. 운동을 즐기는 사람들이 자신의 쾌락 광택제를 너무 쉽게 파악해서 나 역시 놀랐다. 하지만 이러한 사례는 신체 활동의 보상이 그만큼 확실하다는 걸 보여준다. 뇌는 짜릿한 기분을 강하고 깊게 느낄 때만 이러한 연상을 형성한다.

운동과 관련해서 나한테도 깊게 새겨진 즐거움의 신호가 있다. 바로 비디오 플레이어VCR에 VHS 카세트를 집어넣을 때 나는 소리와 느낌이다. 에어로빅을 처음 접한 건 여덟 살 때였다. 당시 엄마가 창고 세일에서 가정용 운동 비디오를 잔뜩 사왔다. 에어로빅을 따라하면서 멋진 몸매를 가꿀 생각이었지만, 아쉽게도 엄마의 꿈은 실현되지 못했고, 엄마 대신에 내가 신시사이저 음향과 일사불란한 움직임에 푹 빠졌다. 학교 체육 시간에 나는 늘 느리고 굼뜬 학생이었다. 운동 신경이라고는 전혀 없는 것 같았다. 하지만 비디오 화면에 나오는 동작은 발야구나 왕복 달리기에서 요구하지 않던 신체 기능을 활용하게 했다. 나한테는 박자에 맞춰 움직이는 능력과 다른 사람의 움직임을 그대로 따라하는 재주가 있었던 것이다. 온갖 동작을 따라하면서 내 신체 능력을 파악했을 때 전율을 느꼈다. 공을 놓치거나 정글짐 바에서 몸을 뒤집지 못해 굴욕감을 느끼던 때와는 천지차이였다. 다리를 쭉 들어 올릴 때면, 연말에 할아버지, 할머니와 라디오 시티 뮤직홀에 가서 봤던 크리스마스 특별 공연의 여성 로커가 된 기분이었다.

세월이 한참 흘러 심리학자가 되었을 때, 박자를 맞추고 타인의 동작을 따라하는 능력이 공감과 관련된다는 사실을 알았다. 나는 예전에 《줄리와 늑대Julie of the Wolves》 같은 소설을 탐독하거나 굶는 아이들이 가엾어서 유니세프 박스에 넣을 동전을 모으곤 했다. 운동 비디오가 그런 성격적 특성을 자극했던 것이다. 미용체조와 댄스 에어로빅은 운동장의 경쟁 스포츠가 접근조차 못 했던 내 신체 능력을 제대로 끄집어냈다.

나는 수년에 걸쳐 수집한 비디오테이프를 거실 한쪽에 차곡차곡 쌓아두었다. (재즈와 운동을 결합한 재저사이즈Jazzercise 원본은 내가 제일 좋아하는 테이프이다. 신나게 움직이면서 노래를 따라하라고 강사가 부추겼기 때문이다.) 나는 고등학교에 올라간 뒤에도 매일 운동을 따라했다. 시작하기 전에 선반을 죽 훑으며 마음에 드는 비디오를 골랐다. 케이스에서 테이프를 꺼내 VCR에 집어넣으면, 기계가 딸깍 소리를 내며 테이프를 받아들였다. 곧이어 테이프의 보호 덮개가 들리는 소리가 들렸다. 저작권 침해에 대한 FBI의 경고문과 함께 TV 스크린이 환하게 켜지면, 내 뇌세포는 도파민에 푹 잠겼다. 그때 쓰던 VCR은 이제 없지만, 낡은 에어로빅 비디오를 손에 쥐면 내 뇌는 그때의 감흥을 확실히 기억한다. 그리고 내 심장은 신나게 스텝을 밟을 걸 고대하며 마구 뛰기 시작한다.

운동을 즐기는 사람들은 흔히 약물을 끊으려는 중독자들과 상당히 다른 방식으로 이런 조건화된 반응을 경험한다. 자신의 운동 습관에 대해서 상반된 감정을 느끼지 않기 때문이다. 그들은 쾌락 광택제에 의해 촉발된 갈망을 환영하고, 익숙한 느낌이 그들의 욕구를 촉발하는 방식을 즐겁게 받아들인다. 이러한 느낌은 통제하기 어려운 자기 파괴적 충동을 유발하지 않는다. 운동을 즐기는 사람들에게 평범한 소리와 냄새와 물건에 감도는 쾌락 광택제는 오히려 그들이 추억하는 긍정적 관계를 상기하게 한다. 한 친구는 자신의 쾌락 광택제에 대해 이렇게 말했다. "내가 15년 동안 수련해온 무술 학원에는 독특한 냄새가 풍겨. 땀 냄새, 고무 매트 냄새 그리고 내가 모르는 온갖 냄새가 뒤섞여 있지. 오랜만에 도장에 가면 내 몸은 한동안 집을 비웠다가 돌아왔을 때처럼 반응해."

그 이야기를 들으니, 친구 얼굴을 보면 뇌의 보상 체계가 작동될 수 있다는 연구가 떠올랐다. 도파민 분출과 그에 따른 쾌감 덕분에 관계가 더 돈독해진다는 내용이었다. 운동을 즐기는 사람들이 간직한 온갖 즐거운 느낌도 그와 비슷한 것 같다. 살갗에 닿는 낡은 셔츠의 감촉, 요가 매트를 펼칠 때 나는 소리, 농구 코트에서 나는 땀 묻은 왁스 냄새. 이러한 신호는 모두 움직임에 내재된 즐거움을 더 강화하고, 우리 자신과 우리가 선택한 활동을 더 강하게 결속시킨다.

2년 전, 남편이 뜬금없이 트라이애슬론을 하고 싶다면서 지구력 운동과 관련된 책을 읽고 팟캐스트도 듣기 시작했다. 그러더니 새로 알게 된 내용을 나한테 몇 가지 들려줬다. 꽤 많은 선수가 약물 중독이나 알코올 중독에서 벗어나려고 운동을 시작했다고 했다. 가령 장거리 달리기의 짜릿함을 헤로인에 비유한 어느 러너처럼, 일부 선수에게는 운동이 중독 대용품이라는 것이다. 하지만 내가 생각하기에 운동은 중독 대용품이 아니라 앞선 중독으로 망가진 신경학적 손상을 회복시키는 치료제인 것 같았다.

약물 남용 때문에 뇌가 그 약물을 더 원하는 식으로 반응한다면 폐해가 이토록 심각하진 않을 것이다. 하지만 실제로 그 폐해는 엄청난데, 어떤 물질이 기분을 좋게 하는 화학물질을 순식간에 다량 분출하면 뇌의 항상성 기제homeostatic mechanisms가 작동되기 때문이다. 뇌는 신경화학의 균형을 유지하기 위해 약물의 효과를 벌충하려 든다. 그 일환으로 뇌의 반反보상 체계anti-reward system를 활성화시킨다. 그러면 기분을 좋게 하는 화학물질의 효과가 약화된다. 반보상 체계는 뇌에서 도파민이나 엔도르핀 수치가 비정상적으로 높아졌을 때 처음 활성화된다. 극도의 흥분을 낮추려는 것이다. 욕조 물이 넘치려 할 때 배수구 마개를 뽑는 것과 같다. 그런데 약물을 습관적으로 복용해서 반보상 체계를 자꾸 활성화시키면, 약물을 복용하지 않을 때도 반보상 체계가 활성화된 상태로 있게 된다. 극도로 흥분된 상태에 자주 놓이게 된 뇌는 선제적으로 흥분을 떨어뜨리기 시작한다. 그 결과 불쾌감이 거의 내내 유지된다.

또 만성적인 약물 복용은 뇌에서 순환하는 도파민 수치를 낮추고, 보상 체계 내 도파민 수용체의 유용성을 떨어뜨린다.[23] 이러한 두 가지 변화 때문에 계속해서 의욕이 없고 우울하며 반사회적으로 행동하고 일상의 즐거움을 누릴 수 없게 된다. 이러한 증상을 신경과학자들은 중독의 어두운 측면이라 부른다.[24]

이런 점에서 신체 활동과 약물 남용의 장기적 효과는 극적으로 갈린다. 운동으로 도파민과 엔도르핀 등 기분을 좋게 하는 여러 화학물질이 순식간에 다량 분출되지는 않는다. 코카인이나 헤로인 같은 약물은 시스템을 손상시키지만, 운동은 단지 시스템을 자극해 뇌를 아주 서서히 적응시킨다. 뇌는 보상 체계의 활동을 억제하는 게 아니라 촉진하는 식으로 규칙적인 운동에 반응한다. 약물 남용과는 정반대로, 운동은 순환하는 도파민 수치를 더 올려서 도파민 수용체의 유용성을 더 높인다.[25] 즐거움을 느끼는 역량을 무력화시키는 게 아니라 오히려 확장하는 것이다. 음식이나 사회적 연결, 아름다운 풍광 같은 비마약성 신호에 대한 보상 체계의 민감성과 일상의 여러 즐거움은 사람들이 물질 남용에서 벗어나도록 돕는다. 동물과 인간 둘 다를 대상으로 한 연구에서, 신체 활동은 대마초와 니코틴, 알코올, 모르핀에 대한 갈망과 남용을 줄여준다는 결과를 얻었다.[26] 메타암페타민 남용 치료를 받는 성인을 대상으로 한 무작위 실험에서, 참가자는 주 3회 걷기, 조깅, 근력 훈련을 한 시간씩 받았다.[27] 8주 후, 그들의 뇌는 보상 체계에서 도파민 수용체의 유용성이 증가된 것으로 나타났다.

이러한 연구를 통해 학자들은 운동이 뇌에서 반보상 체계를 되돌리고 무기력해진 보상 체계를 되살릴 수 있다고 제안한다. 이 과정에서 운동은 습관성 약물 남용이 아니라 항우울제 같은 역할을 수행한다. 신체 활동이 보상 체계에 미치는 영향과 가장 유사한 것을 꼽자면 지속적인 뇌 심부 자극을 들 수 있다. 뇌 심부 자극은 가장 유망한 우울증 치료법 중 하나다. 신경외과의는 뇌 심부 자극술*을 시행하기 위해 환자의 두개골에 작은 구멍을 뚫은 다음, 내측 전뇌에 전극을 밀어 넣는다. 전극은 환자의 흉벽에 외과적으로 이식

---

* 뇌에 이식된 전극에 전기를 가해 뇌 활동을 자극하거나 방해하는 시술이다. 파킨슨병을 앓는 환자에게 적용할 수 있는 치료법 중 하나다. -편집자주

된 펄스 발생기pulse generator*와 연결된다. 펄스 발생기는 뇌의 보상 체계에 낮은 수준의 전압을 지속적으로 전달한다. 심장박동 조율기cardiac pacemaker가 환자의 심장박동을 조절하는 것과 흡사하다. 시간이 지나면, 뇌 심부 자극으로 보상 체계가 바뀌어 반응성이 높아지고 고질적인 치료 저항성 우울증treatment-resistant depression도 치료된다.[28]

무작위 임상 실험 스물다섯 건을 메타 분석한 결과, 주요 우울 장애major depressive disorder를 진단받은 사람들 사이에서 운동이 항우울 효과가 상당한 것으로 나타났다.[29] 미국, 영국, 브라질, 독일, 노르웨이, 덴마크, 포르투갈, 이탈리아, 스페인, 이란 등에서 진행된 연구 열세 건을 검토한 조사에서도 항우울 치료제 복용과 더불어 운동을 곁들이면 약물 치료만 했을 때보다 더 나은 효과를 거뒀다고 나왔다.[30] 신체 활동이 기분에 영향을 주는 방식은 다양한데, 어떤 경우든 보상 체계에 영향을 미쳐 항우울 효과를 나타내는 것만은 확실하다. 따라서 운동을 달리 표현하자면, 일종의 '셀프 뇌 심부 자극'이라 할 수 있다. 평소에 운동을 꾸준히 하면 뇌의 보상 체계에 저용량 자극을 제공하는 셈이다.

뇌의 보상 체계 활성화로 혜택을 볼 수 있는 건 우울증에 시달리거나 약물 남용으로 괴로워하는 사람만이 아니다. 나이를 먹으면 사람의 뇌도 자연스레 퇴화한다. 성인은 10년마다 보상 체계의 도

---

* 원하는 파형의 전압 또는 전류 펄스를 발생하는 장치 또는 회로 -편집자주

움직임의 힘

파민 수용체를 최대 13퍼센트까지 잃게 되는데, 이로 인해 일상의 즐거움이 점점 시들해지는 것이다.[31] 하지만 활발한 신체 활동으로 무뎌지는 감정을 되돌릴 수 있다. 굼뜬 동년배와 비교했을 때, 활발하게 활동하는 노인의 보상 체계는 수십 년 젊은 사람들에 더 가깝다. 나이를 먹을수록 행복감을 높이고 우울증 위험을 낮추는 운동의 효과는 더 극명해진다. 그래서 젊었을 때는 운동을 멀리했던 사람도 나이 들어서는 운동에 끌리게 된다. 움직임이라는 '묘약'의 향정신성 효과는 어떤 사람에겐 중독적 즐거움이 되고 어떤 사람에겐 강력한 치료제가 된다.

1993년, 시어도어 갈런드 주니어는 쥐를 선택적으로 번식시키는 실험을 시작했다.[32] (25년 후, 사람을 운동하도록 부추길 만한 약물을 꿈꾼다고 〈뉴요커〉지에 말했던 바로 그 생물학자다.) 쥐는 원래 쳇바퀴에 접근하도록 놔두면 기분 좋게 달린다. 하지만 갈런드는 평범한 쥐보다 훨씬 더 많이 달리는 혈통을 생산하고 싶었다. 초기 세대는 하루 평균 4킬로미터씩 달렸다. 평균보다 많이 달린 쥐들만 번식시킨 결과, 갈란드의 연구소에서는 쥐를 달리게 하는 유전적 요인이 뭐든 간에 그 요인을 선택하고 강화할 수 있었다. 열다섯 번째 세대에 이르자, 갈란드의 쥐들은 하루에 15킬로미터씩 달렸다. (180센티미터인 남자가 그만한 거리를 소화하려면 하루에 270킬로미터를 달려야 할 것이다.) 선택적 번식으로 스물아홉 번째 세대에 이른 쥐들은 '슈퍼 러너supper runners'가 되었다. 더 멀리 달렸을 뿐만 아니라 더 빨리, 더 자주 달리면서 휴식은 덜 취했다. 쳇바퀴가 돌지 않게 잠가놨더니, 좌절한 쥐들은 어떻게든 달리려고 쳇바퀴 안에서 사다리 오르듯 올라가려 했다.

갈란드의 실험은 결국 성공했다. 그렇다면 그의 연구팀이 활용한 생물학적 소인은 무엇이었을까? 한 가지 가능한 설명으로, 슈퍼러너 쥐들의 해부학적 구조가 더 쉽게 달릴 수 있도록 변했다는 점을 들 수 있다. 번식 실험이 진행될수록 슈퍼 러너들은 실제로 에너지를 더 효율적으로 사용하는 근육 세포와 더 대칭적인 대퇴골 등 뚜렷한 신체적 특징을 보이기 시작했다. 하지만 초기 슈퍼 러너에겐 그런 특질이 없었다. 뭔가 다른 요인이 그들을 달리도록 부추겼다. 연구 결과, 정상 쥐와 슈퍼 러너 간에 가장 주목할 만한 차이는 근육이나 뼈가 아닌 것으로 밝혀졌다. 차이는 그들의 뇌에 있었다. 구체적으로 말하면, 보상 체계가 달랐다. 슈퍼 러너는 보상 체계 조직을 포함하는 중뇌가 더 컸다. 아울러 보상 회로 내부의 유전자 발현과 신경 전달 물질에서도 차이가 났다. 그래서 슈퍼 러너는 다른 쥐보다 더 빨리 달리기에 푹 빠져들 수 있었다. 운동에 덜 노출된 상태에서도 중독을 일으키는 뇌의 분자 스위치가 켜졌고, 갈망 신호와 의존성도 더 일찍 생겨났다. 이 쥐들이 나면서부터 죽어라 달린 이유는, 결국 올바른 몸을 가졌기 때문이 아니라 올바른 뇌를 가졌기 때문이다. 초기 슈퍼 러너는 운동을 수행할, 향상된 역량을 타고나지 않았다. 오히려 운동을 즐길, 향상된 역량을 타고났다. 지속적으로 번식시킨 후에야 슈퍼 러너의 해부학적 구조가 그들의 뇌를 따라잡았고, 그제야 달리고 싶은 욕망을 지원하는 신체 특징이 발달한 것이다.

갈란드의 쥐 이야기를 읽고 있자니 문득 현대인도 슈퍼 러너와 같은 존재가 아닐까 하는 의문이 들었다. 자연 선택은 선택적 번식 실험의 일종이다. 일부 과학자는 인간종이 진화를 거듭하면서 매사에 전력을 기울이는 등 생존에 유리한 게놈을 발달시켰다고 주장한다.[33] 러너스 하이, 운동에 푹 빠지는 성향, 활발한 움직임의 심리적 효과 등 움직임이 인간 뇌에 미치는 영향과 관련해서 우리가 아는 모든 지식은 인간이 어느 정도 유전적 슈퍼 러너임을 입증하는 중거이다.[34] 신발장 가득 운동화가 있든 없든 간에.

그렇긴 하지만 활동성 정도는 분명 사람마다 차이가 있다. 그렇다면 어떤 사람은 더 쉽게 빠져드는 뇌를 가졌기 때문에 운동을 더 많이 할 수 있는 걸까? 활동적 성향이 부분적으로나마 유전된다는 증거가 있다. 과학자들은 함께 자라거나 떨어져 자란 일란성 쌍둥이들을 비교한 뒤, 신체 활동 변동성의 약 50퍼센트가 유전적 특징 때문이라고 추정했다.[35] 사람들이 운동을 수행하는 정도뿐만 아니라 즐기는 정도까지 살펴보면, 유전 가능성 추정치가 12퍼센트에서 37퍼센트 사이로 떨어진다.[36] 자존감(22퍼센트), 공감(27퍼센트), 치과에 대한 두려움(30퍼센트) 같은 다른 심리적 특징과는 동등한 수준이지만, 신장과 곱슬머리(둘 다 약 80퍼센트) 같은 신체적 특징보다는 훨씬 낮다. 그렇다 해도 이러한 수치는 유전적 영향을 암시한다. 실제로 최근 실시한 대규모 전장유전체 연관성 분석large-scale genome-wide association studies*에서 더 활발하게 활동할 것으로 예견되는 유전적 변이를 수십 개나 파악했다.[37] 이러한 DNA 가닥들 중 일부는 신진대사에 영향을 미치는 유전자에 있고, 일부는 뇌 기능과 관련된 유전자에 있지만, 나머지는 여전히 미스터리로 남아 있다. 이 나머지 가닥들이 인간의 건강이나 행동에 어떤 역할을 하는지 아직 모른다.

나는 학급에서 가장 느린 학생 중 하나였고 지금도 팀 스포츠에선 있으나마나 한 존재다. 하지만 여덟 살 때 에어로빅에 단단히 꽂혔고, 예나 지금이나 그룹 운동을 가르칠 때만큼 행복한 순간이 없다. 문득 이런 성향이 처음부터 내 유전자에 기록되어 있었는지 궁금해졌다. 의문을 해소하고자 '23andMe'라는 유전자 분석 회사의 DNA 검사 키트를 주문했다. 키트가 도착하자 나는 시험관에 침을 뱉어 넣고 이를 처리 센터로 보냈다. 하지만 그들이 보낸 표준 보고서만 봐서는 과학자들이 운동 습관과 연계시켰던 DNA 가닥에 대해 아무것도 알 수 없었다. 그런데 '미처리 데이터Raw Data'를 클릭하자 23andMe가 유전자형으로 만든 내 게놈 전체에 접근할 수 있었다. 신체 활동과 연계된 각각의 유전적 식별자genetic identifier를 검색

---

* 질환과 약물 반응성에 대한 유전적 요인을 총체적으로 연구하는 기법이다. 일본 이화학연구소의 오자키Ozaki 연구팀에서 최초로 시도했다. -편집자주

창에 입력하자 결과가 마구 엇갈렸다. 나는 더 활동적인 성향과 관련된 변이를 전부 다는 아니지만 상당수 가지고 있었다. 그런데 이걸 어떻게 해석해야 할지 알 수 없었다. "애초에 많이 움직일 팔자 Born to Move"라고 단정할 만한 유전자 프로필을 발견하고 싶었지만, 실은 그게 어떻게 생겼는지도 몰랐던 것이다. 내가 모를 뿐이지, 활발하게 움직이는 성향과 연계된 유전적 변이는 드물지 않다. 움직임은 우리 조상들의 생존에 무척 중요했기에 이러한 돌연변이는 인류 전체에 광범위하게 보존되었다.

더 나아가기 전에, 나는 본 조사와 관련된 한계를 먼저 고백해야겠다. 행동유전학은 확실히 정립된 과학이 아니라 새롭게 떠오르는 분야이다. 방법이 계속 개선되면서 초기에 밝혀진 결과는 잇달아 폐기되었다. 추후 연구를 통해 인간이 운동에 반응하는 방법을 결정할 수백 가지 유전적 변이가 밝혀질지도 모른다. 게다가 유전자가 전부는 아니다. 인간의 신체 활동에는 심리적, 사회적, 환경적 영향이 두루 작용하며, 이러한 요인은 설치류의 쳇바퀴 돌기에 미치는 영향보다 훨씬 더 크게 작용한다. 나는 그 점을 잘 알고 있다. 그런데도 내 유전자 정보를 알아보고 싶은 충동을 느꼈다. 운동을 향한 내 열정이 애초에 타고난 거라고 확신했다. 내가 애초에 많이 움직일 팔자라고 오랫동안 확신해온 또 다른 데이터가 있기 때문이었다. 바로 나와 일란성 쌍둥이 자매인 제인이다. 제인은 나와 유전자를 공유할 뿐만 아니라 나만큼이나 운동에 전념한다.

어렸을 때 사진을 보면, 제인은 세상을 장악할 흉계를 꾸미는 것처럼 보이고 나는 금방이라도 눈물을 터뜨릴 것처럼 보인다. 둘 중 하나가 이런 속내를 드러내지 않는 한, 우리는 구분하기 어려웠다. 어른이 돼서도 우리는 여러 면에서 비슷하다. "피"라는 말만 들어도 구역질을 하고, 단것을 워낙 좋아해 포도당 수액 주사도 기꺼이 맞는다. 뉴저지주 변두리에서 자랐지만, 지금은 둘 다 샌프란시스코만 지역에서 산다. 둘 다 스물두 살 때 데이트를 시작한 남자와 결혼했다. 연구원이자 작가로 쌓아온 경력도 놀라울 정도로 비슷하다. 누군가가 내 작품을 굉장히 좋아한다고 말했는데, 알고 보면 내 동생을 염두에 두고 하는 말일 때가 가끔 있다. 둘 다 운동을 무척 즐긴다. 운동이 먹고 자는 일처럼 삶의 한 부분이다. 제인은 장거리 러너로서 일주일에 보통 25마일(약 40킬로미터)에서 40마일(약 64킬로미터) 정도 달린다. 하프 마라톤과 풀 마라톤을 가리지 않고 1년에 열두 번 정도 참가한다. 한참 달리다 좋아하는 코스가 나오면 제인은 이렇게 말한다. "난 일주일 내내 마구간에 매어 있던 말처럼 언제든 뛰쳐나가 전속력으로 질주하고 싶어. 택시를 타고 센트럴 파크를 지날 때면, 당장 내려서 공원 주변을 뺑뺑 돌고 싶다니까."

고백컨대, 나는 달리기에 전념하는 제인을 이해할 수 없다. 죽어라 뛰는 게 뭐가 재미있다는 건지 모르겠다. 그런데 제인도 그룹 운동에 푹 빠진 나를 똑같이 이해하지 못한다. "그렇게 열심히 한다고 실력이 느니?"

제인이 객관적으로 나아질 수 없는 일에 사람들이 왜 시간을 쏟

움직임의 힘

는지 모르겠다고 했을 때, 나는 이렇게 대꾸했다. "꼭 실력이 늘어야 하는 건 아니야. 그냥 즐기면 되지."

아무튼 우리는 각자가 선호하는 활동에 열정을 쏟는다. 여행을 떠나면 제인은 달릴 만한 코스와 레이스를 찾고, 나는 그룹 운동에 참여할 최적의 장소를 찾는다. 휴일이나 특별한 기념일마다 제인은 남편과 딸들을 데리고 특정한 테마를 내세운 하프 마라톤이나 5킬로미터 달리기에 참여한다. 반면에 나는 댄스 교실에서 신나게 춤을 가르친다. 우리에게 움직임은 인생을 찬미하는 수단이자, 우리를 '쌍둥이'로 묶어주는 가장 두드러진 특징 중 하나이다. 이러한 일화적 증거로 무장한 채, 나는 다시 학술 문헌을 뒤지기 시작했다. 인간이 물려받는 것 중에서 운동에 푹 빠지게 하는 것이 있는지 알아보고 싶었다. 내 노력은 헛되지 않았다. 실제로 그런 게 있었다. 동생과 나는 신체 활동으로 정신 건강상의 혜택을 누릴 유전적 기질을 타고났다.

과학자들은 다중유전자에서 운동의 항우울 효과와 불안 감소 효과에 연계된 DNA 가닥을 여러 개 파악했다.[38] 이러한 유전적 변이가 있는 사람은 규칙적인 운동의 심리적 혜택에 더 민감한 것 같다. 가령 매일 20분 이상 운동한다면 우울증과 자살 충동 위험성을 상당히 줄일 수 있다. 23andMe에서 보내준 내 데이터 파일에서 이러한 유전자 표지genetic markers를 찾아봤더니, 나와 동생 둘 다 그걸 가지고 있었다. 이러한 결과를 확인하자 가슴이 마구 뛰었다. 이 분야가 아직은 걸음마 단계라고 하지만, 눈앞의 결과를 보고 흥분하지 않을 수 없었다. 우리 유전자에는 정신 건강을 위해 신체 활동을 중요하게 만드는 뉴클레오티드nucleotide*가 잔뜩 뿌려졌을 가능성이 있다. 내가 알아낸 내용을 동생에게 알려주자 곧바로 이런 문자가 왔다. "어머나! 거참 신기하네!"

정말로 신기했다. 운동이 정신 건강에 좋다는 점뿐만 아니라 우리 몸과 뇌가 알아서 우리를 필요한 방향으로 이끌어줬다는 점도 놀랍고 신기했다. 동생의 경우는 특히 더 그렇다. 동생은 삼십대 초반에 외상성 뇌손상을 입은 뒤로 몇 년간 우울증과 자살 충동에 시달렸다. 그런 제인에게 달리기는 정신 건강을 회복하는 데 대단히 효과적이고 믿을 만한 방법이었다. "나한테는 달리기가 항우울제나 다름없어." 제인은 노상 이렇게 말한다. "아프거나 다쳐서 한동안 달리지 못하다가 다시 뛸 수 있게 되면, 먹구름이 걷히고 해가 쨍 비치는 것 같아. 그럼 다시 인간으로 돌아온 기분이 들어."

나도 딱 그렇다. 다만 내가 벗어난 것은 우울증이나 자살 충동이 아니라 불안감이다. 나는 늘 걱정을 달고 살았다. 부모님은 어린 딸의 기질을 "소심하고 예민한 편"이라고 말했지만, 나를 정확하게 묘사하려면 "겁이 많은 편"이라고 했어야 한다. 나는 놀이공원에 가면 기구에 타지 않겠다며 울었다. 수학 시험을 볼 때마다 간이 콩알만 해졌고, 생일 파티에 초대받아도 어떻게든 빠지려고 했다. 핵 재

---

* DNA와 RNA 같은 핵산을 구성하는 구조적 단위로, 생체 내 에너지 대사에 중요한 역할을 한다. -역자주

앙이 도래한다면, 저장고에 쟁여둔 걸스카우트 쿠키가 얼마나 오래 갈지 남몰래 계산하기도 했다(1980년대 초반엔 별의별 걱정이 많았다). 이런 성격을 띠게 될 만한 사건이나 경험은 딱히 떠오르지 않는다. 그냥 그렇게 타고났다고밖에 달리 설명할 말이 없다. 내 뇌는 재앙이 닥칠까 봐 늘 전전긍긍했다. 생물학적으로 결정된 내 심리 상태를 추측해보자면, '심각한 경계 상태'와 '두려움에 사로잡힌 상태' 사이에 있었을 것이다.

만성적 근심에 대한 이론에 따르면, 나 같은 사람은 뇌의 두려움 회로가 지나치게 예민하다. 딱히 무슨 이유도 없는데 뇌가 '뭐가 잘못됐어. 뭐가 잘못됐어'라는 잡음을 계속 뿜어낸다. 이 회로의 과도한 활동으로 막연한 불안감에 시달리면, 정확히 무엇을 걱정해야 하는지 알아내려고 머리를 계속 굴리게 된다. 내 뇌에서 정말로 그런 일이 벌어진다고 단언할 수는 없지만, 내 정신 상태를 관찰한 바로는 그런 것 같다. 경험상, 이러한 불안감을 떨쳐낼 가장 강력한 해결책은 운동이다. 이는 과학적으로도 입증되었다.[39] 약간의 신체 활동으로도 불안감이 줄어들고 끊임없이 맴돌던 생각이 멈춘다. 규칙적으로 운동하면 그 효과는 훨씬 더 뚜렷해진다.[40] 운동 중재에 대한 2017년 메타 분석 결과, 신체 활동은 불안 장애에 효과적인 치료법이 될 수 있다고 드러났다.[41]

나는 여덟 살 때 처음으로 에어로빅이 기분에 영향을 미친다는 사실을 알았다. 요즘엔 흔하게 처방되는 항불안제나 항우울제가 없던 시절이었다. 어린아이가 정신과 진료를 받거나 정신 건강과 관

련된 정보를 접할 일도 거의 없었다. 실은 내가 정신적으로 도움이
필요할 거라고 생각한 사람도 전혀 없었다. 나는 어쩌다 운 좋게,
타고난 성향을 다스리는 데 도움이 될 방법을 스스로 찾아냈다. 운
동 신경이 좋은 편도 아니었고, 부모님 중에 누가 건강을 생각해서
운동하거나 여가로 스포츠를 즐기지도 않았다. 그런데도 이 방법을
알아내다니 정말 운이 좋았다. 내가 전통적 의미에서 슈퍼 러너는
아닐지 모르지만, 이 연구로 애초에 많이 움직일 팔자로 태어나는
방법이 다양하다는 걸 깨달았다. 내 운동 습관은 나를 차분하게 진
정시켜 주기보단 대담하게 행동하게 해준다. 불안감에 시달리는 나
한테 딱 맞는 치료법이다. 활발하게 활동하면서 더 나은 모습의 나
를 찾을 수 있다. 그런 이유로 나는 운동에 푹 빠질 수 있어서 참으
로 감사하게 생각한다.

　학부 과정이 끝난 여름, 나는 자축하는 의미로 헬스클럽에 등록
했다. 등록한 첫 주에 그 클럽에서 조촐한 파티가 열렸다. 음료나
손님 초대권을 딸 수 있는 경품 이벤트가 진행되었다. 한쪽에선 척
추 지압사가 자세 교정을 도와주고 다른 쪽에선 점쟁이가 관상을
봐주었다. 벤치프레스 기구 옆에서 내가 과연 어떤 조언을 얻게 될
지 궁금해 점쟁이 앞에 앉았다. 그녀는 나를 쓱 보더니 카디오 킥복
싱cardio kickboxing 수업을 들어보라고 권했다. 카디오 킥복싱은 킥복싱
과 심장 강화 운동을 결합한 운동 프로그램이다. 점쟁이가 한눈에
내 혈관을 타고 흐르는 불안감을 감지했던 걸까. 아니면 내 불안감
이 얼굴에 그대로 드러났는지도 모르겠다. 당시 나는 원룸 아파트

에서 혼자 살았고, 주머니에 호신용 스프레이를 넣고 다녔다. 밤늦게 집에 돌아올 때면 열쇠와 스프레이를 만지작거리며 어떤 걸 꺼내게 될지 늘 긴장하며 걸었다. 나를 킥복싱의 세계로 안내한 점쟁이가 신통력을 지녔다고는 생각하지 않지만, 어쨌든 내게 참으로 유용한 조언이었다. 그 수업에 참여하면서 나는 딴사람이 되었다. 여름이 끝나갈 무렵, 나는 훅과 어퍼컷과 잽을 날리는 방법을 익혔다. 예전에도 겁이 나서 주먹을 불끈 쥐고 다니긴 했지만, 펀치를 날릴 때 쥐는 주먹은 느낌이 달랐다. 지금까지도 나를 이렇게 강인하다고 느끼게 해준 운동은 킥복싱만한 게 없다.

움직임은 즐겁게 느껴질 때만 중독성이 없다. 나는 뇌가 회복력의 강화를 감지할 수 있다고 본다. 실제로 용기와 배짱은 신체 활동에서 얻을 수 있는 또 하나의 예측 가능한 부수효과다. 새로운 운동 습관은 보상 체계를 향상시키는 동시에 불안감을 조절하는 뇌 부위에도 영향을 미친다.[42] 한 실험실 연구에서, 쥐를 21일 동안 달리게 했더니 두려움과 스트레스 반응을 조절하는 뇌간과 전전두엽 피질이 달라졌다. 쥐는 더 용감해지고 스트레스 상황에도 더 잘 견딜 수 있었다.[43] 인간의 경우, 주 3회씩 6주 동안 운동하면 불안감을 다스리는 뇌 부위에서 신경 연결이 늘어난다.[44] 규칙적인 신체 활동은 신경계의 기본 상태도 변화시킨다. 그래서 싸우거나 도망가거나 겁먹을 상황에서 더 침착하게 대처하도록 해준다.

운동 후 근육에 쌓이는 노폐물인 젖산은 흔히 근육통의 원인으로 지목되었다.[45] 그런데 최근 연구에선 이 젖산이 정신 건강에 긍정적 효과가 있다는 결과마저 나왔다. 근육에서 분비된 젖산이 혈류를 타고 뇌로 이동하면, 불안감을 덜어주고 우울증을 예방하는 식으로 신경화학을 변화시킨다는 것이다. 20년 전 킥복싱에 푹 빠졌을 때, 혹은 그보다 더 거슬러 올라가 에어로빅 테이프를 VCR에 처음 집어넣었을 때, 내 뇌는 긍정적 변화가 진행되고 있음을 감지했던 모양이다. 내 DNA 안의 뭔가가 좋은 변화를 감지하고, '그래, 고마워. 계속해'라고 속삭였던 것 같다.

위스콘신 대학교 매디슨 캠퍼스의 한 실험실에서 연구진은 쥐를 대상으로 새로운 실험을 실시했다.[46] 쳇바퀴 돌리기를 좋아하는 쥐들이 그 기회를 차단당했을 때 뇌에서 어떤 일이 일어날지 알아보는 실험이었다. 쥐들은 달리기를 하려고 쳇바퀴에 오르려던 순간 갑자기 접근할 수 없었다. 운동할 준비가 다 됐는데 갑자기 할 수 없게 된 것이다. 우리가 모처럼 운동하려고 헬스클럽에 갔는데 문이 굳게 잠겨 있는 것과 같은 상황이었다. 욕망이 좌절된 바로 그 순간, 쥐들은 연구를 위해 희생되었다. 연구진은 쥐의 뇌를 꺼내 회백질 부위를 잘라 착색한 후, 현미경으로 관찰했다. 그 결과, 쥐들이 죽을 때 고양된 갈망 상태에 있었다는 화학적 증거가 드러났다. 갈망, 동기, 좌절과 관련된 뇌 영역은 물론이요, 달리기를 관장하는 부위까지 활성화되어 있었다. 이는 애연가가 담배를 피우지 못하게 됐을 때 보이는 패턴과 유사하다. 또는 길을 잃고 엄마를 애타게 찾는 아이나 떠나간 남편을 못 잊고 침대 한쪽을 지그시 바라보는 아내에 비유할 수도 있다.

중독을 뜻하는 'addict'는 라틴어 'addictus'에서 유래했다. '헌신하다', '묶이다'라는 뜻이다. 일부 신경과학자는 연인 사이 혹은 양육자와 아이 사이에 형성된 헌신적 사랑도 일종의 중독이라고 말한다. 그들은 사랑에 빠진 뇌와 의존성에 빠진 뇌의 유사점을 지적한다. 실연당한 젊은이가 애인의 사진을 본 순간, 그의 뇌는 코카인을 갈망하는 중독자와 흡사한 상태로 바뀐다.[47] 엄마가 자기 아기를 응시할 때, 뇌의 보상 체계는 신경과학자들이 약물에 취했을 때와 흡사하다고 말하는 상태로 활성화된다.[48] 아기의 살 냄새는 배고픔에 가까운 신경 반응을 촉발시킬 수 있다.[49] (〈데일리 메일 오스트레일리아〉지는 이 연구를 언급하면서 다음과 같은 흥미로운 제목을 붙였다. "아기를 먹고 싶은 엄마의 충동은 지극히 정상이다."[50])

그렇지만 약물 남용의 언어를 통해 사랑을 바라보는 태도는 엉뚱한 비유로 이어질 수도 있다. 한 연구 논문은 사랑하는 사람을 그리워하는 마음을 '금단 증상'으로, 재결합하고 싶은 갈망을 '재발'로 묘사했다.[51] 이러한 분석은 보상 체계의 주요 기능을 중독으로 여기게 한다. 그리고 이 보상 체계를 이용하는 것은 뭐든 그 역량을 착취하는 행위로 보이게 한다. 헌신적 사랑을 왜 중독의 관점에서 바라보려 하는가? 진화적 관점에서 보면 말도 안 되는 소리이다. 코카인은 보상 체계가 존재하는 이유가 아니다. 그저 우연히 보상 체계를 유별나게 자극할 뿐이다. 게다가 보상 체계는 까마득히 먼 옛날부터 존재했다. 어느 생명체를 막론하고 도파민은 생존에 핵심인 행동, 즉 음식을 먹고 짝짓기를 하고 새끼를 돌보도록 자극한다. 보상 체계의 주요 임무는 우리를 해로운 것에 의존하게 하는 것이 아니라, 우리가 살아가는 데 필요한 것을 향해 나아가도록 촉구하는 것이다.

인간의 경우, 살아가는 데 필요한 것에 다른 사람도 포함된다. 그래서 사랑에 빠지거나 양육자가 됐을 때, 보상 체계의 도움으로 강한 애착을 형성한다. 접촉을 거듭하면서 즐거움을 맛보다 보면 점점 더 좋아하고 갈망하게 되며, 관계를 유지하기 위해 희생을 불사하려 든다. 헤어지게 되면 다시 결합하고 싶은 욕구가 생긴다. 이것은 파괴적 의존성이 아니라 헌신을 위한 신경생물학적 기제다. 과학자들이 흔히 중독에 비유하는 뇌 반응은 강력한 유대감의 신호이기도 하다.[52] 갓난아기를 볼 때 엄마의 뇌에서 분출되는 도파민은 아기와 유대를 맺고 아기를 달래줄 엄마의 능력을 예견한다.[53] 오랫동안 행복한 결혼생활을 유지해온 부부도 배우자를 보면 도파민이 급증하는데, 이는 배우자의 행복이 자신의 행복에 필요불가결하다고 느끼는 정도와 관련이 있다.[54] 또한 홀로 남은 아내나 남편이 죽은 배우자의 사진을 볼 때, 보상 체계의 활동은 그들이 사랑하는 이를 그리워한다고 보고한 정도와 관련이 있다.[55]

헌신은 중독이 아니라 보상 체계의 주요 기능으로 생각하는 게 더 정확할 것 같다. 운동이 활용하는 것도 바로 이 역량인 것 같다. 이런 관점에서 볼 때, 뭔가에 푹 빠지는 능력은 애착을 형성하는 우리의 성향을 반영한다. 신체 활동은 또 다른 습관성 약물이 아니라 유대감을 형성하는 역량을 활용하여 우리에게 가장 중요한 관계를 돈독히 다지도록 한다. 지금까지 살펴봤듯이, 운동은 파괴적 중독처럼 보상 체계를 손상하지 않는다. 신체 활동은 아이가 생겼을 때나 사랑에 빠졌을 때와 비슷한 방식으로 뇌를 변화시킨다. 예를 들어, 젖먹이를 둔 부모는 처음 몇 달 동안 보상 체계 안의 회백질이 증가한다. 뇌에서 이 부분이 확장되면 아기를 예쁘고 완벽하다고, 또 자신들이 축복받았다고 묘사하는 횟수도 늘어난다.[56] 이러한 신경학적 변화, 즉 보상 체계의 강화는 사람들이 운동 습관을 형성할 때 일어나는 변화와 흡사하다. 궁극적 결과도 사람들이 강한 애착을 형성할 때 경험하는 것과 전혀 다르지 않다. 규칙적 운동은 사랑에 빠지게 하는 뇌의 역량을 활용해 우리의 인생을 풍요롭게 하고 행복을 증진하는 관계에 즐겁게 헌신하도록 이끈다.

3

The Joy of Movement

집단적

즐거움

캐나다에서 가장 오래된 조정 클럽에서는 숙련된 여성 크루들 crew*이 퇴근 후에 만나 훈련을 한다. 그들은 육지에서도 팀워크를 발휘해 8인승 보트를 어깨에 짊어지고 보트 창고에서 로렌시아 고원 끝자락에 있는 오타와강까지 발맞춰 나아간다. 썩어가는 나무와 에폭시 코팅제, 낡은 스포츠 용품에서 나는 냄새가 점차 신선한 공기와 숲나무 향기로 대체된다.

조수漕手, rower는 진행 방향에 등을 돌리고 앉아 상류 쪽으로 노를 젓는다. 진행 방향을 못 보기 때문에 뱃머리에서 방향과 속도를 지시하는 타수舵手, coxswain에게 의지한다. 또 바람과 물, 보트와 다른 크루의 움직임을 감지하는 능력에도 의지한다. 타수 외에는 아무도 입을 열지 않는다. 그저 각자의 노를 한마음으로 저을 뿐이다. 여

---

* 조정 보트의 승조원을 말한다. -역자주

덟 개의 노가 동시에 들렸다 내려오면서 물살을 가르면 보트가 강물 위를 미끄러지듯 나아간다. 그 순간, 보트 밑에서 강물이 쉭 하고 갈라지는 소리가 난다. 그 소리가 어찌나 흥겨운지, 다들 뽕 간다는 뜻으로 '로잉 코카인rowing cocaine'이라고 부른다. 이렇게 일사불란한 움직임을 위해 조수는 모두 한 몸처럼 움직여야 한다. 노 젓는 동작의 리듬과 스윙이 살짝만 흔들려도 물살을 가르는 날렵한 보트의 흐름에 방해되기 때문이다.

"그야말로 완벽한 호흡을 이루죠." 쉰을 넘긴 한 크루인 킴벌리 소기Kimberly Sogge가 말한다. "우리는 동료와 물살의 움직임을 하나하나 느낍니다. 하지만 점차 그 느낌이 흐릿해집니다. 그냥 한 몸처럼 융화되기 때문이죠. 동료뿐만 아니라 강물하고도요."

때로는 훈련 도중에 동작을 모두 멈추고 주변을 둘러보기도 한다. 숨을 깊이 들이마시며 자연의 소리에 귀를 기울인다. 소기는 이 순간을 온몸으로 음미한다. "눈부신 햇살을 받아 하늘과 물의 경계가 사라지고, 인간으로서 우리 사이의 경계도 사라집니다. 그 순간, 나는 행복의 절정을 맛봅니다. 정말 천국이 따로 없다니까요."

소기가 묘사한 기분은 조정 경기에만 국한되지 않는다. 사람들이 한마음 한뜻으로 모여 움직인다면, 언제, 어디서나 맛볼 수 있다. 가두 행진할 때, 댄스 클래스나 나이트클럽에서 춤출 때, 도로 한쪽에서 줄넘기를 하거나 공원에서 태극권을 수련할 때, 그리고 교회에서 몸을 흔들며 찬송가를 부를 때도 얼마든지 행복의 절정을 맛볼 수 있다. 1912년, 프랑스의 사회학자 에밀 뒤르켐Émile Durkheim

은 사람들이 함께 의식을 치르거나 기도를 드리거나 일을 할 때 느끼는 행복한 자기초월감self-transcendence을 일컬어 '집단적 열광collective effervescence'이라 표현했다.[1] 이러한 활동을 통해서 사람들은 자기들끼리, 또 자기들보다 더 큰 존재와 연결됐다고 느낀다. 이렇게 연결된 느낌을 경험할 최고의 방법 중 하나가 바로 동기화된 움직임synchronized movement이다.

집단적 열광은 함께 운동하는 사람들끼리 왜 가족 같은 유대감을 느끼는지 설명해준다. 또 신체 활동을 포함한 사회 운동이 더 끈끈한 결속과 희망을 고취시키는 이유와 사람들과 함께 걷거나 달릴 때 더 힘이 난다고 느끼는 이유도 설명해준다. 러너스 하이와 마찬가지로, 집단적 열광을 향한 우리의 역량은 살아남기 위해 협력할 필요성에 뿌리를 두고 있다. 도취된 상태에서 한마음으로 움직이게 하는 신경화학은 낯선 사람들과도 유대를 맺고 신뢰를 쌓게 한다. 집단 활동은 인간을 한데 모으는 방법 중 하나로, 이를 통해 우리는 어디에 속해 있는지, 또 무엇의 일부인지 확실히 알게 된다.

브라질의 마라조섬Marajó island은 아마존강 하구에 있다. 이 섬의 소외Soure라는 촌락에 심리학과 대학원생 브로닌 타르Bronwyn Tarr가 찾아갔다. 타르는 한 민박집의 모기장 안에서 땀을 뻘뻘 흘리며 누워 있었다. 몹시 피곤했지만 시차 때문에 잠을 이룰 수 없었다. 옆방에 투숙한 연구 조수도 잠을 못 자는지, 얇은 벽 너머에서 모기 잡는 소리가 잇따라 들렸다. 그 와중에 멀리서 둥둥 울리는 북소리가 어렴풋이 들렸다. 타르는 궁금증을 이기지 못하고 침대에서 일어났다. 원주민들처럼 허리에 사룡^{sarong}을 두른 다음 손전등을 집어 들었다. 북소리를 따라 울퉁불퉁한 흙먼지 길을 걷다 보니 고기 굽는 냄새가 났다. 길가에 늘어선 망고 나무에서 망고 향도 풍겼다. 인적은 끊겼지만 버펄로 몇 마리가 잘 익은 과일에 이끌려 어슬렁거렸다.

한참 걸어가자 불이 환히 켜진 건물에 이르렀다. 창문과 문이 활짝 열려 있어서 음악 소리가 크게 흘러 나왔다. 타르는 감탄을 뜻하는 올라^{olá} 외엔 포르투갈어를 한 마디도 몰랐다. 문 밖에서 기웃거리는데 한 청년이 타르를 보더니 웃으며 들어오라고 손짓했다. 실내엔 십대 청소년과 성인이 가득했다. 다들 마라조섬의 전통 춤인 카림보를 신나게 추고 있었다. 연주자들이 북과 피리와 기타를 연주하고, 여자들이 기다란 치마를 붙잡고 둘씩 짝을 지어 빙글빙글 돌았다. 한 여자가 타르의 손목을 잡고 춤추는 무리 쪽으로 이끌었다. 엉겁결에 합류한 타르는 여자의 동작을 따라하려고 애썼다. 음악이 멈추자 파트너가 고개를 숙이며 인사했다. 외지인이라 말 한 마디 못해도 아무 상관이 없었다. 타르는 몇 시간 동안 원주민들과 한마음으로 신나게 춤을 추었다.

타르에겐 그보다 멋진 환영식이 없을 듯싶었다. 타르는 춤이 사람들을 어떻게 화합시키는지 연구하고 싶어 조수를 대동하고 마라조섬에 들어간 터였다. 특히 무리지어 춤출 때 사람들이 흔히 느낀다는 일체감과 자기초월감에 관심이 있었다. 한 번도 경험해보지 못한 사람에게 그 기분을 어떻게 설명할 거냐고 내가 묻자, 타르는 뭐라고 대답할지 몰라 한참 궁리했다. 그러더니 손바닥을 위로 펴고 어깨를 으쓱하며 이렇게 말했다. "바로 여기에서 시작돼요." 타르가 자기 가슴에 손을 대었다. "속에서 점점 팽창하다가 결국 나를 이루는 경계가 싹 사라져요."

요즘 연구진은 이러한 기분을 '집단적 즐거움collective joy'이라 부른다.[2] 내가 단체 운동을 좋아하는 것도 바로 이 기분 때문이다. 나는 학생들을 가르칠 때도, 학생으로서 배울 때도 이 기분을 맛본다. 그런데 타르의 예에서 보듯이 설명하기가 쉽지 않다. 지금껏 접했던 가장 그럴듯한 설명은 심리학자나 댄서가 아닌 영국의 인류학자인 A. R. 래드클리프-브라운A. R. Radcliffe-Brown에게서 들었다. 래드클리프-브라운은 20세기 초에 인도 동쪽 벵골만의 안다만 제도에서 원주민을 관찰하며 시간을 보냈다. 그곳 원주민은 걸핏하면 춤을 추면서 의식을 치렀는데, 그러한 춤 의식의 심리적 효과가 래드클리프-브라운의 눈길을 사로잡았다.

의식에 참여한 사람은 춤에 열중하면서 통일된 공동체에 점점 더 빠져든다.[3] 그리고 평소와 다른 엄청난 에너지나 힘으로 한껏 고양되어 기이한 행동을 감행한다. 한껏 도취된 상태에서는 자기존중감self-

움직임의 힘

regarding sentiment이라는 유쾌한 자극이 동반되기 때문에 댄서는 자신의 힘과 가치가 엄청나게 커졌다고 느낀다. 아울러 공동체의 구성원들과 완벽하고도 황홀한 화합을 이룬 자신을 발견하고, 그들을 향한 애정과 믿음도 덩달아 강화된다.

브로닌 타르와 마찬가지로 래드클리프-브라운도 이러한 의식의 한 측면, 즉 동기성synchrony이 집단적 즐거움을 유발하는 열쇠라고 보았다. 한 남자가 커다란 나무 발판을 한 발로 쿵쿵 구르면, 원주민들은 모두 그 박자에 맞춰 똑같이 단순한 동작으로 춤을 춘다. 춤을 잠시 쉬는 사람도 박자에 맞춰 한쪽 발꿈치를 들었다 내리기를 반복한다.

마라조섬에 있는 동안 타르는 현지 고등학생들을 상대로 실험을 실시했다.[4] 음악에 맞춰 사람들과 한 동작으로 춤추는 것이 심리적으로 어떤 효과가 있는지 알아보고 싶었기 때문이다. 학생들은 음악에 맞춰 다 같이 춤을 추었다. 일부는 다른 사람들과 같은 동작을 취했고, 일부는 자기 멋대로 추었다. 같은 동작으로 춤춘 학생들은 제멋대로 춤춘 학생들보다 나중에 동료에게 유대감을 더 강하게 느꼈다. 타르는 영국에 돌아가서 조건을 바꿔가며 실험을 몇 차례 더 실시했다.[5] 처음엔 참가자들에게 헤드폰으로 전달된 음악에 맞춰 춤을 추게 했다. 이번에도 같은 동작으로 춤춘 사람들은 그러지 않은 사람들보다 함께 춤춘 낯선 이들과 더 강하게 연결됐다고 느꼈다. 격렬한 신체 활동과 음악이 집단적 즐거움에 기여할 수는 있겠지만, 가장 중요한 요소는 결국 동기성이다.

타르는 뇌의 천연 진통제인 엔도르핀이 낯선 사람들 사이에서 행복감과 사회적 유대감을 유발할 수 있다는 사실을 알고 있었다. 그래서 춤추는 사람들이 통증을 얼마나 참아낼 수 있는지 측정하는 실험을 실시했다. (타르는 참가자의 팔죽지에 혈압 측정띠blood pressure cuff를 부착한 다음, 불편함을 참을 수 없다고 할 때까지 부풀렸다. 이게 뭐 얼마나 아플까 싶어 온라인으로 혈압 측정띠를 주문해 직접 착용해봤다. 의외로 상당히 아팠다.) 이번에도 같은 동작으로 춤췄던 사람들이 통증을 더 잘 참아냈다. 그런데 타르가 엔도르핀의 효과를 차단하는 날트렉손naltrexone 100밀리그램을 참가자들에게 주사했더니, 동기화된 움직임도 통증을 참아내는 능력을 높이지 못했다. 이러한 결과는 집단적 즐거움이 부분적으로 엔도르핀에 의해 유발된다는 사실을 확인해주었다.[6]

우리는 흔히 엔도르핀 분출을 고강도 운동과 연관시킨다. 하지만 타르는 동기화된 차분한 동작, 심지어 앉아서 하는 작은 몸짓도 통증 내성과 사회적 친밀감을 높여준다는 사실을 밝혀냈다. 가령 동작이 물 흐르듯 부드럽게 연결되는 빈야사 요가에서도 이를 경험할 수 있다. 빈야사 요가에서 수련자들은 동작과 호흡을 똑같이 맞춘다. 호흡은 자세의 흐름을 이끄는 박자가 되고, 똑같이 들이쉬고 내쉬는 숨소리는 만족스러운 감각 피드백sensory feedback을 제공한다. 여러 연구에서 요가도 댄스처럼 사회적 유대감을 조성할 수 있다는 사실이 드러났다. 실제 한 실험에서 모르는 사람들이 요가를 함께 수련한 후 서로 유대감과 신뢰를 느꼈다고 보고했다.[7] 곧이어 실시한 투자 게임에서도 그들은 덜 동기화된 활동에 참여했던 사람들보다 더 협력해서 게임을 풀어나갔다.

나는 오랫동안 그룹 요가 수업을 이끌었다. 요가 수련이 조성할 수 있는 연대감sense of togetherness을 익히 알고 있다. 특히 2001년 9월 12일 수업은 기억에 생생하다. 예정된 시간에 맞춰 요가 교실에 들어가면서도 학생들이 한 명이라도 올까 싶었다. 전날 벌어진 테러*의 충격 때문에 교실이 텅 빌 것 같았다. 그런데 예상과 달리 학생들이 시간 맞춰 도착해서 각자의 매트를 폈다. 대부분 평소보다 말이 없었다. 한 여성은 휴식 자세로 눕더니 수업이 끝날 때까지 일어나지 않았다. 나는 익숙한 흐름대로 수업을 이끌었다. 몇 달 동안 매주 수련했던 동작을 순서대로 진행했다. 말은 최대한 줄이고 우리의 근육이 기억하는 동작을 가만히 수행했다. 우리는 한 몸처럼 움직이고 호흡했다. 태양경배 자세**로 시작해서 산 자세로 마무리했다. 각 자세를 취할 때마다 나는 "마시고, 내쉬고"라는 두 마디만 반복했다. 동기화된 자세와 호흡은 이번에도 제 역할을 톡톡히 해냈다. 그런데 그날의 엔도르핀 분출은 느낌이 평소와 달랐다. 행복감

---

* 2001년 9월 11일 발생한 항공기 자살 테러로 미국 뉴욕의 110층 세계무역센터 쌍둥이 빌딩이 순식간에 무너져 2,800~3,500여 명이 목숨을 잃었다. -편집자주
** '수리야나마스카라'라 한다. 일곱 내지 여덟 가지 단순한 자세가 연결되어 몸의 앞쪽과 뒤쪽을 늘려 온몸 구석구석 호흡에너지를 전달하고 척추를 유연하고 탄력 있게 만든다. 모든 생명체의 근원인 태양에 경의와 존경을 바친다는 의미로 태양경배 자세로 불린다. -편집자주

보다는 안도감을 주었다. 90분 동안 우리는 한 번도 흐트러지지 않았고, 한 사람도 소외되지 않았다. 상처받은 마음에 대한 위로 역시 집단적 즐거움이었다. 각자가 느낀 두려움, 혼란, 슬픔을 내려놓고, 그 안에서 우리는 차분히 숨을 쉴 수 있었다.

심리학자 브로닌 타르는 집단적 즐거움이라는 기분을 설명하면서 자아와 타아의 융합을 강조했다. "나를 이루는 경계가 싹 사라져요."

킴벌리 소기는 동료들과 노를 저어 오타와강을 거슬러 올라갈 때의 행복감을 설명하면서 같은 말을 했다. "눈부신 햇살을 받아 하늘과 물의 경계가 사라지고, 인간으로서 우리 사이의 경계도 사라집니다."

경계가 사라지는 느낌은 집단적 즐거움의 가장 강력한 측면 중 하나이다. 서로 연결됐다고 단순히 생각하는 게 아니라 진짜로 연결됐다고 온몸으로 느낀다. 뇌가 당신의 몸을 있는 그대로 지각하는 게 아니라 더 큰 존재의 일부로 지각하는 것이다.

타르는 동기화된 움직임이 어떻게 이러한 효과를 유발하는지 설명할 때 '고무손 착각현상rubber hand illusion'이라는 심리적 속임수를 즐겨 인용한다. 자리에 앉아 두 팔을 책상에 올려놓았다고 상상해보라. 실험자가 당신의 오른팔을 가리고 그 자리에 고무손을 올린다. 책상을 내려다보면 당신의 왼팔과 고무손만 보인다. 실험자가 붓으로 고무손을 문지르면서 동시에 보이지 않는 오른팔도 문지른다.

움직임의 힘

당신의 뇌는 진짜 팔의 감각적 느낌과 고무손의 시각적 느낌을 동시에 받아들이다. 이 두 가지 데이터가 동시에 감각 피질에 도달하면, 당신은 고무손도 당신의 일부라고 착각하게 된다. 머리로는 가짜 팔인 줄 알지만, 고무손을 보면서 '저것은 나의 일부야'라고 생각하는 것이다. 아니, 단순히 생각하는 게 아니라 지각하는 것이다. 착각이 너무 심해서, 실험자가 가위를 들고 고무손을 자르려 하면 당신은 비명을 지르며 책상에서 벗어나려 한다.

동기화된 움직임도 딱 이런 방법으로 그룹의 일체감을 조성한다. 당신이 움직일 때, 뇌는 근육과 관절과 내이쳐耳에서 그 움직임에 관한 피드백을 받는다. 그와 동시에 당신은 다른 사람들이 똑같은 동작을 취하는 모습을 바라본다. 두 가지 데이터가 동시에 도달하면, 뇌는 그 둘을 하나의 통일된 지각으로 병합한다. 당신이 보는 다른 사람의 움직임이 당신이 느끼는 움직임과 연결되면서, 다른 사람들의 몸을 당신의 연장된 몸으로 해석하는 것이다.[8] 뇌가 이러한 지각적 흐름perceptual streams을 더 완벽하게 통합할수록 당신은 함께 움직이는 사람들과 더 밀접하게 연결됐다고 느낀다. 신경과학자이자 댄서인 아사프 바흐라크Asaf Bachrach는 이를 '연대적 운동감각 kinaesthetics of togetherness'이라 부른다.[9] 이러한 현상은 우리와 함께 움직이는 대상에도 확대된다. 어떤 카약 선수는 카약을 팔다리처럼 몸의 일부로 생각한다고 말했다. 한 요트 소유자는 그런 이유로 사람들이 자신의 요트를 제 몸처럼 아낀다고 말했다.

집단적 자아는 자신을 둘러싼 사적 공간에 대한 느낌도 바꿔놓는다. 한 개인의 자아감이 (고무손처럼) 다른 물체나 더 큰 집단으로 이동하면, 개인의 사적 공간에 대한 느낌도 이동한다.[10] 브로닌 타르가 집단적 즐거움의 본질이 팽창된 자아감이라고 말했을 때 이를 두고 한 말이다. 내가 속한다고 여겨지는 세상이 넓어지는 기분은 자신감과 사교성으로 드러난다. 더 큰 공동체에 소속감과 신뢰감이 생기면, 그리고 더 넓은 공간을 차지할 권리가 있음을 알게 되면, 댄스파티나 그룹 운동 수업을 마쳤을 때 가슴을 더 활짝 펴고 나갈 수 있다.

스물두 살 때부터 그룹 운동 강사로 활동할 수 있었다는 점에서 나는 운이 참 좋았다. 실제로 그룹 운동을 가르치면서 마음이 한결 편해지고 여유로워졌다. 교실에 들어갈 때마다 나를 보고 진심으로 행복해하는 사람들의 환대를 받았다. 수업에 참가한 사람들은 나를 다른 상황에서 접한 사람들보다 훨씬 더 좋아하는 것 같았다. 캠퍼스나 시내에서 우연히 마주치면 반갑게 인사했다. 공항까지 차를 태워주기도 하고, 이사를 거들겠다고 선뜻 나서주기도 했다. 좋은 일이 생기면 그 기쁨을 나도 함께 누릴 수 있게 해주었다. 그룹 운동을 가르치는 동안 나는 늘 환영받는다고 느꼈다. 그게 얼마나 특별한 선물인지 말로 다 설명할 수가 없다. 이러한 소속감은 내 삶의 모든 측면으로 전해져, 사회적 불안감도 덜어주고 힘들 때 혼자 고립되려는 성향도 바꿔주었다.

세월이 꽤 흐른 뒤에야 나는 신경과학을 배우며 학생들이 왜 내 안에서 가장 좋은 면을 보았는지 알 수 있었다. 그룹 운동을 수행하면 그룹 차원의 신뢰감이 조성되는데, 동기성에 입각한 유대감의 지속적 수혜자가 바로 강사이다. 교실에 있는 사람들 모두 강사를 주시하면서 똑같이 움직인다. 학생들은 내 동작을 흉내 내면서 보낸 시간만큼 나에 대한 신뢰를 쌓아가기 마련이다. 그러니 어떻게 보면 이러한 신뢰는 거저 얻은 것이다. 나는 본의 아니게 사회적 지름길을 이용했다. 하지만 학생들의 신뢰는 내게 매우 실질적인 영향을 미쳤다. 사회적 관계를 연구하는 과학자들은 신뢰가 자기 충족적 예언임을 밝혀냈다. 신뢰할 만하다고 여겨지는 사람은 더 관대하고 믿음직스럽게 행동한다. 그 결과, 신뢰성에 대한 증거가 더 많이 쌓이게 되고 사람들은 그를 한층 더 신뢰하게 된다.

나는 인생의 중요한 성장기에 사회적 신뢰라는 상승 곡선을 만났다. 순전히 그룹 운동을 이끈 덕분에 지금의 내 모습을 갖출 수 있었다. 누군가가 당신을 긍정적 렌즈를 통해 바라보면, 당신은 그 기대에 부응하려 애쓸 것이다. 그것은 자신의 가장 좋은 모습으로 거듭나도록 허락받은 것과 같다. 나 역시 시간이 지나면서 학생들이 지각한 내 모습으로 거듭날 수 있었다. 그들을 그리고 우리의 공동체를 진심으로 아끼는 사람이자, 집단적 이익에 기꺼이 기여하는 사람으로 성장할 수 있었다. 이러한 성향은 이미 내 안에 있었고, 내가 그룹 운동으로 나아가는 데 일조했다. 하지만 내가 강사의 길로 들어서지 않았더라면 지금처럼 성장할 수 있었을까? 애초에 내가 학생들의 긍정적 예측에서 아무런 혜택도 받지 못했더라면, 타인의 좋은 면을 바라보는 사람이 될 수 있었을까? 이렇게 멋진 집단적 즐거움의 수혜자가 되다니, 나는 참으로 놀라운 특권을 누렸다. 남들도 다 이러한 즐거움을 경험할 수 있기를 진심으로 바란다.

／

브랜든 베르거론Brandon Bergeron은 캘리포니아주 그래스 밸리에서 크로스핏CrossFit＊ 체육관을 운영했다. 그런데 2016년 3월, 건물주에게서 건물이 팔렸으니 체육관을 당장 비우라는 통지를 받았다. 깜짝 놀란 베르거론은 일단 회원들에게 소식을 알렸다. 그들은 함께 역기를 들고 스쿼트를 하면서 땀을 흘리는 동안 끈끈한 공동체를 형성했다. 그래서 소식을 듣자마자 베르거론의 이사를 도우려고 픽업트럭 세 대와 유홀U-Haul 이사 트럭 한 대를 끌고 달려왔다. 베르거론은 〈더 유니온The Union〉이라는 지역 신문의 기자에게 이렇게 말했다. "설립하는 데 3년이나 걸린 체육관을 불과 여덟 시간 만에 볼트와 너트 하나까지 모두 해체했습니다."

두 달 뒤, 베르거론이 새로운 장소를 찾았다는 소식을 전하자 회원들은 한걸음에 달려와 체육관을 다시 세우는 데 힘을 보탰다.

인류학자인 A. R. 래드클리프-브라운이 언급했던 고양된 기분과 도취된 화합과 애착에 덧붙여, 집단적 즐거움의 부수적 효과 중 하

＊ 여러 종류의 운동을 섞어 단기간에 고강도로 운동하는 방법. 미국의 피트니스 단체인 크로스핏이 만든 운동법이자 그 브랜드를 가리키는 말이다. -역자주

움직임의 힘

나는 협력이다. 동기화된 움직임은 강한 신뢰를 형성해 서로 나누고 돕도록 이끈다.[11] 누군가와 나란히 걷거나 박자를 맞추거나 심지어 플라스틱 컵을 좌우로 흔드는 동작을 함께한 후에도, 사람들은 투자 게임에서 더 협력하고 대의를 위해 더 희생하며 낯선 사람을 기꺼이 돕는다. 이러한 효과는 아기들에게서도 나타난다.[12] 14개월 된 아기를 실험자와 마주본 상태에서 음악에 맞춰 함께 깡충깡충 뛰게 하면, 나중에 실험자가 바닥에 떨어진 펜을 집을 때 아기가 이를 도울 가능성이 크다. 우리는 함께 움직이면 뭔가 원초적인 방식으로 서로의 운명을 강하게 결부시켜, 함께 움직인 사람들의 행복을 위해 기꺼이 나선다.

인류학자들은 집단적 즐거움의 가장 중요한 기능이 사회적 결속 social ties을 강화하는 것이라고 믿는다. 어떤 학자는 협력을 부추기는 사회적 결속을 침팬지와 개코원숭이와 고릴라의 사회적 그루밍 social grooming에 비유하기도 한다. 이러한 동물은 서로 진드기와 벼룩을 잡아주고 먼지를 털어주며 엉킨 털을 풀어준다. 그들에게 그루밍은 위생이나 외모 관리를 위한 행동이 아니라 결속을 다지는 방식이다. 접촉으로 엔도르핀이 분출되면 관계가 강화되고 진정한 동맹이 맺어진다. 털을 손질해주는 영장류는 갈등 상황에서도 음식을 나눠 먹고 서로 도울 가능성이 더 크다.

엔도르핀은 특히 서로 연관이 없는 개체들끼리 결속을 강화하는데 효과적이다. 다른 영장류들뿐만 아니라 사람들 사이에서도 마찬가지다. 다른 사람들과 있는 동안 엔도르핀에 반복해서 노출되면 가족 같은 관계가 형성된다. 인간에게는 함께 웃고 노래하고 춤추고 이야기하는 등 우리만의 사회적 그루밍이 있다.[13] (인류학자들은 이러한 사회적 행동이 앞서 언급한 순서대로 인류사에 나타났을 거라고 생각한다.) 이러한 행동은 모두 엔도르핀을 방출한다. 인간은 동시에 여러 사람과 함께 웃고 노래하고 춤추고 이야기할 수 있기 때문에 집단 형태의 사회적 그루밍으로 시간을 덜 들이고도 넓은 사회 연결망을 구축할 수 있다.[14] 사회 연결망이 넓고 다양할 때 인간이 번성하는 만큼, 이 점은 매우 유리하다.

어느 문화에서나 사람들의 사회 연결망은 점점 넓어지는 다섯 개의 원으로 설명할 수 있다.[15] 먼저, 가장 안쪽 원에는 한 사람만 들어가는데, 주로 배우자가 해당된다. 두 번째 원에는 가까운 가족과 친구가 다섯 명 정도 포함된다. 그들은 당신에게 무슨 일이 생기면 크게 상심하고 상당한 희생을 치러서라도 돕겠다고 나선다. 다음 원에는 끈끈한 우정을 나누는 사람들이 포함된다. 평균 열다섯 명 정도 되며, 여기에 포함된 친구나 친척은 당신 인생에서 중요한 역할을 한다. 당신은 특별한 모임에 그들을 초대하고, 도움이 필요할 때 부담 없이 그들에게 연락할 수 있다. 다음 원에는 오십 명 정도 포함되는데, 친구라고 칭할 수는 있지만 아주 막역한 사이는 아니다. 가장 바깥 원에는 백오십 명 정도 포함된다. 주로 직장이나 지역 사회, 당신이 속한 단체나 참여하는 활동 등 다소 우연한 방식으로 연결된 사람들이 이에 속한다.

동기화된 움직임, 노래, 함께 나누는 웃음 등 무엇을 통해서 얻든지 간에 집단적 즐거움이라는 사회적 그루밍을 통해 강화될 가능성이 큰 그룹은 바깥쪽에 자리 잡은 두 원이다. 이 두 원은 결속이 견고해지면 작지만 의미 있는 방식으로 사회적 지원을 제공한다. 오타와 조정 클럽의 킴벌리 소기는 크루들이 보트에서 묵묵히 노를 젓듯이 일상에서도 조용히 서로 돕는다고 말했다. "누군가 곤경에 처하면, 노를 저을 때와 마찬가지로 아무도 입방아를 찧지 않습니다. 그런데도 소식이 전해져서 저마다 도움의 손길을 내밉니다. 가령 농사를 짓는 사람은 꿀이나 케일을 갖다 주죠. 뭔가 부족한 게 있다 싶으면 어느새 채워져 있습니다."

프랑스 사회학자 에밀 뒤르켐Émile Durkheim은 종교 활동에서 경험하는 집단적 열광이 교회의 중요한 사회적 기능이라고 믿었다. 실제로 집단적 열광이 집단생활에 헌신하는 공동체를 형성하는 데 기여했다. 현대의 종교학자들은 피트니스 커뮤니티가 비슷한 역할을 수행한다고 주장한다. 하버드 신학대학원의 캐스퍼 테 콰일Casper ter Kuile 연구원과 엔지 서스턴Angie Thurston 연구원은 미국 전역에서 크로스핏 커뮤니티를 관찰했고, '박스box'라고 불리는 크로스핏 체육관이 예배당처럼 커뮤니티 허브로 작용한다고 결론 내렸다.[16] 박스에서 자주 만난 회원들은 서로 돕고 보살핀다. 병원 진료 시간에 맞춰 차를 태워주고, 회원의 배우자나 가까운 친척이 중병에 걸리면 음식을 갖다 준다. 때로는 도움이 필요한 회원들을 위해 기금을 모금하거나 일자리를 찾도록 도와주기도 한다.

나는 이런 이야기를 캐롤라인 콜스Caroline Kohles에게서 들었다.

콜스는 말린 마이어슨 유대인 커뮤니티 센터^{Marlene Meyerson Jewish} Community Center에서 피트니스 & 웰니스 부문 담당자이자, 니아^{Nia}를 가르치는 강사이다. 니아는 춤과 무술과 요가를 통합한 운동 프로그램이다. 콜스의 니아 수업에 참여하는 수잔이 최근에 50년 동안 해로한 남편 헨리와 사별했다. 수잔은 헨리의 뜻을 받들어 장례식을 치르지 않고 바로 화장을 했다. 콜스가 당시 상황을 내게 전해주었다. "헨리는 화장되었어요. 따로 의식을 치르지 않았기 때문에 수잔은 집에 혼자 머물렀죠. 나중에 내가 수잔을 찾아가 다시 수업에 나오면 헨리를 기념하는 특별한 수업을 열어주겠다고 했지요."

헨리는 클래식 음악을 좋아했다. 그래서 콜스는 춤을 출 수 있는 클래식 곡을 추렸다. 클로드 드뷔시의 '달빛^{Clair de Lune}', 모차르트의 교향곡 14번 몰토 알레그로, 비발디의 협주곡 E장조 '봄^{Spring}' 등을 골랐다. 헨리가 떠난 지 보름쯤 지나서 수잔이 다시 수업에 나왔다. 그날은 마침 한 학생의 생일이기도 했다. 게다가 다른 여자 회원은 아들의 결혼 소식을 전하며 축하해 달라고 했다. 결국 콜스는 그날 수업에서 결혼과 죽음과 탄생을 기념해야 했다. 고심 끝에 콜스는 마지막 곡으로 빌 위더스^{Bill Withers}의 'Lean on Me(내게 기대요)'를 선택하고, 학생들에게 동그랗게 원을 만들라고 요청했다. 제일 먼저 생일을 맞은 학생을 중앙으로 나오게 한 뒤 다 같이 축하해주었다. 다음으로 아들이 결혼한다는 여자를 나오게 해서 기쁨을 함께 나누었다. 마지막으로 빙 둘러선 학생들은 손에 손을 잡고 헨리에 대한 기억을 떠올렸다. "우리는 손에 손을 잡고 좌우로 몸을 흔들다가 하늘을 향해 두 팔을 높이 들었어요. 그리고 헨리의 마지막 여행을 배웅했어요."

수업이 끝난 뒤, 일부 학생들이 수잔과 헨리를 위해 조촐하게 추도식을 열어주었다. 그들은 커피와 과일, 롤 케이크를 준비해 와서 수잔이 들려주는 이야기에 귀를 기울였다. "우리가 수잔을 돌볼 거예요." 콜스가 내게 말했다. "수잔이 체육관에 나와 운동도 하고 여생을 잘 꾸려가도록 계속 도울 거예요."

내가 1년쯤 지나서 연락했을 때, 콜스는 수잔이 여전히 수업에 꼬박꼬박 나온다고 말했다. 이따금 콜스는 헨리가 좋아하던 클래식 음악을 틀어서 그를 기린다고 했다.

인류 역사의 오랜 기간 동안, 사회 연결망의 크기와 구성원은 흔히 지리적 제약을 받았다. 그런데 지금은 가족이 지구 반대편에 떨어져 살기도 하고, 테크놀로지의 발전으로 낯선 곳에 사는 낯선 사람하고도 손쉽게 연결할 수 있다. 교류할 영역이 넓게 흩어졌으니 다음과 같은 궁금증이 인다. 장소가 달라도 동시에 움직일 수 있다면, 근접성의 제약을 받지 않는 커뮤니티를 조성하고 집단적 즐거움을 경험할 수 있을까?

로열 멜버른 공과대학교RMIT University의 한 연구 그룹인 이그저션 게임스 랩Exertion Games Lab은 다른 장소에서 달리는 두 러너를 연결하는 원거리 조깅 앱Jogging over a Distance을 설계했다.[17] 멀리 떨어진 두 사용자가 조깅하면서 전화로 대화할 때, 앱이 각 러너의 GPS를 이용해 속도를 알려준다.[18] 두 사용자가 속도를 맞춰 달리면 옆에서 나란히 달리는 것처럼 목소리가 들리고, 한 러너가 더 빨리 달리면 실제처럼 서로의 목소리가 멀어진다. 그러면 뒤처진 러너가 속도를 맞추려고 더 빨리 달리게 된다.(속도를 계산할 때 심박동수를 사용할 수도 있다. 그럴 경우 '동기성'은 객관적 속도가 아니라 노력에 의해 결정된다.) 거리감을 알려주는 오디오 피드백spatialized audio feedback은 단순한 전화 통화가 아니라 정말로 나란히 달린다는 느낌을 제공한다. 이 기술을 초기에 사용해본 사람은 그 느낌을 이렇게 표현했다. "상대가 진짜로 내 옆에 있는 것 같더군요."

사용자들을 훨씬 더 큰 커뮤니티에 연결해주는 기술도 있다. 캘리포니아주에서 정형외과 의사로 일하는 마흔여덟 살의 제니퍼 바이스Jennifer Weiss는 매일 아침 다섯 시 반에 일어나 차고에 설치해둔 펠로톤Peloton 자전거에 오른다. 이 실내용 자전거의 비디오 앱을 통해 전 세계 800여 명의 라이더와 연결된다. 이 앱은 펠로톤의 뉴욕시 스튜디오에서 진행되는 실시간 사이클 수업을 스트리밍해준다. 아울러 바이스의 수행에 대한 데이터를 강사와 커뮤니티 리더보드에 전송한다. 또 자전거의 속도와 저항력에 따라 각 라이더의 순위가 매겨져 리더보드에 표시된다. 바이스는 자신과 순위가 비슷한 사람들이 엎치락뒤치락 하는 모습을 보며 실제로 그들과 무리를 지어 타는 것 같은 느낌을 받는다. 강사가 음악에 맞춰 타라고 말하면, 각국에 흩어져 있는 라이더들이 보조를 맞춰서 페달을 밟기 시작한다. 이 순간 바이스는 똑같이 움직이고 호흡하는 빈야사 요가 수업을 받는 것만 같다고 말한다.

원거리 조깅 앱과 실시간 스티리밍 펠로톤 앱 기술은 모두 사람들을 실제로 연결시켜준다. 그렇다면 이러한 기술이 사회적 상호작용까지 자극할 수 있을까? 원거리 조깅 앱을 개발한 이그저션 게임스 랩은 조깅할 때 페이스메이커 역할을 하는 '조고봇Joggobot'도 개발했다. 조고봇은 기본적으로 감시용 드론이다. 경로를 미리 입력하면, 조고봇은 GPS를 이용해 그 루트대로 진행한다. 가슴에 신호가 부착된 티셔츠를 입으면 쿼드콥터(회전날개가 네 개인 드론)에 부착된 카메라가 주인을 알아보는데, 조고봇은 주인보다 3미터쯤 앞서 날면서 조깅 속도를 꾸준하게 유지하도록 돕는 식이다. 초기 실험에 참여한 사람들은 로봇을 조깅 동반자로 금세 받아들였다. 쿼드콥터와 쉽사리 친해져 회전날개가 윙윙 돌아가는 소리를 두고 조고봇이 숨을 몰아쉬며 열심히 달린다고 해석했고, 센서 오류나 바람 때문에 조고봇이 경로를 이탈하면 "조고봇이 제멋대로 하려 든다"는 식으로 말했다.

이러한 기술을 어떻게 생각해야 할까? 단순히 운동을 더 즐겁게 할 만한 도구가 필요하다면 조고봇은 최고의 동반자라 할 수 있다. 하지만 사람들과 함께 활발하게 움직이면서 진정한 유대를 맺고 싶다면? 그렇다면 조고봇 따위는 쳐다보지 않고 달리기 그룹에 가입하거나 지역 YMCA로 향하는 게 낫다. 하지만 사람에 따라서는 새로운 그룹이나 낯선 단체에 찾아가기가 주저될 수 있다. 그럴 땐 드론과 함께 산책을 나가거나 운동 파트너와 하이파이브를 한 듯한 느낌을 주는 가상 글러브에 손이 갈 것이다.

최근에 브로닌 타르가 가상현실에서 댄스 실험을 실시했다.[19] 참가자들은 아바타와 함께 춤출 때, 제멋대로 추는 아바타보다 자신과 똑같이 춤추는 아바타를 더 좋아했다. 한 장소에서 다른 사람들과 함께 춤췄을 때처럼 통증 내성도 증가했다. 이러한 결과는 가상현실도 진짜 사회적 상황처럼 엔도르핀을 분출할 수 있음을 시사한다. 이러한 결과가 다소 놀랍긴 하지만, 그 옛날 내가 운동 비디오에 그토록 긍정적 반응을 보였던 이유도 더불어 어느 정도 설명된다. 또 아바타와 똑같이 움직여야 하는 댄스 비디오 게임이 선풍적 인기를 끄는 이유를 설명하는 데도 도움이 된다. 이들은 모두 매우 실제적인 신경화학적 보상을 활용한다. 가상현실은 동기화된 연결 synchronized connection에 대한 환상을 훨씬 더 납득하게 한다. 하지만 나는 기술의 진전이 마냥 좋지만은 않다고 본다. 집단적 즐거움이 사회적 그루밍의 한 형태로 진화했다면, 엔도르핀은 단지 기분을 좋게 하기 위해서만 분출되는 게 아니다. 관계를 다지고 사회적 지원 네트워크를 개발하도록 이끌기 위해서도 분출된다. 아바타나 로봇과 함께 움직일 때 분출되는 엔도르핀이 과연 어떤 관계에 도움이 되겠는가?

인간의 사회적 본능을 활용하는 기술은, 그 기술이 모방하는 실제 경험과 똑같은 혜택을 제공하진 않을 것이다. 내 여동생의 쌍둥이 딸들이 예정보다 두 달 먼저 태어났을 때, 여동생 부부는 신생아 집중 치료실에 상주하다시피 했다. 그 바람에 미리 신청해둔 10

킬로미터 트레일 레이스에 참여할 수 없었다. 그러자 그들의 달리기 그룹은 동생 부부에게 번호표와 메달을 보내주며, "어디에 있든지 10킬로미터를 뛰세요"라고 말했다. 여동생은 당시를 떠올리며 이렇게 말한다. "우린 번호표를 달고 병원 주변을 달려서 기어이 10킬로미터를 찍었어. 그리고 그날 내내 메달을 목에 걸고 다녔고, 사진을 찍어서 달리기 그룹에 보내줬어. 감당할 수 없을 만큼 힘든 시기였는데, 그 일로 기운을 차릴 수 있었지. 우리를 챙겨준 러너들이 참으로 든든한 지원군 같았어." 조고봇이 그들과 똑같이 해줄 수 있겠느냐는 질문은 굳이 안 해도 될 것 같다.

나는 진정한 연결과 시뮬레이션 간에 적정선이 어디에 있는지 모른다. 이런 사안은 인공지능과 가상현실 분야에서 풀어 나가야 할 것이다. 섹스 로봇과 간병 로봇, 애완용 로봇이 이미 탄소를 기반으로 한 생명체의 그럴듯한 대안으로 대두되었다. 우리는 곧 조깅 친구들보다 훨씬 더 친밀한 영역에서 우리 자신의 선이 어디에 있는지 결정해야 할 것이다. 삶의 모든 측면이 대면 접촉보다는 기술적 연결 쪽으로 떠밀리면서, 같은 물리적 공간에서 사람들과 함께하는 활동은 갈수록 줄어들 수밖에 없다. 그럴수록 그런 활동의 중요성은 점점 더 커질 것이다. 기술을 통한 원거리 연결을 즐기는 사람들도 근거리 연결이 필요하다. 듣자 하니 펠로톤의 열렬한 지지자인 제니퍼 바이스도 남편과 함께 타려고 자전거를 한 대 더 구입했다. 바이스는 남편과 함께 자전거를 탈 때 옆에서 어린 세 아이들이 신나게 춤추며 노는 순간을 가장 좋아한다고 했다.

윌리엄 맥닐William H. McNeill이 1941년 미 육군에 징집되었을 때, 그가 도착한 텍사스 기지는 물자 공급이 제대로 이뤄지지 않았다.[20] 한 달 반이 넘도록 신병들에게 전투복이 한 벌씩만 제공되는 바람에 악취가 진동했다. 게다가 맥닐은 대공對空 포병이 되기 위한 훈련을 받을 예정이었는데, 대대 전체에 대공 무기가 하나밖에 없었다. 그나마 작동하지도 않았다. 시간을 때울 유용한 활동이 필요했다. 맥닐의 훈련 장교들은 신병들에게 막사 주변의 풀을 뽑으라고 명령했다.(잔디 깎는 기계도 부족해 다들 맨손으로 풀을 뽑아야 했다.) 장교들은 또 신병들을 몇 시간씩 밀집 대형으로 행군하게 했다. 처음에 맥닐은 '이보다 더 쓸모없는 훈련은 상상할 수도 없겠다'고 생각했다. 그들은 뜨거운 태양 아래 '핫! 둘! 셋! 넷!' 구령을 외치며 진흙과 자갈이 섞인 길을 쿵쿵 뛰었다. 그런데 땀을 뻘뻘 흘리며 행군하다 보니 맥닐의 생각이 점차 바뀌었다. 맥닐은 1995년 출간된 《일치단결Keeping Together in Time(국내 미출간)》이라는 책에 당시 상황을 이렇게 적었다. "장시간 한마음으로 행군하면서 생기는 감정을 말로는 다 표현하기 어렵다. 형언하기 어려운 행복감이 온몸으로 스며들다가 다시 퍼져나간다고 할까. 더 구체적으로 말하면 나라는 존재가 점점 더 커지고 부풀어 올라 생명체보다 더 큰 존재가 된 것 같았다."

심리학자들은 연대 활동joint action을 통한 역량 증진을 '우리-에이

전시^{we-agency}'라고 부른다.[21] 행군이나 동기화된 노동 같은 신체 활동이 '우리-에이전시'를 생성하는 방법을 묘사하고자 맥닐은 '육체적 결속^{muscular bonding}'이라는 말을 만들어냈다. 우리는 한마음으로 움직일 때 집단의 목표를 위해 전심전력을 기울이게 된다. 맥닐은 제대하고 역사학자가 된 후에도 육체적 결속을 통한 '우리-에이전시'가 군사력의 원천이라고 믿고 있다. 아즈텍족, 스파르타인, 줄루족은 모두 의식화된 춤을 활용해 젊은 전사들을 훈련시켰다.[22] 유럽 각국의 군대도 전투에서 군인들의 결속과 헌신을 강화해줄 '전우애'를 높이고자 밀집대형 훈련^{close-order drill}을 실시했다.

맥닐의 통찰을 통해 동기화된 움직임의 두 번째 사회적 기능을 파악할 수 있다. 동기화된 움직임은 단순히 친목 네트워크를 형성하는 데만 유용한 게 아니라 영토를 지키고 공동 목표를 추구하며 커다란 위협에 함께 대처할 집단을 형성하는 데도 유용하다. 내과 의사 요아힘 릭터^{Joachim Richter}와 심리학자 로야 오스토바^{Roya Ostovar}는 초기 인류가 동기화된 움직임을 방어 전략으로 개발했을 거라고 추정했다.[23] 거대한 단일 개체로 보이게 해서 포식자가 감히 공격하지 못하도록 속였다는 것이다. 이러한 주장은 상당히 설득력이 있다. 실제로 많은 종이 동기화된 방어 전략을 구사한다.[24] 체구가 작은 파일럿 웨일(둥근머리돌고래)과 돌고래는 위협적으로 보이기 위해 한 몸처럼 똘똘 뭉쳐서 헤엄치거나 동시에 수면 위로 올라간다. 엉덩이가 노란색인 카시크(열대 아메리카산 찌르레깃과의 새)는 알을 지키려고 약탈자를 빙 에워싼 다음 부리로 계속 쪼아서 쫓아낸다. 사향소들은 늑대에 포위되면, 머리가 여럿 달린 거대한 짐승처럼 보이려고 뿔을 바깥쪽으로 하고 바싹 붙어 선다. 일제히 움직이는 인간 집단도 이와 비슷한 위압적 효과를 줄 수 있다. 한 심리 실험에서, 참가자들이 접근하는 군인들의 소리만 듣고 느끼는 위협 정도를 측정했다. 발소리가 동기화된 것도 있고 동기화되지 않은 것도 있었는데, 참가자들은 동기화된 발소리를 들었을 때, 군인들이 힘도 세고 숫자도 많다고 상상했다.[25]

동기화된 집단은 더 이상 분리된 개인이 아니라 더 뛰어난 전투력을 지닌 단일 개체, 즉 일종의 초개체超個體, superorganism*로 인식된다. 한 몸처럼 일제히 움직이는 집단은 남들 눈에 공통된 가치와 목적을 이루고자 굳게 단결한다고 여겨진다.[26] 이는 관찰자 효과로만 그치는 게 아니다. 집단의 구성원들도 스스로 더 강해졌다고 느낀다. 함께 움직이면 외부 위협에 두려움을 덜 느낄 뿐만 아니라 상대편이 덜 위협적으로 보인다.[27] 이런 이유로 안다만 제도의 원주민들이 외부 집단과 싸우기 전에 춤 의식을 치렀던 것이다. 아울러 정치 및 사회 운동에서 행진이 단골 메뉴로 등장하는 것도 같은 이유에서다. 집단적 움직임은 외부에 조직의 단결된 힘을 드러낼 뿐만 아니라 구성원의 사기를 진작시킬 수 있다. 실제 행진과 시위를 연구한 결과, 이러한 행사에 참여하면 '우리-에이전시'를 느끼게 된다고

---

* 미국의 생물학자 윌리엄 모튼 윌러가 고안한 개념. 개미와 꿀벌처럼 여러 개체가 군집을 이루어 큰 사회를 이루는 곤충을 사회성 곤충이라 하는데, 이러한 사회성 곤충의 군집 전체를 하나의 동물로 취급하려는 시각을 말한다. -역자주

움직임의 힘

밝혀졌다.[28] 옆에서 구경만 하지 않고 적극적으로 참여한 사람들은 집단과 굳건히 연결되고 자신을 더 큰 존재의 일부로 생각한다고 보고한다. 또 행진은 참가자들에게 희망을 심어준다. 행사가 끝난 후, 그들은 세상이 점점 더 정의로워진다는 데 동의할 가능성이 크다. 그리고 인간 본성이 악하기보단 선하다고 평가하고 그들이 제기한 문제를 해결할 수 있다는 데 동의할 가능성도 크다. 그냥 지켜보는 것만으로는 이런 효과를 거두기 어렵다. 적극적으로 동참해야 한다.

폴리나 다비덴코Polina Davidenko는 시베리아 서부의 옴스크라는 도시에서 태어나 두 살 때 가족과 함께 미국으로 이주했다. 다비덴코가 고등학교 1학년 때인 2008년, 러시아에 홀로 남은 할머니가 림프종 진단을 받았다. 다비덴코도 그녀의 어머니도 할머니 곁으로 갈 수 없었다. 아픈 분을 옆에서 돌봐드리지 못한다는 생각에 두 사람은 무척 괴로웠다. 그러던 차에 다비덴코의 학교에서 미국 암협회가 주관하는 '생명을 위한 릴레이Relay For Life' 모금 행사가 열렸다. 지역 주민이 24시간 내내 교내 축구장 트랙을 걷는 행사였다. 미국 암협회는 "암 환자는 힘들다는 이유로 멈추지 않습니다. 오늘 하루, 우리도 멈추지 않겠습니다"라는 기치를 내건다. 다비덴코도 그 대열에 동참하기로 결심했다.

행사가 열리던 날은 날씨가 무척 좋았다. 바람도 안 불고 비도 안 왔다. 해가 떠 있는 동안, 사람들은 활력이 넘쳤고 행사장 주변은 파티라도 열린 듯 흥겨웠다. 지역의 한 밴드가 무대에서 공연을 펼쳤다. 교내 축구장은 캠프장으로 변해 음식이 조리되고 텐트가 설치되고 접이식 의자가 줄줄이 놓였다. 다비덴코의 부모는 딸을 응원하려고 오후에 잠시 들러 1마일(약 1.6킬로미터)을 함께 걸었다. 날이 저물자 분위기가 한결 차분해졌다. 걷기에 동참한 사람들은 암과 싸우는 이들과 암으로 떠나간 이들을 기리고자 흰 종이 봉지 겉면을 장식하고 그 안에 촛불을 밝혀서 희망의 등을 만들었다. 다비덴코도 할머니를 위해 봉지에 꽃 장식을 달아 멋진 희망의 등을 완성했다. 사람들은 어두운 축구장 트랙을 도는 동안 자기가 만든 희망의 등을 가리키며 이야기꽃을 피웠다. 다비덴코도 주변 사람들에게 할머니에 대한 이야기를 들려줬다.

"새벽 4시쯤 되자 속 깊은 이야기가 나왔어요." 다비덴코가 당시를 회상하며 말했다. "움직이면서 이야기하면, 마주 앉아 있을 때보다 더 솔직해지게 되거든요. 어색함이 줄어드니까 다른 상황에서라면 꺼내지 않을 이야기도 털어놓죠. 자신의 약한 모습까지 다 드러내기 때문에 상대를 더 믿고 의지하게 돼요."

다비덴코는 혼자서 조용히 걸을 때도 있었다. 하지만 그런 순간에도 전혀 적적하지 않았다. "혼자 걸을 때도 나보다 더 큰 존재와 연결되었다고 느꼈어요. 혼자만의 생각에 한없이 잠겨들지 않았어요. 눈을 돌리면 드넓은 축구장 주변에서 흥겹게 게임을 하거나 울면서 이야기하는 사람들이 보이잖아요. 걸으면서, 보면서, 느끼면서 그들과 온전히 하나가 되었죠."

다비덴코는 50바퀴를 돌고 난 뒤로 더 이상 세지 않았다. 어둠

속에서 족히 12마일(약 19킬로미터)은 걸은 것 같았다. "그래도 트랙을 도는 목적을 생각하니까 죽도록 힘들지는 않았어요. 단순히 재미로 했다면 그렇게 많이 걷지 못했을 거예요."

날이 밝자, 지역 소방대원들이 팬케이크와 소시지, 베이글과 오렌지 주스를 대접했다. 다 같이 아침을 먹는 동안, 주최 측은 마무리 인사를 하면서 걷기에 참여한 사람들과 자원봉사자들에게 고마움을 전했다. 축구장을 떠나려는 다비덴코의 운동화에는 붉은 흙먼지가 잔뜩 묻어 있었다. 하지만 다비덴코는 지저분한 그 운동화가 너무나 뿌듯해서 흙을 털어내고 싶지 않았다.

심리학자 브로닌 타르가 일찍이 나한테 "우리는 서로 연결되도록 도와주고 집단성을 구축할 기회를 주는 활동에 참여해야 합니다"라고 말했다. 운이 좋으면 일상생활에서 그러한 순간을 많이 접하겠지만, 운이 따르지 않더라도 다 함께 움직이는 행사에 참여하면 그런 기회가 저절로 찾아온다. '생명을 위한 릴레이' 같은 자선 스포츠 행사에 참여한 효과를 조사했더니, 참가자들은 으레 집단적 힘과 희망, 긍정적 생각을 품게 되었다고 대답했다.[29] 행사를 주관한 단체는 자선 바자회나 경매 등 다양한 방법으로 모금을 벌일 수 있지만, 어떤 방법도 5킬로미터 마라톤과 하프 마라톤, 허슬 시카고 Hustle Chicago 같은 육체적 도전을 능가하지 못한다. 허슬 시카고는 호흡기 건강 협회 Respiratory Health Association에 기금을 전달하고자 수천 명이 94층짜리 존 핸콕 타워 John Hancock Tower의 계단을 오르는 행사다. 심장병과 암, AIDS와 사회적 불의 같은 위협은 우리를 무기력과 절망에 빠뜨릴 수 있다. 이러한 집단적 문제에 대처하자는 스포츠 행사는 절망에 대한 해독제 중 하나인 '우리-에이전시'를 경험할 기회를 제공한다. 이러한 집단적 노력에 동참하는 것으로 우리는 희망을 얻을 수 있다. 어떤 난관이 닥쳐도 이겨낼 수 있다는 자신감이 생기고, 남들이 함께 한다는 걸 알기에 마음이 든든해진다. 폴리나 다비덴코는 그 기분을 이렇게 전했다. "힘든 일이 닥치면, 처음엔 세상 짐을 혼자 다 짊어졌다고 생각합니다. 하지만 함께 모인 사람들을 보면, 그 짐을 나눠서 지고 있다는 사실에 마음이 놓입니다."

해마다 1,000명 넘는 사람들이 샌디에이고 항구에 정박한 미드웨이USS Midway 항공모함 박물관에 모여 춤을 춘다. 미드웨이 호는 1945년부터 1992년까지 온갖 전투와 인도적 임무를 수행했다. 오늘날엔 해마다 수백 건에 달하는 군 행사와 지역 행사의 장소가 됐다. '생명을 위한 재저사이즈 댄스Jazzercise Dance for Life' 모금 행사도 그중 하나인데, 단 하루 동안 유방암 연구와 지원을 위해 수십만 달러가 모금된다. 춤추러 오는 사람들은 흔히 혼자서도 강하지만 뭉치면 천하무적이라는 뜻의 'Strong alone. Unstoppable together'라는 슬로건이 적힌 탱크톱을 걸치고 있다. 강사들이 팝송에 맞춰 댄스 루틴으로 참가자들을 이끈다. 스텝을 밟을 때마다 1,000여 개의 발이 동시에 갑판을 차는 소리가 웅장하게 퍼져나간다. 진분홍 탱크톱을 걸친 사람들이 일제히 움직이는 모습을 위에서 내려다보면, 개개인이 모인 집단이라기보다는 '초개체'처럼 보인다. 동기화된 스텝과 똘똘 뭉치겠다는 의지가 모여 그들은 그야말로 천하무적이

움직임의 힘

된다. 나약한 개인이 아니라 강력한 우리로 합쳐진 것이다.

2011년 3월, 동일본 대지진이 이와누마시岩沼市를 강타했다. 해안 도시의 절반이 쓰나미로 잠겼고, 180명이 목숨을 잃었다. 그 여파로 15퍼센트에 달하는 주민이 우울증에 걸렸다. 도시 재건의 일환으로 보건 당국은 사람들을 활발히 움직이게 할 프로그램을 개발했다. 단체 운동 프로그램에 자주 참가한 사람들은 확실히 우울증에 덜 걸렸다.[30] 걷기만으로도 우울증 예방 효과가 있었지만, 단체 운동의 혜택은 더 컸다.

2017년 가을, 휴스턴에 방문했을 때 나는 이 문제를 되새겨볼 기회가 있었다. 회복 탄력성을 주제로 텍사스 지자체 연맹Texas Municipal League에서 강연할 예정이었다. 여러 시장과 경찰국장, 소방서장, 시의원, 각급 공무원 등이 두루 참석해 텍사스주 역사상 최악의 자연재해 중 하나로 기록된 허리케인 하비의 후속 조치를 논의하는 자리였다. 행사가 열릴 조지 브라운 컨벤션 센터George R. Brown Convention Center에는 허리케인으로 집이 파손되거나 완파된 이재민 수천 명이 임시로 머물고 있었다.

휴스턴에 도착한 날 오후, 나는 시청까지 걸어가며 폭우로 잠겼던 시내를 둘러봤다. 식료품을 몇 가지 사서 호텔로 되돌아오는데 어디선가 음악 소리가 들렸다. 소리를 따라가 보니, 컨벤션 센터 맞은편에 있는 디스커버리 그린 파크에서 무료 줌바 수업이 열리고 있었다. 석제 타일 위에서 수십 명이 손뼉을 치며 행군하듯 걸었다.

줌바 강사인 오스카 사체Oscar Sajche가 동작을 이끌었다. 날이 덥고 습해서 나는 이미 땀으로 흠뻑 젖은 상태였다. 게다가 봉지엔 바로 냉장고에 넣어야 할 식료품이 가득했다. 그런데도 봉지를 공원 의자에 내려놓고 무리에 합류했다.

우리는 살사, 레게톤, 쿰비아, 메렝게, 핏불 등 익숙한 줌바 리듬에 맞춰 춤을 추었다. 참가자들 중 일부는 줌바 의상을 입었지만 대다수는 나처럼 평상복 차림이었다. 운동에 어울리지 않는 복장이었지만 신나는 댄스파티를 거부할 수 없었다. 낯선 사람들이 나를 보고 쌩긋 웃었다. 다들 행복해 보였다. 어깨를 흔들고 엉덩이를 씰룩거리면서 신나게 발을 구르는데 문득 도시가 이렇게 회복하는구나 하는 생각이 들었다. 엄청난 자연재해를 당한 직후에 이렇게 모여 춤을 춘다는 건 회복력의 신호였다. 아마도 댄스파티는 회복력의 증거라기보다는 회복력의 출처라고 하는 게 더 맞을 것 같다.

제이콥 드바니Jacob Devaney는 허리케인 카트리나가 뉴올리언스를 휩쓴 뒤에 집을 다시 지어야 했다.[31] 새벽부터 밤늦게까지 일해도 희망이 싹트기보다 날마다 좌절감만 쌓여갔다. 그러던 어느 날, 드바니는 일을 마치고 숙소로 가는 대신에 뉴올리언스 클럽으로 향했다. 그리고 동이 틀 때까지 신나게 춤을 추었다. 그 뒤로, 틈만 나면 집단적 즐거움에 푹 빠졌던 덕분에 드바니는 힘든 시기를 꿋꿋하게 이겨낼 수 있었다.

무료 줌바 수업을 진행한 오스카 사체를 페이스북에서 찾아봤더니, 그는 휴스턴 주민을 상대로 10년 넘게 무료 수업을 진행하고 있었다. 허리케인 하비가 물러난 직후, 사체는 페이스북에 다음과 같은 메시지를 올렸다. "줌바 전사들 수백 명과 함께 멋진 야외 수업을 즐겨 보세요. 휴스턴 시민은 워낙 강인해서 다시 일어설 겁니다."

문득 나를 휴스턴에 오게 한 지자체 연맹의 행사도 의미가 있지만, 이런 수업이야말로 시민 참여의 모범이라는 생각이 들었다. 다음 날 나는 고위 관료들과 공무원들을 상대로 목적의식과 사회적 연결에 대해 이야기했다. 그리고 그들이 전날 봉사 프로젝트에 참여해서 지역 푸드 뱅크에 보낼 기증품을 분류한 점을 치하했다. 하지만 내 머릿속에는 이런 생각이 계속 맴돌았다. '이따위 연설은 집어치우고 음악에 맞춰 함께 움직이는 게 훨씬 좋을 텐데.'

인간은 자연스럽게 동기화된다. 움직임뿐만 아니라 생리적 측면에서도 그렇다. 다른 사람과 연결됐다고 느끼는 순간, 우리는 심장 박동과 호흡, 심지어 뇌 활동까지 보조를 맞춘다. 어떤 집단에 소속되면, 분명한 지시를 받지 않을 때조차 움직임과 호흡에 동기화된다.[32] 또 사람들은 컴퓨터에서 생성된 완벽한 리듬보다 다른 사람의 다소 불규칙한 맥박에 더 정확하게 동기화된다. 우리의 생물학은 동료 인간을 인지하고 그에 반응하도록 맞춰진 것 같다. 사람에 따라서는 자기초월감을 단순히 신경학적 우연으로 치부하는 것에 기가 꺾일 수 있다. 하지만 나는 좀 더 큰 존재의 일부가 되겠다는 뇌의 열정에 매료되었다. 우리는 평상시 자아의식의 엄격한 한계를 선뜻 버리려는 지각 체계를 갖추고 있다. 심장과 폐와 근육에서 나오는 피드백만큼이나 본능적으로 타인과 교감할 수 있는 뇌를 장착하고 태어난 것이다. 인간은 자신을 별도의 존재로 지각하고 느끼면서 생의 대부분을 살아갈 수 있지만, 단지 함께 움직이는 것만으로 우리를 구분 짓는 경계를 허물어버린다. 참으로 놀라운 점이다.

인지과학자인 마크 챈기지Mark Changizi는 "진화적으로 오래된 두뇌 메커니즘을 새로운 용도로 활용할 수 있는" 일체의 문화적 발명을 묘사하고자 '자연-활용하기nature-harnessing'라는 단어를 사용했다. [33] 그러한 발명은 우리의 핵심 본능을 활용하기 때문에 널리 인기를 얻는다. 내가 집단적 즐거움에 관한 연구를 탐구하겠다고 나선 이유도 집단 운동에 대한 내 열정을 더 잘 이해하고 싶어서였다. 그런데 그러한 수업에서 무슨 일이 벌어지는지 생각해보니, 자연-활용하기가 딱 맞는 것 같다. 모닥불 주변에서 춤을 춰본 사람이나 싸우러 나가기 전에 치르는 의식에서 발을 굴러본 사람이라면 에어로빅 수업에서 뭘 하는지 알 것이다. 심리학자 브로닌 타르는 집단적 즐거움을 경험할 가장 효과적인 방법으로 '대규모 줌바 수업'을 추천했다. 단체 운동은 동기화된 움직임의 장점을 강화하는 여러 조건을 활용한다. 가령 심박동률을 높이면 높일수록 함께 움직이는 사람들과 더 가깝게 느끼게 된다. [34] 음악을 추가해도 똑같은 상승효과가 있다. [35] 계획했든 우연이든, 많은 운동 수업이 '촘촘한 군집화close clustering' 현상도 이용한다. 개인 공간을 좁혀서 움직일 때 느껴지는 사회적 응집성을 극대화하는 것이다. 물리적 가까움 때문에 자신과 타인 간의 경계가 흐릿해진다. 서로 냄새를 맡을 만큼 가까이 있으

움직임의 힘

면 감정이 더 잘 전염된다. 행복한 상태에서 흘리는 땀은 일반적인 땀과 냄새가 다르며, 누군가의 행복한 땀 냄새를 맡으면 당신의 기분도 덩달아 좋아진다는 사실을 알고 있는가?[36] 땀구멍을 통해 발산되는 기쁨의 향내는 어디서나 같은가 보다.[37] 그렇기에 말이 통하지 않더라도 숨을 들이쉬는 것만으로 집단적 행복감에 푹 빠져들 수 있다. 브로닌 타르도 마라조섬에서 원주민과 카림보를 출 때 딱 그랬다.

많은 사람이 즐기는 단체 운동은 단순한 동작을 반복하는 식으로 구성된다. 이러한 단순 반복이 집단적 즐거움에 크게 기여한다. 안다만 제도의 춤 의식을 분석한 A. R. 래드클리프-브라운은 그들의 발동작에서 예술적 가치를 포착할 수 없었다. "발동작의 기능은 그저 몸의 근육을 최대한 활성화시키는 것 같았다."[38] 동작의 균일성과 단순성 덕분에 춤추는 사람들은 '몰아沒我의 즐거움'에 빠져들었다. 현대의 에어로빅도 그와 같은 전략을 채택해 비슷한 황홀감을 유도한다. 단체 운동이 제대로 돌아가지 않는다면, 아마 동작이 너무 복잡해서 동기성이 무너지고 개인이 집단과 보조를 맞추지 못하기 때문이다.

피트니스 업계는 흔히 10년마다 자기 혁신을 이룬다. 동작과 음악이 바뀌고 발판과 중량봉과 고정된 실내용 자전거 등 새로운 도구가 추가된다. 그래도 핵심 경험은 하나도 변하지 않는다. 몸에 딱 붙는 옷을 입고 스텝 터치를 수십 년째 해온 사람으로서 단언할 수 있다. 갑자기 뜨는 새로운 단체 운동 프로그램이란 것이 동기화되지 않았던 신체 활동, 가령 복싱이나 태보, 사이클링에 동기성이 추가되어 태보Tae Bo나 바디펌프BodyPump, 소울사이클SoulCycle로 거듭난 것이니 말이다. 크게 유행하는 피트니스 프로그램의 포장을 벗기면, 결국 똑같은 요소와 똑같은 집단적 즐거움이 보일 것이다. 우리의 DNA가 우리를 타인과 연결되도록 몰아대는 한, 우리는 계속해서 함께 움직이고 땀 흘릴 수 있는 장소를 찾을 것이다.

대부분 동기화된 움직임에서 즐거움을 찾는데, 그중에서도 유독 다른 사람들과 한 몸처럼 움직이는 활동에 매료되는 이가 있다. 아무래도 집단적 즐거움과 협력 간에 어떤 연결 고리가 있는 듯하다. 친사회적 성향이 강한 사람, 다시 말해서 다른 사람의 행복한 모습을 보면 기분이 좋아지고 곤경에 처한 사람을 돕고 싶어 하는 사람은 타인과 더 쉽게 동기화된다.[39] 그들의 마음가짐이나 생명 활동의 뭔가가 집단 활동에 더 쉽사리 빠져들게 한다. 단체 운동이 활용하는 마지막 본능은 아마도 자신을 내려놓고 세상에 조금이라도 도움이 되고자 하는 욕망일 것이다. 이러한 욕망이 동기화된 스텝 터치와 스쿼트와 탭-백tap-backs(한 걸음 뒤로 물러나며 굽혔다 제자리로 돌아오기)을 통해 드러난다는 말이 이상하게 들릴 수도 있다. 외부인은 그 매력을 이해할 수 없다. 구경만 하면 결코 맛보지 못할 즐거움이니 말이다. 여느 자연-활용하기 현상과 마찬가지로, 그 안에 푹 빠져들어야 감지할 수 있다. 그래야 엔도르핀이 분출되고 심장이 마구 뛰면서 그런 현상이 지극히 정상이라는 걸 알게 된다. 역사학자 윌리엄 맥닐은 이렇게 말한다. "일치단결로 인한 행복감은 우리 유전자에 너무 깊숙이 새겨져 지울 수가 없다. 그렇기에 예나 지금이나 공동체를 형성하고 지속시키는 가장 강력한 방법으로 남아 있다."

마음껏

움직여라

The Joy of Movement

2년쯤 전, 나는 기술 디자이너를 위한 학회에서 기조연설을 하려
고 샌프란시스코 시내의 하얏트 리젠시 연회장 뒤편에서 대기하고
있었다. 내 연설에 앞서 드레펑 로젤링 수도원^{Drepung Loseling Monastery}
에서 온 티베트 승려들이 개막 행사를 펼칠 예정이었다. 승려들은
3일 동안 호텔 로비에 모래 만다라^{sand mandala}를 제작하기로 되어 있
었다. 모래 만다라는 색색의 모래로 우주 법계의 온갖 덕을 표현하
는 불화다. 그들은 붉은 예복 차림으로 팔에 금빛 숄을 두른 채 두
손을 맞잡고 무대 뒤에서 나와 함께 기다렸다. 곧이어 학회 참석자
들을 불러 모으려고 음향 장치에서 음악이 흘러 나왔다. 인디 밴드
세인트 모텔^{Saint Motel}의 'Move(움직여)'라는 노래였다. 전염성이 강한
비트에 끌려 나도 모르게 고개를 흔들었다. 내 눈길 끝에 갈색 가죽
으로 된 로퍼가 박자에 맞춰 바닥을 두드리는 모습이 들어왔다. 로
퍼를 신은 수도승이 내 시선을 의식하고는 슬며시 미소를 지었다.

그 당시, 우리는 리듬에 맞춰 몸을 움직이려는 강력한 본능에 휩쓸렸다. 음악학자들은 이러한 충동을 '그루브groove'라고 부른다.[1] 우리 몸은 박자에 동기화되는 경향이 워낙 강해 억지로 누르려면 상당한 노력이 필요하다. 이러한 충동은 일찌감치 나타난다. 태어난 지 48시간밖에 안 된 신생아도 규칙적인 리듬을 감지할 수 있다.[2] 모차르트의 소야곡 〈아이네 클라이네 나흐트무지크Eine kleine Nachtmusik〉의 4분의 4박자에 맞춰 아기가 발을 흔들며 벙긋거린다.[3] 이러한 행동이 옹알이를 하거나 아장아장 걷거나 심지어 네 발로 기기도 전에 나타나는 것으로 볼 때, 음악에 맞춰 움직이고 즐기는 능력은 선천적 역량인 것 같다.

정말로 뇌는 음악을 움직임의 신호로 받아들이도록 내재화된 듯하다. 뇌 스캐너 장치에 꼼짝 않고 누워 있는 동안 당신에게 음악을 들려주면, 당신의 운동 신경은 밝게 빛날 것이다. 음악은 뇌의 이른바 운동회로를 활성화한다.[4] 움직임을 계획하는 보조운동영역, 움직임을 조정하는 기저핵과 경막, 움직임의 시간을 조절하는 소뇌가 여기에 포함된다. 리듬이 강할수록 그리고 귓전을 울리는 음악을 당신이 좋아할수록 이러한 영역은 더 열정적으로 에너지를 소비한다.[5] 꼼짝 못 하고 누워 있는 순간에도 그렇다. 마치 몸의 나머지 부위를 활용하지 않고는 뇌가 음악을 들을 수 없는 것 같다. 신경학자인 올리버 색스Oliver Sacks는 "우리는 음악을 온 근육으로 듣는다"고 했다.[6]

살면서 느끼는 가장 큰 즐거움 중 하나는 이러한 충동에 굴복하는 것이다. 그래서 당신은 노래하고 춤추고 손뼉을 치면서 발을 구른다. 음표와 화음과 가사에 흠뻑 취한다. 그리고 마음껏 움직이라고 뇌가 당신에게 내리는 명령에 선뜻 굴복한다.

1863년 7월 1일, 매사추세츠 제22 보병 연대, H중대 소속인 로버트 골드웨이트 카터Robert Goldthwaite Carter 이병은 펜실베이니아의 뜨거운 햇살을 받으며 행군하고 있었다. 30여 킬로미터를 행군하는 동안 카터와 동료 병사들은 길가에 널려 있는 말 시체를 보면서 전날 목숨을 잃은 북군 기병들을 떠올렸다. 카터가 편지에서 묘사했듯이, 많은 병사가 열사병에 걸렸고 오후로 접어들자 "수백 명이 더 이상 버티지 못하고 쓰러졌다." 피로 때문에 나머지 병사들도 죄다 쓰러지려는 찰나, 멀리서 나팔소리와 북소리가 들려왔다. 인접한 도로를 행군하던 이름 모를 연대에서 군악을 연주한 것이었다.

손가락 까딱할 힘도 없이 길가에 널브러진 군인들과 그들의 닳아 없어진 애국심이 그 소리에 자극받아 소생했다. 그들은 몸을 일으키고 부르튼 발을 질질 끌면서 기어이 막사로 돌아왔다. … 한때 용맹했던 포토맥군Army of the Potomac의 꺾인 사기를 다시 일으켜 세운 것은 바로 음악이었다.[7]

움직임의 힘

지구력이 필요한 운동을 하는 선수들도 시의적절한 음악 덕분에 생기를 되찾았다는 이야기를 많이 한다. 일흔여섯 살의 터커 앤더슨Tucker Andersen은 1976년부터 거의 해마다 뉴욕 마라톤에 참여해 왔다.[8] 앤더슨은 〈뉴욕 타임스〉와의 인터뷰에서 음악 덕분에 결승선을 무사히 통과할 수 있었던 레이스에 대해 말했다. 마라톤에서는 30킬로미터 지점을 흔히 마의 구간이라 부른다. 뉴욕 마라톤에서는 그 구간이 윌리스 에비뉴 다리를 지나 브롱크스로 막 진입하는 곳이다. 이 지점에서는 대개 환호하는 관중이 별로 없다. 앤더슨이 마의 구간을 지나 브롱크스로 진입하자 한 십대 청소년이 아파트 창문 밖으로 몸을 내밀었다. 그리고 앤더슨을 응원하려는 듯 영화 〈록키Rocky〉의 주제 음악이 흘러나오는 스테레오를 흔들었다.

뇌는 아드레날린과 도파민, 엔도르핀을 잔뜩 뿜어내는 식으로 음악에 반응한다.[9] 죄다 노력은 부추기고 고통은 줄여주는 호르몬이다. 그런 이유로 음악학자들은 음악에 근육의 힘과 크기와 능력을 높여주는 '에르고제닉ergogenic' 효과가 있다고 말한다.[10] 역사와 문화를 통틀어 음악은 노동을 덜 힘들고 더 보람 있게 해주었다. 음악 덕분에 분출된 엔도르핀은 일을 더 쉽게 해줄 뿐만 아니라 함께 일하는 사람들을 단결시켜 주기도 한다. 메인주 벨파스트에서 덕크백 농장Duckback Farm을 운영하는 베넷 코네스니Bennett Konesni는 전 세계를 돌아다니며 노동가歌를 연구한다. 가나에서는 음악을 즐기는 어부를 만났고, 탄자니아에서는 춤을 즐기는 농부를 만났으며, 몽골에서는 노래를 즐겨 부르는 양치기를 만나 한동안 함께 지냈다.

코네스니와 그의 농장 일꾼들은 씨를 뿌리고 마늘을 캐면서 노래를 즐겨 부른다.

"우리가 부르는 노래는 여느 음악과 다릅니다." 코네스니가 내게 말했다. "일하는 동안 당신의 뇌와 몸은 노래가 필요한 순간이 찾아옵니다. 노동가를 부르면 변화가 금세 일어납니다. 힘이 불끈 솟고, 애드빌Advil 진통제를 복용한 것처럼 통증이 사라집니다. 더 열심히 일하기 때문에 땀이 비 오듯 쏟아지지만, 그만큼 더 빨리 해치울 수 있습니다."

게다가 고된 노동을 하는데도 힘들게 느껴지지 않고 오히려 즐겁다. "행복감이 밀려드니까 시간 가는 줄 모르고 일할 수 있습니다."

음악의 에르고제닉 효과 덕분에, 사람들은 신체적 한계를 초월할 수 있다. 한 실험에서, 당뇨병과 고혈압이 있는 중년 환자들에게 심혈관 스트레스 테스트를 받는 동안 경쾌한 음악을 들려줬다.[11] 테스트를 받는 동안 환자들은 트레드밀에 올라가 처음엔 걷다가 나중엔 버틸 수 있을 때까지 최대한 달렸다. 그 사이 실험자는 트레드밀의 속도와 경사도를 규칙적으로 올렸다. 대다수 6분쯤 지나자 숨을 헐떡거렸고, 최대한 버텨도 8분을 넘기지 못했다. 그런데 음악을 틀어주면, 평균 51초 정도 더 달렸다. 전력을 기울인 상태로 1분 가까이 더 달렸던 것이다. 심혈관 스트레스 테스트는 당신의 심장이 얼마나 튼튼한지, 당신이 무엇을 견딜 수 있는지 결정하는 데 유용한 기준이 된다. 음악은 심장이 할 수 있는 일의 기준을 바꿔놓았다.

운동선수는 흔히 이러한 장점을 활용한다. 신중하게 통제된 여

움직임의 힘

러 실험에서 사운드트랙을 첨가하자 조정, 달리기, 수영 선수들이 기록을 몇 초씩 단축하는 결과가 나타났다.[12] 달리기 선수는 지독한 더위와 습도를 더 오래 견딜 수 있고[13], 철인 3종 경기 선수는 한계에 도달하기 전에 자신을 더 밀어붙일 수 있다.[14] 게다가 음악에 맞춰 움직이면 전력을 기울일 때도 산소를 덜 소모한다. 음악 자체가 에너지를 공급하는 것 같다. 이러한 연구 결과를 토대로, 연구진은 〈스포츠 의학 및 연구 연보Annals of Sports Medicine and Research〉에 음악이 합법적으로 경기력을 향상시키는 약물이라는 보고서를 발표했다.[15]

2007년, 미국 달리기 협회는 공식 레이스에서 개인의 음악 플레이어 사용을 금지했다. 협회가 안전상의 이유라고 했지만, 사람들은 적절한 곡목을 활용해 부당하게 성과를 높이지 못하게 하려는 거라고 추정했다. 이러한 우려는 타당한 측면이 있다. 1998년, 에티오피아의 육상 선수, 하일레 게브르셀라시에Haile Gebrselassie는 대회 조직위원들을 설득해 2,000미터 실내 레이스가 열리는 동안 스피커에서 'Scatman(스캣맨)'이 흘러나오게 했다. 그 노래를 들으며 연습했기 때문에 실전에서 자신의 컨디션을 최상으로 끌어올리는 데는 그만한 노래가 없었기 때문이다. 실제로 게브르셀라시에는 그날 대회에서 세계 신기록을 달성했다.

음악이 성과를 향상시키는 약물이라면, 브루넬 대학교의 스포츠 심리학자인 코스타스 카라게오그리스Costas Karageorghis는 최대 공급

업자 중 하나다. 그는 올림픽 출전 선수들과 국가 대표 선수들, 대학팀 선수들의 경기력 향상을 위해 맞춤형 재생 목록을 만든다. 생생한 음악이 들리는 하프 마라톤 행사인 '런 투 더 비트Run to the Beat'와 남녀 혼성 럭비 프로그램인 '오 투 터치O2 Touch'를 위한 사운드트랙을 만드는 데도 일조했다. 아울러 여러 유명한 스트리밍 서비스의 운동용 재생 목록에서 어떤 노래를 들을지 결정하는 알고리즘을 만드는 일도 맡고 있다.

　카라게오그리스는 런던 남부의 "가난하지만 다채로운 소수 민족 거주지"라고 스스로 묘사한 곳에서 자랐다. 그가 살던 상가 주택의 1층은 중고 레코드 가게였다. 아침마다 그는 레코드 가게의 서브우퍼(초저역 주파수만 전문으로 재생하는 스피커)에서 쾅쾅 울려대는 저음에 놀라 눈을 떴다. 잠이 깨면 창밖을 내다보며 거리를 지나는 사람들을 지켜봤다. 축 처진 어깨로 길을 걷던 사람들이 음악 소리가 들리는 곳에 이르면(흔히 밥 말리나 데스먼드 데커의 레게음악이었다), 느닷없이 미소를 지으며 경쾌하게 걸음을 옮기기 시작했다. 음악에 사람의 걸음걸이를 변화시키는 힘이 있는 것처럼 보였다. 카라게오그리스는 그 힘을 '청각적 감흥auditory elation'이라고 부른다.

　십대 시절 카라게오그리스는 달리기를 잘했다. 한번은 런던에서 열린 연례 그랑프리 대회에 주니어 선수로 출전했다. 그가 준비운동을 하는데, 마침 400미터 허들 종목에서 타의 추종을 불허하는 에드윈 모지스Edwin Moses가 워밍업 구역에서 똑같이 몸을 풀고 있었다. 모지스는 초기 소니 워크맨으로 소울 음악을 듣고 있었다. 당시는 개별적으로 음악을 듣는 장치가 드물던 시절이라, 준비 운동에 음악을 활용하는 선수는 모지스가 유일했다. 카라게오그리스는 그 모습이 참으로 신기했고, 마음을 다잡기 위해 독특한 방법을 고안한 모지스가 대단하다고 생각했다.

요즘엔 개인용 음악 플레이어가 없는 사람이 없다. 카라게오그리스는 선수들이 들을 만한 노래를 선택하도록 돕는 일을 한다. 일단 각 선수의 음악 취향을 파악한다. 선수들이 즐겨 듣는 노래와 좋아하는 가수를 파악하면, 그들의 음악 파일 목록을 일일이 확인하면서 특정 노래를 왜 좋아하는지 물어본다. 다음엔 선수를 트레드밀에 세우고 어떤 곡이 그의 속도를 높이는지 파악한다. 그 곡이 피로를 이겨내게 하는지 알아보려고 악력을 재기도 한다. 카라게오그리스는 파워 송power song, 즉 선수의 기분과 생리 기능까지 바꿔놓을 정도로 울림이 큰 곡을 찾는다. 그런 곡은 금세 알아차릴 수 있다. "틀자마자 리드미컬한 반응을 유발하는 곡이 있습니다."

가령 특정 곡을 듣고 어떤 선수는 고개를 까딱이거나 발로 박자를 맞춘다. 아울러 동공이 확대되거나 온몸의 털이 쭈뼛 서는 등 생리적 흥분을 드러내기도 한다. 카라게오그리스는 이러한 신호를 통해서 그 노래가 아드레날린을 분출시킨다는 것을 알 수 있다.

파워 송은 흔히 강한 비트와 활기찬 느낌, 분당 120에서 140비트 정도의 템포로 이뤄져 있다. 이러한 특징은 어디서나 선호되는 리듬인 듯하다. 또 파워 송은 긍정적 감정과 이미지와 의미 등 '음악 외적인' 연관성으로 듣는 사람의 심금을 울리기도 한다. 이러한 연관성은 가사나 공연자, 각자의 기억이나 대중문화에서 비롯될 수 있다. 가령 영화의 사운드트랙에 포함됐거나 주요 스포츠 행사의 공식 노래로 지정됐던 노래일 수 있다.

한 노래의 온갖 특징 중에서, 우리를 더 힘차게 밀어붙이면서 피로와 통증과 인지된 노력perceived effort까지 줄여주는 가장 중요한 요인은 바로 가사이다. 사람들이 즐겨 듣는 운동용 재생 목록을 살펴보면, 인내심과 투지를 강조하는 가사의 노래가 굉장히 많다. 그렇기 때문에 에미넴Eminem의 'Till I Collapse(내가 쓰러질 때까지)'가 지금도 가장 인기 있는 운동용 노래로 꼽히는 것이다. 효과적인 파워 송은 흔히 '노력하라, 시작하라, 달려라' 등 신체 활동과 관련된 가사가 주를 이룬다. 카라게오그리스에게 이런 이야기를 듣고 나서 내 뮤직 라이브러리를 훑어봤다. 정말로 그랬다. 내가 즐겨 듣는 파워 송을 몇 곡 소개하자면, 트래비스 바커Travis Barker의 'Let's Go(가자)', 스텔라 음왕기Stella Mwangi의 'Work(노력하라)', 토비 맥키한TobyMac의 'MoveKeep Walkin(움직여라(계속 걸어라))' 등이다.

운동선수는 흔히 영웅적 이미지를 고취하는 음악에 반응한다. 카라게오그리스의 연구에 따르면, 실험 참가자들은 영화 〈록키 III〉의 주제 음악인 서바이버Survivor의 'Eye of the Tiger(호랑이의 눈)'를 들었을 때 더 열심히 노력하고 탈진할 정도로 힘을 쏟으면서도 더 즐겁게 임했다.[16] 도대체 왜? 포기를 모르는 복서의 스토리와 난관을 이겨내라는 가사와의 연관성을 의심할 여지가 없다. 사람들은 흔히 육체적으로 힘들다는 신호가 오면 한계에 도달하기도 전에 포기하는 경향이 있는데, 실험에 참가한 사람들의 뇌 활동 기록을 보면, 그 노래가 주의를 끄는 바람에 육체적 한계에 도달하기도 전에 그만두게 하는 신호를 놓쳤음을 알 수 있다.

내가 의지하는 파워 송 중 하나를 처음 들었던 순간이 기억에 생생하다. 실내 사이클링 수업을 받던 중 오스트레일리아의 팝가수 하바나 브라운Havana Brown의 'Warrior(전사)'가 흘러나왔다. 이 노래는 시종일관 강력한 비트를 유지하고, 여가수가 드럼 박자에 맞춰 신나게 춤추라고 소리친다. 또 "고! 고! 고!"처럼 들리는 남자 목소리가 뒤를 받쳐준다. 첫 번째 후렴구에 이르렀을 때 나는 이 노래가 내 몸속으로 빨려 들어오는 것만 같았다. 뭔가에 홀린 듯했다. 내 안에 있는 줄도 몰랐던 에너지에 플러그가 연결된 듯 더 빨리, 더 힘차게 페달을 밟았다. 나는 강사의 지시 때문이 아니라 페달의 반발력을 느끼고 싶어서 저항 강도를 높였다. 저항력을 극복하면서 내 힘과 체력을 자랑하고 싶었다. 그 노래가 내 뇌에 불을 지폈다는 말로도 당시의 흥분을 다 표현하기 어렵다. 움직임을 관장하는 뉴런에서 일제히 불꽃이 튀면서 그동안 잊고 살았던 내 정체성이 되살아났다. 스코틀랜드 고지대에서 쓰는 게일어로 켈리Kelly는 '전사'라는 의미이다. 나는 전사였고 내 안에 전사의 피가 끓어올랐다.

카라게오그리스의 연구에 따르면, 중간 강도로 운동할 때는 음악이 '인지된 노력'을 줄여줘서 더 쉽고 더 즐겁게 운동하도록 해준다고 한다. 하지만 더 높은 강도로 운동할 때, 즉 전력을 기울여야 할 때는 운동이 인지된 노력을 줄여주지 않는다. 그 대신 기분에 대

한 해석에 영향을 미쳐 육체적 불편함에 긍정적 의미를 부여하도록
한다.[17] 내면의 힘을 찾으라는 에미넴의 랩을 듣거나 승자는 절대로
포기하지 않는다는 비욘세의 외침을 들으면, 땀과 피로와 가쁜 숨
이 당신의 투지와 인내와 체력의 증거로 여겨진다. 적절한 재생 목
록은 이런 식으로 당신의 운동 경험을 변화시킬 수 있다.

  뉴질랜드의 오타고 대학University of Otago 연구진은 여성 참가자들에
게 트레드밀에서 뛰는 동안 떠오르는 생각을 큰 소리로 말하게 했
다.[18] 실험 참가자들의 마음은 결국 그들이 쏟는 노력에 대한 평가
로 귀결되었다. 어떤 참가자는 가쁜 숨과 땀을 "나는 점점 더 강해
지고 있어!" 또는 "내 몸에 좋은 일을 하고 있는 거야!"라는 뜻으로
해석했다. 다른 참가자는 똑같은 감각 자극을 두고 "나는 몸매가 형
편없어서 뛰어봤자 소용없어"라는 식으로 해석했다. 이러한 해석
은 참가자가 운동을 즐기는 정도를 예견해주었다. 자신의 노력을
두고 긍정적으로 해석한 참가자는 훨씬 더 즐겁게 운동했다. 들이
마시는 공기의 양이 비정상적으로 급격히 증가하는 시점인 환기역
치ventilatory threshold에 도달했을 때 특히 그러했다. 음악은 열심히 운
동할 때 느끼는 기분의 의미를 표현하는 한 가지 방식이다. 힘을 불
어넣는 음악에 맞춰 쏟아낸 땀방울은 당신이 어떤 사람인지, 앞으
로 어떤 사람이 될지 들려주고 싶어 하는 이야기에 힘을 실어줄 것
이다.

  아마라 맥피Amara MacPhee는 뉴욕 장로교 병원/웨일 코넬 의과대

학 New York-Presbyterian/Weill Cornell Medical Center에서 수술을 받고 깨어났을 때 통증이 말로 표현할 수 없을 정도로 극심했다. 몸 여기저기에 튜브가 꽂혀 있었고 '삐' 하는 기계음이 연신 들렸다. 맥피는 똑바로 일어나 앉을 수도 없어 생각했던 것보다 훨씬 더 심각한 상태에 적잖이 당황했다.

마흔 살인 맥피는 한 달 전까지만 해도 건강에 남다른 자부심이 있었다. 뉴욕시 웨스트 빌리지에 있는 '305 피트니스' 센터에서 꾸준히 운동한 덕분이었다. 맥피는 그곳의 활기찬 음악과 라이브 DJ, 현란한 조명이 좋았다. 끈끈한 공동체 정신도 좋았다. 스프린트sprint(전력 질주)라 불리는 심장 강화 운동으로 숨이 턱까지 차오를 때 강사가 "옆 사람과 하이파이브를 하면서 축하해주세요!"라고 말하면 기분이 최고조에 이르렀다.

그런데 2016년 9월 어느 토요일, 맥피는 수업 중에 자꾸 기침이 나왔다. 알레르기 때문일 거라 애써 무시했지만, 다음 주 화요일 수업에서는 숨 쉬기가 더 힘들었다. 평소보다 더 자주 물을 마셔야 했다. 기관지에 염증이 생겼나 싶어 병원에 가면서도 항생제를 처방받아 복용하면 일주일 만에 회복될 거라 생각했다. 그런데 의사가 맥피의 왼쪽 가슴 아래에 청진기를 대고 필요 이상으로 오래 진찰하더니 "가슴 X-레이를 찍어 보는 게 좋겠어요"라고 말했다.

X-레이 결과가 나오자, 맥피의 주치의는 펜으로 이미지를 따라 그리며 "여기가 당신의 심장이에요. 여기랑 여기는 당신의 폐고요"라고 말한 다음, 맥피의 좌측 폐와 흉곽 사이로 보이는 커다란 회색

반점에 동그라미를 그렸다. "아무래도 큰 병원에 가서 CT 촬영을 해보는 게 좋겠네요."

CT 촬영 결과, 자몽 크기만 한 회색 덩어리가 드러났다. 흉선 세포에 드물게 생기는 양성 흉선종胸線腫이었다. (흉선은 흉골 뒤쪽에 자리 잡고서 몸의 면역 기능을 담당하다가 어른이 되면 대개 퇴화된다.) 좌측 폐를 누르는 압력이 너무 커서 맥피는 숨을 쉬기도 어려웠다. 맥피의 종양이 악성은 아니었지만, 그래도 제거하려면 개심 수술開心手術이 필요했다.

수술 후 처음으로 병상에서 일어나려 했을 때 맥피는 다리가 너무 후들거렸다. 수술 부위의 통증도 극심해 똑바로 일어설 수도 없었다. 그래도 물리 치료사가 걷는 게 좋다고 해서 맥피는 억지로 일어났다. 복도를 따라 간호사실까지 휘청거리며 갔다가 간신히 병실로 돌아왔다. "복도가 끝없이 이어진 것 같았어요. 병실로 돌아왔을 땐 마치 마라톤을 마친 기분이었죠."

며칠 뒤, 남편이 깜짝 선물을 들고 병실에 들어섰다. "이거 좀 들어봐. 당신 마음에 쏙 들 거야." 맥피가 이어폰을 귀에 꽂자 305 피트니스 센터에서 워밍업 곡으로 듣던 노래가 흘러 나왔다. "새디 선생님이 당신을 위해서 보내준 거야!"

맥피의 운동 강사 중 한 명이 수업에서 즐겨 사용하던 재생 목록을 보내준 것이었다. 맥피는 남편에게 당장 걷기 연습을 하고 싶다고 말했다. 맥피는 남편의 부축을 받아 침대에서 일어났다. 여전히 환자복 차림에 미끄럼 방지 기능이 있는 양말을 신고 있었다. 한 손으로 링거액이 걸린 스탠드의 손잡이를 붙잡고, 다른 손으로 남편을 붙잡았다. 남편의 목소리를 들으려고 한쪽 귀에만 이어폰을 꽂은 채 맥피는 병실을 나섰다. 서늘한 복도로 나오자 마음이 심란했지만, 리한나Rihanna의 'We Found Love(우리는 사랑을 찾았어요)'와 루폴RuPaul의 'Sissy That Walk(당당하게 걸어봐!)'가 기운을 북돋웠다. 두 곡 다 맥피의 파워 송이었다. 노래에 빠져들면서 맥피는 병원이 아니라 피트니스 센터에 있는 것만 같았다. "나를 응원하는 사람들에게 둘러싸인 것 같았어요. 그들이 내게 '넌 멀쩡하게 걸을 수 있어. 그러니까 힘을 내!'라고 말하는 것 같았죠."

수술을 받고 3주 후, 맥피는 인스타그램에 마틴 루터 킹 목사의 말을 인용해 올렸다. "날 수 없다면 뛰어라. 뛸 수 없다면 걸어라. 걸을 수 없다면 기어라. 무슨 수를 써서라도 계속 나아가야 한다."

7주 후엔 다시 305 피트니스 센터에 나갈 수 있었다. 추수감사절 주간이었다. 맥피는 다시 움직일 수 있다는 사실이 감사했고, 힘든 시간을 이겨내라고 응원해준 회원들에게 무척 고마웠다. 따뜻하게 맞아주는 회원들 앞에서 눈물을 참느라 애를 먹었다. 수업을 마칠 때, 강사인 새디가 큰 소리로 말했다. "큰 수술을 받고 무사히 돌아온 맥피에게 다 같이 응원의 박수를 보냅시다. 환영해요, 맥피. 그동안 고생 많았어요!"

맥피는 나와 이야기할 때 305 피트니스를 자신의 '피트 팸Fit Fam'이라고 지칭했다. 함께 운동하는 사람들을 가족처럼 여긴다는 그 말에 나는 집단 운동이 강력한 유대감을 형성한다는 사실을 다시

금 떠올렸다. 게다가 음악은 이러한 효과를 더 높일 수 있다. 집단 운동 수업에서 스텝 터치를 수행할 때도, 전문적으로 훈련받는 운동선수들의 육체적 결속을 도모할 때도 음악은 효과를 발휘한다. 내가 스포츠 심리학자인 코스타스 카라게오그리스에게 가장 기억에 남는 사례를 소개해 달라고 부탁했을 때, 뜻밖에도 그는 올림픽 출전 선수를 더 빨리 달리게 한 음악의 힘이 아니라 사람들을 하나로 뭉치게 한 음악의 힘에 대해 들려주었다. 1997년, 카라게오그리스가 관리하게 된 어느 대학교의 육상 클럽은 갈등이 무척 심했다고 한다. 일부 선수는 팀 동료와 함께 버스도 타지 않으려 했고, 숙소에서 마주치는 것도 싫어했다. 기록이 저조할 수밖에 없었다. 카라게오그리스는 문제를 해결하고자 서로 어울리지 않는 선수들을 중심으로 비디오 영상을 제작했다. 계주 경기에서 그들이 뛰는 장면과 시스터 슬레지Sister Sledge의 'We Are Family(우리는 한 가족)'라는 노래를 결합한 영상을 제작해 선수들에게 수시로 보여주었다. 그러자 팀의 분위기가 달라지기 시작했고, 결국 육상 클럽 역사상 처음으로 전국 대회에서 라이벌 팀을 꺾을 수 있었다.

이 이야기는 카라게오그리스가 음악으로 선수들을 융합시킨 여러 사례 중 하나에 불과할 수 있지만, 그가 내게 들려주고 싶었던 건 그게 다가 아니었다. 당시 육상 클럽에 소속된 한 선수는 학생 회관의 바 bar에서 DJ로도 활동했다. 카라게오그리스는 퇴근길에 가끔 바에 들러 한 잔씩 하곤 했는데, 그때마다 DJ가 'We Are Family'를 틀어주었다. 그러면 바에 있던 선수들이 우르르 몰려와 카라게오그리스를 댄스 무대로 이끌었다. "그럴 때면 선수들과 하나가 된 기분을 느꼈습니다."

카라게오그리스는 20년이 지난 지금도 그 노래를 들으면 소속감과 유대감이 되살아난다고 했다. 이 이야기를 들려주고 며칠 뒤, 그는 브루넬 대학교의 로고와 'We Are Family'라는 글자가 찍힌 붉은 티셔츠 사진을 내게 보내주었다. 1997년 당시 육상 팀을 위해 제작했던 티셔츠를 여태 간직했던 것이다.

2017년 연례 스탠퍼드 댄스 마라톤에서 스탠퍼드 커뮤니티의 회원들은 루실 패커드 아동 병원Lucile Packard Children's Hospital의 환자들과 가족들을 위해 10만 달러 이상을 모금하고자 24시간 동안 춤을 추었다. 댄스 마라톤은 농구 코트에서 열렸다. 코트 내부는 학생들이 제작한 각종 배너와 풍선으로 장식되었다. 많은 참가자가 공식 티셔츠를 걸치고 반짝이로 얼굴을 장식했다. 스탠퍼드 대학교의 마스코트인 삼나무 인형과 치어리더들도 들러 댄스 참가자들을 응원했다. 사람들이 허기지지 않도록 인근 피자 가게와 멕시코 식당, 베이글 가게에서 갖가지 음식을 계속 찬조해주었다.

주최 측은 마라톤 댄서들이 계속 참가할 수 있는 이벤트를 준비했다. 댄스를 이끌 다수의 DJ와 함께 뮤지컬 공연과 댄스 공연이 줄줄이 이어졌다. 나도 그날 한 시간짜리 댄스파티를 진행하기로 예정되어 있었다. 따라 하기 쉬운 안무와 곡목을 선정해 사람들을 이끌 생각이었다. 그런데 열 줄 넘게 늘어선 댄서들을 이끌어야 하는데, 앞줄에 선 댄서들만 나를 볼 수 있었다. 농구 코트에는 강사가 잘 보이도록 무대가 설치되지 않았고, 마이크가 없어서 움직이라는 신호를 뒷줄까지 전달할 수도 없었다. 댄스 스텝이 물결처럼 뒤로 퍼져나가길 기도하는 수밖에 없었다. 다행히 내 바람대로 뒷줄에 선 댄서들도 순조롭게 따라왔다.

나는 피날레 곡으로 뮤지컬 영화 〈헤어스프레이^{Hairspray}〉에 나온 'You Can't Stop the Beat(넌 이 노래를 멈출 수 없어)'를 선택했다. 평론가들은 이 노래가 굉장히 신나고 경쾌해서 사람들의 흥을 돋우는 데 좋다고 평가했다. 이 노래에 맞춰 춤을 추면서 내가 느꼈던 것도 딱 그랬다. 이 곡은 빠르고 경쾌한 타악기와 당김음 박자가 가미된 경쾌한 트럼펫 반주, 위로 올라가는 선율 진행이 특징이다. 게다가 노랫말은 토요일 밤의 후끈한 열기 속에서 몸을 흔드는 즐거움뿐만 아니라 자아수용^{self-acceptance}과 평등, 사회적 진보의 가치도 칭송한다. 나는 마라톤 댄서들이 이 노래를 모르더라도 노래가 전하는 강렬한 기운을 받아가길 바랐다. 다행히 이번에도 내 바람대로 이루어졌다. 댄서들 모두 빠르게 스텝을 익혔다. 몇 시간 동안 동작을 연습한 사람들처럼 손뼉을 치면서 신나게 춤을 추었다. 게다가 상당수는 가사를 알고 있었다. 나는 그들이 노래를 따라 부르면서 환하게 웃는 모습을 흐뭇하게 지켜봤다. 나중에 듣자 하니, 그날 댄스 마라톤 행사에서 우리 공연이 단연 돋보였다고 한다.

우리가 음악에 맞춰 춤추는 영상을 보니, 댄서들을 따라 물결처럼 번지는 에너지가 느껴졌다. 제일 뒤쪽에 선 한 청년은 처음엔 싱글싱글 웃으면서 앞 사람들의 동작을 건성으로 따라 하는 것 같더니, 두 번째 후렴구에 이르자 갑자기 고개를 뒤로 젖히고 두 팔을 번쩍 들었다. 그리고 주먹을 불끈 쥐고 흔들며 큰 소리로 노래를 따라 불렀다. 행복에 겨운 그의 모습은 마치 노래가 몸속으로 빨려 들어가 그를 기쁨으로 가득 채우는 듯했다.

퍼렐 윌리엄스Pharrell Williams의 2013년도 노래 'Happy(행복해)'의 공식 뮤직 비디오를 보면, 사람들이 립싱크를 하고 으스대듯이 걷고 손뼉을 치고 손가락으로 딱딱 소리를 내고 팔짝팔짝 뛰고 좌우로 흔들고 빙그르르 도는 모습이 쉬지 않고 나온다. 이 노래가 24개국에서 최고 히트 곡으로 뽑힌 데는 뮤직 비디오가 큰 몫을 했다. 미국의 경제 전문지 〈패스트 컴퍼니Fast Company〉는 이 뮤직 비디오가 "마약처럼 들뜨게 하고 중독성도 강하다"고 평가했다. 'Happy'는 기본적으로 행복한 음악에 맞춰 행복하게 움직임으로써 즐거움을 찾자는 교육용 비디오다. 확실히 움직임이 선사하는 최고의 스릴을 맛보게 한다. 행복하게 들리는 음악이 우리를 행복하게 느끼도록 해줄 때, 우리는 행복을 표현하는 방식으로 움직이게 된다. 노래가 유발하는 흥겨운 기분을 확대하는 식으로 긍정적 피드백이 반복된다.

행복한 음악과 즐거운 움직임 간에는 유사점이 굉장히 많다. 사람들이 행복하게 들린다고 묘사하는 노래는 흔히 템포가 빠르고 음조가 높으며 다소 요란하다. 그리고 밝은 느낌의 장조와 강력한 비트로 이루어진다. 사람들이 행복해 보인다고 묘사하는 움직임도 이러한 속성을 공유한다. 즐거운 움직임은 속도가 빠르고 동작이 크며 수직적이다. 행복은 통통 튀어 오르고 위쪽을 향해 활짝 피어난다. 즐거움으로 가득 찬 몸도 한껏 부풀어 올라 하늘을 향해 뛰어오른다. 다트머스 대학교Dartmouth College의 심리학자들과 음악학자들은 음악과 움직임의 관계를 연구하고자 피아노 선율과 애니메이션 공을 생성할 수 있는 컴퓨터 프로그램을 개발했다.[19] 통통 튀는 애니메이션 공에는 작은 눈이 달려 있었다. 참가자들은 공의 움직임 또는 피아노 선율로 각기 다른 감정을 나타내도록 지시받았다. 그들이 즐거움을 표현했을 때 생성한 멜로디는 공의 움직임과 같았다. 행복한 피아노 선율과 행복한 공 둘 다 일정하면서도 비교적 빠른 비트를 지녔는데, 음이 높거나 눈의 방향이 위로 향하는 식으로 나타났다. 또 참가자들은 음의 간격이나 튀어 오르는 공의 높이가 점점 더 벌어지는 식으로 행복을 표현했다. 트램펄린에서 점점 더 높이 뛰어오르는 아이나 전자 댄스 음악이 절정에 이를수록 흥에 취해 몸을 신나게 흔드는 사람과 흡사하다. 이런 식의 움직임은 즐거움을 유발할 수 있다. 세계 각지에서 실시된 일련의 실험에서, 인류학자들은 다양한 연령층을 대상으로 특정한 행동을 수행한 뒤 어떤 기분이 드는지 물어봤고, 동작마다 분노, 슬픔, 행복 등 각기 다른 감정이 담겼음을 알 수 있었다.[20] 특히 한 가지 동작 패턴은 특정 감정을 드러내는 데 탁월한 효과가 있었다. 즐거움을 상징하는 이 동작은 색종이 조각을 공중으로 확 뿌리듯 두 팔을 위로 뻗치면서 가슴을 활짝 펴고 하늘을 쳐다보는 것이다.

다트머스 대학 연구진이 실시한 연구에서, 캄보디아의 고립된 마을 주민들도 미국 학생들과 비슷한 양상으로 '행복한' 노래와 '행복한' 애니메이션을 생성했다. 결국 즐거움은 어디서나 소리와 동작이 비슷하다는 사실을 알 수 있다. 세계 각지의 민속춤과 그 춤에 동반되는 음악은 이러한 즐거운 속성을 공유한다. ('기쁨에 도취됐다'는 뜻의) 방그라Bhangra는 인도 펀자브 지방의 민속춤으로, 팔짝팔짝 뛰면서 손뼉을 치고 발을 차면서 팔을 위로 뻗는 동작이 특징이다. ("우리에게 기쁨을 주소서"라는 뜻의) '하바 나길라Hava Nagila'는 이스라엘의 포크송으로, 댄서들이 동그랗게 둘러선 채 가볍고 빠르게 뛰면서 두 팔을 앞으로 내밀거나 위로 치켜든다. 손뼉을 치면서 노래를 따라 부르기도 한다. 이러한 춤들은 행복이 어떤 느낌인지, 우리가 그 행복을 어떻게 드러내는지 제대로 포착해서 보여준다. 다양한 춤과 그 춤에 수반되는 음악이 오래도록 보존되는 이유는 그것들이 문화유산일 뿐만 아니라 기쁨을 효과적으로 표현하는 수단이기 때문이다. 1922년에 영국의 인류학자인 A. R. 래드클리프-브라운은 이렇게 말했다. "개개인은 소리치거나 뛰어오르면서 즐거움을 표현한다. 사회 집단은 점프를 춤으로, 외침을 노래로 승화시킨다."[21]

행복을 표현할 의도로 제작된 애니메이션 공 비디오를 처음 봤을 때, 문득 케냐 마사이 전사들의 도약 춤이 떠올랐다.[22] 그들의 춤 의식에서는 동그랗게 둘러선 젊은이들 중 한두 명이 가운데로 가서 자신의 도약 실력을 과시한다. 제자리에서 최대한 높이, 최대한 우아하게 뛰어올라야 좋은 점수를 받는다. 둘러선 사람들은 그 모습을 지켜보면서 노래를 부르는데, 도약 높이에 상응해 음과 성량을 높인다. 원래 경쟁 구도에서 진행되는 의식이지만, 때로는 중앙에서 도약하는 젊은이의 씩씩한 기운에 동화되어 경쟁심을 잊고 다 같이 노래를 부르며 팔짝팔짝 뛰어오르기도 한다. 그 모습을 보고 있으면, '그래, 저게 바로 즐거움의 모습이야'라는 생각이 절로 든다.

나는 뉴욕시 링컨 센터에 있는 줄리아드 스쿨Julliard School의 댄스 수업에서 미리암을 처음 만났다. 일흔다섯 살의 미리암은 은퇴한 컴퓨터 전문가이자 아홉 명의 손주를 둔 할머니이다. 이 수업에 참여하는 대다수 노인처럼 미리암도 파킨슨병을 앓았다. 2015년 9월에 진단을 받았지만, 생각해보면 그해 봄에 이미 증상이 비쳤다. 맨해튼의 한 동네인 첼시로 도보 여행을 떠났을 때였다. 미리암은 그날따라 일행에게서 자꾸만 뒤처졌다. 당시엔 몸도 피곤하고 날씨도 예상보다 더웠기 때문이라고 생각했지만, 지금 와서 생각하니 운동느림증bradykinesia 탓이었다. 운동느림증은 움직임이 작아지면서 속도가 느려지는 현상으로, 파킨슨병의 초기 증상 중 하나다. 몇 달 뒤 찾아간 딸네 집에서 미리암은 이런 소리를 들었다. "엄마, 무슨 일 있어요? 저번에 봤을 때보다 10년은 더 늙어 보여요."

미리암의 주치의는 병의 진행을 늦추려면 움직이는 게 최고라면서 하루 두 시간씩 운동하라고 권했다. "움직이기만 한다면 종류는 상관없습니다." 미리암은 의사의 권고를 듣고 나서 YMCA에 다니기 시작했다. 한번은 유연체조 시간에 강사가 고장 난 에어컨 문제로 잠시 자리를 비우게 되었다. 강사는 음악을 켜둔 채 교실을 나서면서 수강생들에게 계속 움직이라고 지시했다. 스피커에서 브로드웨이 뮤지컬 고전인 'Don't Cry For Me, Argentina(나 때문에 울지 말아요, 아르헨티나)'가 흘러나오자, 미리암은 노래를 따라 부르기 시작했다. 그러자 놀랍게도 동작을 취하는 게 쉬워졌다. "'이번엔 발을 왼쪽으로 움직여야 해'라고 생각하지 않았는데 나도 모르게 그렇게 움직였다니까."

미리암은 건강 박람회에 갔다가 '파킨슨병 환자를 위한 댄스 프로그램Dance for PD'이 있다는 얘기를 듣고 다음날 바로 등록했다. 피아니스트가 연주하는 뮤지컬 영화 〈웨스트사이드 스토리West Side Story〉의 음악을 듣는 순간, 미리암은 그 수업에 빠져들겠구나 하고 직감했다. 실제로 수업을 받으며 미리암은 몸이 가벼워진 느낌을 받았다. 움직임이 어설프거나 불안하지 않고 능숙하고 우아했다. 음악에 맞춰 몸이 반응하니까 동작에 자신감이 붙었다. "음악이 내 감각을 일깨워줘." 미리암이 확신에 찬 목소리로 말했다.

나는 6월의 어느 화창한 오후에 줄리아드에서 진행되는 파킨슨병 환자를 위한 댄스 수업에 참여했다. 매끄러운 댄스 플로어에는 플라스틱 의자 네 줄이 동심원을 그리며 놓여 있고, 한쪽 구석에는 피아노가 있었다. 참가자는 도착하는 대로 보행기나 지팡이를 발레바ballet bar 아래에 세워놓고 의자에 앉거나 휠체어를 밀어 동심원을 그리며 놓인 의자들 중 하나를 골라 자리를 잡았다. 맨발이나 양말만 신은 채 춤을 추려고 신발을 벗는 사람이 많았다. 신나는 피아노 반주와 함께 수업이 시작되었다.

강사인 줄리 워든Julie Worden은 마크 모리스 댄스 그룹Mark Morris Dance Group에서 18년 동안 활동한 전문 댄서이다. 워든은 무용단이 공연 전에 긴장을 풀고자 취하는 준비 동작으로 우리를 이끌었다. 우리는 얼굴을 이리저리 움직이면서 뺨과 입과 이마와 눈 근육을 풀었다. 소리도 내질렀다. 그러자 마음이 한결 가벼워졌다. 우리는 자리에 앉은 채로 'Amazing Grace(놀라운 은총)'를 콧소리로 따라 불렀다. "음악에 푹 젖어 보세요." 워든이 말했다.

우리는 유명한 안무가인 마크 모리스의 군무를 수정된 형태로 배웠다. 워든은 각 부분의 뉘앙스를 설명하면서 음악과 감정에 도취된 표현력을 강조했다. 우리는 의자에 앉아서 한 발을 왼쪽으로 길게 뻗었다. 무대에서 훌쩍 뛰어오르는 대신에 발끝을 길고 뾰족하게 세웠다. 그래도 우리의 동작은 여느 댄서들 못지않게 멋지고 우아했다. 워든은 우리에게 숙련된 댄서의 우아한 뽀르 드 브라port de bras(팔의 움직임 또는 팔을 정확히 움직이는 발레 기술)처럼 손가락 끝까지 신경 쓰라고 주문했다. 준비 운동이 끝나자 가능한 사람은 자리에서 일어섰다. 의자 주변에서 차차차를 추자 피아니스트가 템포를 바꿨다. "음악을 따라가세요!" 워든이 우리를 격려했다.

우리는 몸을 음악에 내맡겼다. 스텝이 빨라지다가 느려졌다. 엉덩이가 빠르고 경쾌하게 씰룩거리다 부드럽고 섹시하게 흔들렸다.

잠시 후, 보조원들의 도움을 받아 의자를 모두 빼고 댄스 플로어 전체를 활용했다. 우리는 팔을 휘휘 돌리며 성큼성큼 걸었다. 나는 사람들의 변화된 움직임을 홀린 듯 바라봤다. 무용실에 처음 도착했을 때와 비교하면 완전히 딴사람들 같았다. 느릿하고 조심스럽던 걸음이 빠르고 경쾌하게 바뀌었다. 피아노 반주가 시작되기 전까지 그들의 몸은 태엽이 덜 감긴 장난감 같았다. 하지만 지금은 스프링이 단단히 조여져 어디든 씩씩하게 갈 수 있을 듯했다.

마지막엔 '그랜드 라이트 앤 래프트grand right and left'라는 스퀘어 댄스를 추었다. 우리는 두 개의 동심원을 이루고 서로 반대 방향으로 돌면서 마주치는 사람과 웃으며 손을 잡았다. 때로는 미학적 요소보다 실용성에 초점을 맞춰야 했다. 돌면서 인사하는 데 걸리는 시간이 사람마다 달라서 속도가 점점 느려졌다. 휠체어를 움직이지 못하는 사람들을 위해 건너뛰기도 했다. 한 보조원은 노부인이 마주치는 사람과 눈을 맞추며 악수할 수 있도록 내내 팔을 붙잡아주었다. 수업에 참가한 모든 사람이 돌아가면서 인사를 나누었다. 수업 전체가 결국 이 순간을 위한 전주곡 같았다.

파킨슨병 환자들을 위한 댄스 수업에 참가하고 몇 달 뒤, 음악의 신경과학에 대해 깊이 생각하는데 문득 그때 추었던 '그랜드 라이트 앤 래프트' 스퀘어 댄스가 떠올랐다. 반대 방향으로 돌면서 마주친 사람들이 어떻게 웃으며 손을 잡았는지 생각했다. 움직임은 말과 얼굴 표정, 몸짓 등 가장 기본적인 형태의 자기표현을 위해 필요하다. 몸은 생각과 느낌, 욕구 등 내부에서 이뤄지는 일을 남들이 보고 이해할 수 있도록 전달하는 수단이다.

파킨슨병의 가장 두드러진 증상으로 느릿한 걸음걸이와 떨림을 들 수 있다. 감정을 표현하는 능력에 이상이 생기는 등 좀 더 미묘한 변화가 올 수도 있다. 얼굴 표정은 걷기나 뛰기처럼 여러 근육의 조정에 따라 달라진다. 환하게 웃으려면 입꼬리를 올리고 눈가에 잔주름을 짓고 뺨을 올리는 등 열 개 넘는 근육을 동원해야 한다. 파킨슨병에 걸리면 이러한 근육도 자유롭게 움직이지 못하므로 표정감소facial masking(무표정증이라고도 함)라는 증상이 생긴다. 그러면 얼굴에 석고를 바른 듯 감정을 제대로 드러내지 못하고 상대방에게 시종일관 살짝 불만스러운 인상을 안기게 된다. 때로는 무관심하거나 당혹스러워한다고 오해받기도 한다.[23] 그래서 파킨슨병에 걸린 사람은 덜 똑똑하고 덜 행복하고 덜 매력적으로 보인다.

사람은 속내를 겉으로 드러내기 위해 얼굴 근육을 계속 움직여야 한다. 파킨슨병 때문에 근육이 마비되면 표정이 없어진다. 이때 음악이 파킨슨병 환자를 더 쉽게 걷도록 도와줄 수 있듯이, 감정을 표현하고 사람들과 교류하게 해주는 근육도 소생시킬 수 있다. 음악이 순간적으로 얼굴 표정을 유발하는 것이다. 즐거운 음악을 들으면 입꼬리가 저절로 올라간다.[24] 웃을 때 입꼬리를 뺨 쪽으로 들어 올리는 근육인 큰광대근이 반사적으로 수축하기 때문이다. 의사가 당신의 무릎 뼈를 툭 치면 다리가 올라가는 이치와 비슷하다.

표정이 이렇게 순간적으로 드러나는 건 부분적으로 음악에 실린 감정이 곧바로 전염되기 때문이다. 음악은 뇌의 거울 뉴런계mirror neuron system를 활성화시키는데, 이 거울 뉴런계가 사람들의 생각과 기분을 인지하고 이해하도록 돕는다. 거울 뉴런은 소리와 목소리, 표정과 몸짓에 실린 감정을 지각하고 부호화한다. 아울러 우리가 사람들과 교류하고 싶어 할 때 무의식적으로 다른 사람을 흉내 내게 한다. 누가 당신을 보고 씩 웃으면 당신도 씩 웃는다. 옆에서 누가 깔깔거리면 당신도 덩달아 크게 웃는다. 또 맞잡은 손에 힘을 주거나 따뜻한 포옹을 다정하게 받아들인다. 그런데 파킨슨병에 걸리면 감정 표현과 마찬가지로 순간적인 흉내도 어렵다. 이는 사회적 연결을 방해하는 또 다른 장벽이다. 음악과 춤은 이러한 장벽을 깨뜨리는 데 도움을 준다. 독일 프라이부르크에서 2011년 실시한 연구에 따르면, 파킨슨병 환자들이 주간 댄스 클래스를 통해 표정 감소가 완화되고 감정 표현이 증가했다.[25]

내가 줄리아드에서 참여했던 댄스 수업은 다 같이 동그랗게 서서 손에 손을 잡는 것으로 끝났다. 강사는 우리가 "즐거움을 전달하는" 식으로 수업을 끝맺을 거라고 설명하며, 한 사람씩 몸짓이나 표정, 소리 등으로 기쁨을 표현한 후, 오른쪽 사람에게 자신의 즐거움을 전하라고 했다. 각자의 즐거움이 옆으로, 옆으로 전달되면서 사람들의 얼굴엔 환한 미소가 번졌다. 우리는 '꺄악' 하고 소리를 지르고 키스를 날리고 팔을 들어 올렸다. 고개를 들어 올리고 손뼉을 치고 어깨춤을 추었다. 내 차례가 됐을 때, 나는 강아지가 꼬리를 흔들듯 엉덩이를 흔들었다. 다들 흥겹게 웃었다. 참가자가 어떤 식으로 즐거움을 표현하든 모두 뜨겁게 호응해주었다. 전부 자기표현을 한 뒤, 우리는 고개를 숙여 인사하면서 서로에게 감사와 존경을 표했다.

그날 오후, 우리는 즐거움을 느낄 뿐만 아니라 보여주고 공유하기까지 했다. 그것은 음악이 선사한 가장 심오한 선물이었다. 음악은 우리를 느끼고 표현하고 교류하게 하는 에너지원이었다. 피아노 선율은 신경계를 구성하는 뉴런에 불을 붙여 잠자던 근섬유를 활활 타오르게 했다. 뻣뻣하던 근육이 풀려서 즐거움이 겉으로 드러났다. 때로는 온몸을 흔들거나 고개를 들거나 두 팔을 하늘로 번쩍 드는 식으로 표출되었다. 때로는 입꼬리를 살짝 올리는 식으로 좀 더 미묘하게 드러났다.

춤에 대한 내 열정은 외가 쪽에서 물려받았다. 외할아버지는 2차 세계 대전에 참전하셨는데, 처음엔 프랑스에서 복무했고 다음엔 독일로 옮겨갔다. 그 뒤로, 체코슬로바키아에서 복무하다 일본으로 전출되길 기다리는데 전쟁이 끝났다. 할아버지는 고향에 돌아온 후 목사가 되려고 신학 대학에 들어갈까 생각했지만 결국 미 우편국U.S. Postal Service에 입사해 밤마다 필라델피아와 뉴욕시를 오가며 우편물을 수송했다. 할아버지는 한 가지 이유 때문에 그렇게 결정했다고 입버릇처럼 말했다. 토미 도르시Tommy Dorsey와 지미 도르시Jimmy Dorsey 형제가 이끄는 대형 밴드의 음악에 맞춰 춤추는 걸 포기할 수 없었기 때문이다.

1946년 12월, 할아버지는 필라델피아의 바그너 무도회장에서 할머니를 만났다. 혼자 서 있는 할머니에게 다가가 어디에 서 있으면 춤 신청을 받을 수 있는지 알려주었다. 할머니는 할아버지의 조언을 받아들였고, 그날 밤 여러 귀환병과 지르박을 추었다. 할아버지는 내내 외면하다가 마지막 곡이 연주되자 할머니에게 춤을 신청했다. 두 분은 어빙 벌린Irving Berlin의 'Always(언제까지나)'에 맞춰 폭스트롯fox trot(4분의 4박자 곡으로 추는 사교댄스)을 추었다. 할아버지는 브로드가街 지하철역까지 할머니를 바래다주면서 다음 주말에 무도회장에서 또 만날 수 있느냐고 물었다.

무도회장에서 처음 만난 두 분은 결국 결혼했다. 결혼 생활의 하이라이트 중 하나는 필라델피아 우체국 직원들을 위해 해마다 열리는 만찬 파티였다. 할아버지는 1960년도에 열렸던 파티를 이야기할 때마다 생기가 넘쳤다. 처비 체커Chubby Checker의 'The Twist(트위스트)'에 맞춰 생소한 트위스트를 춘 용감한 직원은 자기뿐이었다고 자랑했다. 할아버지는 내 어머니와 삼촌을 키우면서 두 가지 일을 병행했다. 오후 네 시에서 자정까지는 우체국에서 우편물을 분류하고, 새벽 한 시부터 다섯 시까지는 신문을 배달했다. 우체국으로 출근하러 가기 전에 할아버지는 거실 바닥에 등을 대고 누워 있곤 했다. 그때마다 머리를 스테레오에 바싹 대고서 제일 좋아하는 음반에 귀를 기울였다. 학교에서 돌아온 내 어머니는 그런 할아버지를 보고 낮잠을 즐긴다고 생각했는데, 나이를 먹은 뒤에야 그게 만성 두통을 다스리기 위한 방법임을 알았다. 음악이 할아버지의 두통을 가라앉혀주었던 것이다.

은퇴한 뒤, 할아버지는 할머니와 함께 필라델피아 북동부를 떠나 뉴저지주 레저타운의 단층집으로 이사했고, 이곳에서 은퇴자 커뮤니티의 회장을 맡아 매달 열리는 무도회를 주관했다. 할아버지가 음악을 고르는 동안 할머니는 중고품 가게를 돌면서 무도회에 입고 갈 옷을 골랐다. 몇 년 뒤, 할머니가 고관절 교체 수술의 합병증으로 혼자서는 움직일 수 없게 되면서 할아버지는 커뮤니티 회장 자리를 내놨다.

2007년에 할머니가 떠난 뒤로 할아버지의 심장은 많이 약해졌다. 걷는 것도 갈수록 힘들어져 할아버지는 주로 집에만 머물렀고, 늘 같은 의자에 앉아 있었다. 하루는 우편물을 수거하려고 집 밖으로 나오다 미끄러졌는데, 이웃 사람이 발견할 때까지 내내 쓰러져 있었다. 할아버지는 일요일마다 미사에 참석했다. 그런데 신도석에서 신부님 앞까지 걸어가는 게 매번 고역이었다. 영성체를 받으러 가다가 넘어질까 봐 불안했던 것이다. 심장병과 신부전으로 병원에 실려간 적도 세 번이나 됐다. 그때마다 우리 가족은 마음의 준비를 하라는 소리를 들었고, 어머니는 할아버지에게 종부성사를 해드리려고 신부님을 병원으로 모셔왔다. 하지만 할아버지의 심장은 멈추지 않았다. 그때마다 할아버지는 이렇게 말했다. "하나님이 아직은 나를 데려가고 싶지 않으신가 보구나."

할아버지가 세 번째로 병원에서 퇴원하고 2주쯤 지났을 무렵, 어머니는 피들, 밴조, 기타, 만돌린, 베이스, 5줄 밴조 등 현악기만으로 구성된 밴드인 필라델피아 현악대string band가 은퇴자 커뮤니티에

움직임의 힘

서 공연할 거라는 소식을 들었다. 할아버지에게 공연에 가고 싶으냐고 묻자 선뜻 그렇다고 대답했다. 공연은 할아버지가 무도회를 주최했던 곳에서 열렸다. 휠체어를 한사코 마다하고 보행 보조기를 짚고 가겠다는 할아버지 때문에 어머니는 걱정이 이만저만이 아니었다. 혹시라도 넘어지면 더 이상 가망이 없을 것 같았기 때문이다.

현악대는 할아버지가 잘 아는 곡을 다수 연주하면서 관객에게 노래를 따라 부르라고 청했다. 그때 어머니는 할아버지의 얼굴에서 변화를 감지했다. "네 할아버지는 아무리 아파도 말로 표현하지 않으셨단다. 하지만 얼굴은 늘 찌푸려 있었어." 그런데 노래를 따라 부를 때 할아버지의 표정이 활짝 펴졌다. 현악대가 유명한 행진곡을 연주하자 할아버지가 느닷없이 자리에서 일어났다. 그리고 보행 보조기를 짚지도 않고 복도 쪽으로 걸어갔다. 놀란 어머니를 아랑곳하지 않고 할아버지는 행진을 이끄는 광대처럼 거들먹거리며 걷기 시작했다. 노인들이 하나둘 뒤를 따르면서 복도는 금세 사람들로 가득 찼다. 할아버지는 곡이 끝날 때까지 그들을 이끌었다. 어머니는 그 광경을 보면서도 믿을 수 없었다. "온몸이 덜덜 떨리고 심장이 벌렁벌렁 하더구나. 난 네 할아버지가 금세 쓰러질 거라고 생각했어. 어떻게 일으켜 세울지 막막해서 내내 마음을 졸였다니까."

하지만 할아버지는 곡이 끝나자 웃으면서 어머니 옆으로 돌아와 앉았다. 그리고 말없이 나머지 공연을 즐겼다. 그 뒤로 몇 달을 더 사셨지만 다시 춤을 추지는 않았다. 세월이 꽤 흘렀지만 어머니와 나는 여전히 그날의 일을 얘기하면서 신기해한다. 나는 그 모습을 직접 보진 않았지만 상상만으로도 즐겁다.

"어떤 노래였어요?" "할아버지는 어떤 모습이었죠?" "어떻게 그럴 수 있었을까요?" 거듭되는 내 질문에 어머니는 매번 똑같이 신기한 목소리로 반문한다. "글쎄다. 정말 어떻게 그럴 수 있었을까?" 나는 어머니의 떨리는 목소리에서 그날의 감격과 충격을 고스란히 느낄 수 있다. "음악이 네 할아버지의 꺼져가던 불씨를 살렸던 것 같아." 어머니가 한참 만에 말을 맺었다. "그 순간만큼은 생기가 돌았거든."

우리를 움직이게 하는 음악의 힘은 마술처럼 보일 수 있다. 기적을 일으키기 때문이다. 1991년 8월, 미 상원 노인 특별 분과 위원회 U.S. Senate Special Committee on Aging에 증인으로 참석한 신경과학자 올리버 색스는 복합 골절로 다리가 완전히 마비된 한 여성의 이야기를 들려주었다. [26] 의사들은 그녀의 다리 근육과 척수 간에 소통의 증거를 전혀 찾을 수 없었다. 그녀의 뇌가 다리를 느낄 수도, 통제할 수도 없다는 증거들뿐이었다. 그런데도 빠르고 경쾌한 춤곡인 '아이리시 지그 Irish jig'가 울리자 그녀의 발은 순간적으로 박자를 맞추었다. 의사들이 이 기이한 사례를 놓칠 리 없었다. 음악 치료를 통해 그녀는 다시 걷게 되었고 심지어 춤까지 출 수 있게 되었다.

음악은 사람의 심금을 울리고 가장 원초적인 본능을 자극한다. 1903년에 젊은 버지니아 울프 Virginia Woolf는 일기에 이렇게 썼다. "음악은 맑은 정신일 땐 깊이 잠들어 있는 야만적 본능을 휘저어놓는다. 당신은 수세기 동안 쌓아온 문명을 순식간에 잊고 미친 듯이 날

뛰게 하는 이상한 열정에 굴복하게 된다."[27]

몸이 반응하지 못하는 상태라 해도 움직인다는 느낌은 생생하다. 만성 통증에 시달리는 여성들을 대상으로 실시한 연구에서, 한 여성은 음악의 치료 효과를 이렇게 묘사했다. "소파에 누워 음악을 듣고 있으면, 정말 아무것도 안 하고 그냥 듣고만 있는데도 내 몸의 어느 부위가 어떤 식으로든 움직인다. 나는 내 몸 어딘가에서 씰룩거리는 근육을 느낄 수 있다. … 음악이 내 안으로 들어오는 것 같다. … 연주자가 하는 일을 내가 하는 것 같다. 플루트 소리를 들으면 내가 직접 플루트를 부는 것 같은 느낌이 내 몸에 전해진다."[28]

음악은 추억을 되살려주기도 한다. 특정 노래와 결부된 시간과 장소와 기분이 되살아나는 것이다. 한 여자가 비틀스를 처음 알게 된 열여섯 살 때 스키를 배웠던 이야기를 내게 들려주었다. 그녀는 슬로프를 내려오면서 비틀스의 여덟 번째 앨범인 〈서전트 페퍼스 론리 하트 클럽 밴드Sgt. Pepper's Lonely Hearts Club Band〉에 실린 노래를 흥얼거렸는데, 요즘도 그 노래를 들으면 그때 생각이 난다고 했다. 빠르게 회전하면서 슬로프를 내려오는 기술을 익혔을 때 신났던 기분이 어제 일처럼 생생하다고 했다. 엘비스 프레슬리 모창 가수인 조시 화이트Josh White는 미국 전역의 노인 요양 시설을 돌면서 공연한다. 그럴 때면 의사소통이 불가능한 사람들, 심지어 혼수상태로 누워 있던 사람들이 특정 노래를 듣고 생기를 되찾는 모습을 심심치 않게 목격한다. 그들은 눈을 뜨고 노래에 귀를 기울인다. 때로는 노래를 따라 부르기도 한다. 화이트는 "그분들은 말이죠, 다른 기억은 죄다 잊어버렸을지언정 즐겨 듣던 노래에 대한 추억만은 꼭 붙잡고 있습니다"라고 말했다.

음악에 취해 몸을 흔들 때, 우리는 몸속 신경계에 길을 낸다. 그래서 나중에 그 노래를 들으면, 예전에 낸 길을 따라 즐거운 기분이 다시 찾아오는 것이다. 내가 오늘 노래에 맞춰 춤을 춘다면, 즐거움의 근육 기억을 쌓아서 미래의 나에게 감동할 노래를 더 많이 선사하는 셈이 된다.

서른아홉 살의 버니 살저Bernie Salazar는 시카고에서 어린 딸을 키우며 살고 있다. 살저가 내게 딸과 둘이서 여는 댄스파티에 대해 들려주었다. 그의 딸은 퍼렐 윌리엄스의 'Happy'와 영화 〈씽Sing〉의 주제 음악인 'Shake It Off(다 떨쳐버려)'를 제일 좋아한다. "거실 천장에 우리를 비추는 전등이 있습니다. 우리가 춤추는 작은 공간은 환희가 넘치는 무대입니다. 현란한 디스코 조명이 없어도 더 없이 빛나는 무대입니다." 살저가 눈을 반짝이며 말을 이었다. "나는 마라톤을 세 번 뛰었고 하프 마라톤도 네 번이나 뛰었습니다. 하지만 딸아이와 함께 춤출 때만큼 가슴이 벅차오른 적은 한 번도 없습니다."

그의 딸은 살저에게 휴대폰을 내밀며 노래를 틀고 같이 춤추자고 요구하는 나이에 이르렀다. 그가 그만하자고 하면 매번 "더, 더, 더"라고 조른다. 최근엔 타겟Target 매장에서 춤을 추자고 했다. "식료품점에서 춤을 추자고 해도 상관없습니다. 신나게 흔들 수만 있다면 어디선들 못하겠습니까?"

살저가 나중에 떠올리고 싶은 기억은 바로 그런 순간이다. "혹자는 '아무데서나 그러면 안 되죠. 다른 사람들이 어떻게 생각하겠어요?'라고 말할 겁니다. 하지만 그들은 시간이 지나면 잊을 겁니다. 하지만 당신은 그렇게 하지 않으면 행복한 추억을 쌓을 기회를 놓치는 겁니다."

어머니는 할아버지와 할머니가 'Always'의 후렴구를 자주 흥얼거렸다고 했다. 두 분이 1946년에 처음 만났을 때 춤췄던 곡 말이다. 두 분은 노래를 흥얼거리며 그때를 추억했다. 이 글을 쓰면서 나는 그 노래를 찾아봤다. 프랭크 시나트라Frank Sinatra가 1947년에 녹음한 곡을 찾아내 야밤에 혼자 들었다. 처음으로 가사를 제대로 듣다 보니 두 분이 결혼에 골인한 게 전혀 놀랍지 않았다. 꼭 껴안고 그 노래에 맞춰 춤을 추면서 사랑에 빠지지 않을 사람이 어디 있겠는가? 어빙 벌린이 아내에게 주는 결혼 선물로 1925년에 그 곡을 썼다. 벌린은 아내에게 옆에 있겠다고, 하루나 1년이 아니라 언제까지나 옆에 있겠다고 약속한다. 할아버지와 할머니는 처음 그 노래에 맞춰 춤췄을 때, 남은 평생 벌린의 러브 스토리에 귀를 기울일 줄 미처 몰랐을 것이다.

나는 그 노래에 흠뻑 취해 곤히 잠든 남편을 흔들어 깨웠다. 그리고 남편의 가슴에 얼굴을 묻은 채 맨발로 춤을 추었다. 새로운 기억의 길을 내면서. 추억의 길을 밟으면서.

장애물

극복하기

캐시 메리필드Cathy Merrifield는 3.6미터 높이의 발판 끝에 서서 흙탕물 웅덩이를 뚫어져라 쳐다봤다. 마흔네 살에 '터프 머더Tough Mudder'라는 장애물 달리기 대회에 처음 출전했는데, 드디어 그녀가 뛰어내릴 차례였다. 벗겨지지 않도록 신발에 강력 접착테이프를 둘둘 감아놨다. 밑에서 안전 요원들이 대기하고 있었고, 먼저 뛰어내린 친구들과 낯선 사람들이 힘찬 응원을 보냈다. 남자 친구는 길가에 서서 그녀가 뛰는 모습을 포착하려고 카메라를 조준하고 있었다. 메리필드는 셋을 세면 뛰겠다고 친구와 약속했었다. 하지만 친구가 '하나 둘 셋'을 외쳤는데도 그녀의 다리는 꿈쩍하지 않았다. 밑에서 올려다볼 때보다 훨씬 더 높은 것 같았다. 속이 울렁거렸다. 그러고 보니 아까부터 제대로 숨도 쉬지 못했다. 가장 두려워하던 장애물을 마주하자 도무지 발이 떨어지지 않았다.

메리필드는 여덟 살 때 어머니 손에 이끌려 동네에 있는 YMCA

수영장에 갔다. 하루는 하이 다이빙을 연습하려고 아이들이 길게 줄을 섰다. 차례가 왔지만, 어린 메리필드는 너무 무서워서 뛰어내리지 못하고 다이빙대에서 바들바들 떨었다. 결국 도로 내려가려고 돌아섰다. 그런데 수영 강사가 사다리를 올라오더니 그녀의 앞길을 막으며 다이빙대로 가서 뛰라고 지시했다. 하는 수 없이 메리필드는 다이빙대에서 뛰어내렸다. 그런데 첨벙 빠지는 순간 물이 기도로 밀려들었다. 거의 40년 전에 벌어진 일이지만, 메리필드는 그때의 공포를 잊을 수가 없다. "그날의 기억이 지금도 생생해요. 벌벌 떨면서 속으로 생각했죠. '이걸 해야 해. 다른 선택이 없잖아. 사다리를 타고 내려갈 수 없어. 하고 싶지 않지만 그래도 해야 해.'"

터프 머더 발판에 서 있는 지금, 메리필드에겐 결말을 다시 쓸 기회가 생겼다. 이번엔 뛸지 말지에 대한 결정이 전적으로 그녀에게 달렸다. 메리필드는 코를 붙잡고 눈을 질끈 감은 채 훌쩍 뛰어내렸다.

사람들은 용기를 묘사할 때 흔히 우리가 취하는 동작에 빗대어 말한다. 우리는 장애물을 극복하고 장벽을 깨부수고 불구덩이에 뛰어든다. 우리는 무거운 짐을 짊어지고 도움의 손길을 붙잡고서 불끈 일어난다. 용맹함과 회복력을 얘기할 때 우리가 흔히 언급하는 표현이다. 역경에 처하거나 무기력하다고 느낄 때 이런 표현은 우리에게 이겨낼 수 있다는 자신감을 심어준다. 때로는 진짜로 산을 오르거나 혼자서 어려움을 극복하거나 여럿이서 무거운 짐을 날라야 우리에게 이러한 자질이 있음을 알아차리기도 한다. 정신은 본래 육체적 행동을 통해서 의미를 찾는다. 움직임의 비유적 의미를 받아들일 때, 우리에게 있는 힘과 우리에게 다가오는 도움의 손길을 제대로 감지할 수 있다.

사람들은 타고난 이야기꾼이기도 하다. 우리가 들려주는 이야기는 우리 자신과 세상에 대해 생각하는 방식을 결정한다. 그런데 움직임을 통해서 가슴속 깊이 간직해온 이야기를 바꿀 수 있다. 진흙탕 웅덩이에 뛰어들든, 물구나무 서는 법을 배우든, 생각지도 못했던 무게를 들어 올리든 간에 육체적 성과는 당신 자신과 당신이 할 수 있는 것에 대한 생각을 송두리째 바꿀 수 있다. 그러한 돌파구가 얼마나 엄청난 결과를 초래하는지는 아무도 모른다. 아랄리야 밍 세네라트Araliya Ming Senerat는 이십대 초반에 우울증을 앓았다. 도시에서 홀로 떨어져 지내다 보니 친구들과 가족을 통 만나지 못했고, 하는 일도 썩 탐탁지 않았다. 결국 스스로 목숨을 끊기로 마음먹었다. 결심을 실행하기로 한 날, 마지막으로 땀이나 쭉 빼고 죽자 싶어서 헬스클럽에 갔다. 그날따라 데드리프트로 185파운드(약 84킬로그램)를 들어 올렸다. 최고 기록이었다. 바벨을 내려놓는 순간, 죽고 싶다는 생각이 싹 사라졌다. 오히려 새로운 목표가 생겼다. "내가 얼마까지 들어 올릴 수 있는지 확인해 보고 싶어."

5년이 지난 지금, 세네라트는 데드리프트로 300파운드(약 136킬로그램)를 들어 올린다.

터프 머더는 "지구상에서 가장 힘든 이벤트"로 묘사되는 10마일(약 16킬로미터) 장애물 달리기 대회다. 대회에 참가했던 한 심리학과 학생이 극찬을 하면서 나한테도 꼭 나가보라고 권했다. 진짜로 나간다면 할인 코드를 알려주겠다고 했다. 나는 일단 인터넷에서 터프 머더 코스를 찾아봤다. 보아뱀처럼 길고 비좁은 파이프 터널 통과 Boa Constrictor, 참호전 Trench Warfare, 지옥으로 가는 사다리 Ladder to Hell 같은 장애물 사진이 잔뜩 나왔다. 대뜸 '세상에, 죽었다 깨어나도 저런 건 못하겠다' 싶었다. 최루 가스가 가득 찬 터널을 통과하고 불타오르는 미끄럼틀을 내려오는 터프 머더 코스에 대한 첫 인상은 매조키스트를 위한 정글짐 같았다. 그들은 강인함을 증명하고자 뭐든 불사할 테니까. 나만 이렇게 생각하는 건 아니었다. 저널리스트 리지 웨디콤 Lizzie Widdicombe은 이 코스를 소년들의 통과 의례에 비유했다. "사내 녀석들은 장갑에 불개미를 잔뜩 집어넣은 채 비명을 지르지 않고 몇 분간 참아내면 어른이 됐다고 친다."[1]

하지만 여러 기사를 읽어보고 완주한 사람들도 만나보니 전혀 다른 이야기가 나왔다. 그들은 장애물을 극복하면서 새로운 사실을 발견하고 역량을 강화했으며, 해방감을 맛봤다고 했다. 장애물 코스를 하나씩 통과하면서 자신을 새롭게 정립했던 것이다.

장애물 코스에서 벌어지는 일을 자세히 알아보고자 나는 회사의 수석 장애물 디자이너인 놀란 콤볼 Nolan Kombol에게 연락했다. 콤

콤볼은 워싱턴주 이넘클로 인근에 있는 한 농장에서 자랐다. 농장 주변에는 소가 도망가지 못하도록 전기 울타리가 쳐져 있었다. 콤볼은 당시 맛봤던 전기 충격을 바탕으로 터프 머더에서 가장 악명 높은 전기충격 요법Electroshock Therapy 장애물을 디자인했다.[2] 콤볼의 디자인 팀은 새로운 장애물을 고안할 때 "사람들을 어떻게 하면 다치게 할 수 있을까?"라고 묻지 않는다. 그들의 목표는 사람들이 나중에 떠벌리고 싶어 하는 이야기를 고안하는 것이다. 겉으로는 "난 전깃줄이 줄줄이 늘어진 장애물을 통과했어"라고 말하겠지만, 속으로는 "난 내가 할 수 있을 거라고 생각지도 못한 일을 해냈어"라고 자랑하는 것이다.

장애물 디자이너들은 밀폐 공간, 각종 오염물질, 아찔한 높이, 어둠 등 일반적인 공포증을 활용한다. 각 장애물은 사람들이 통과할 때 용기가 필요할 만큼 충분히 무서워야 한다. 디자인 팀은 공포감terror과 혐오감horror의 차이를 일찍이 파악했다. 공포감은 예상되는 두려움이다. 뭔가 끔찍한 일이 벌어질 거라고 기대하는 것이다. 반면에 혐오감은 끔찍한 일을 실제로 경험하는 것이다. 터프 머더의 디자이너들은 높은 공포감과 낮은 혐오감을 유발하는 장애물을 설계하고자 노력한다. 그렇다면 2011년 펜실베이니아주 레이스에서 선보인 한 장애물은 완전한 실패였다. 일반적으로 매운 고추보다 열 배나 더 맵다는 하바네로 고추를 먹는 도전이었다. 디자인 팀은 참가자들이 고추를 먹기 전에 주저하고 나중에 레이스를 마친 뒤에 '난 어마어마하게 매운 고추를 먹어봤어!'라는 이야기를 떠벌릴 거라고 예상했다. 하지만 실전에서 사람들은 고추를 앞에 두고 생각할 겨를도 없이 입에 넣었다. 얼마나 매울지 따져보지도 않고 그냥 입에 넣고 계속 달렸던 것이다. "공포감은 굉장히 낮았고 혐오감은 극도로 높았습니다."

디자인 팀은 그때 얻는 실패를 거울삼아 공포감을 높이고 혐오감을 낮출 방법을 찾으려고 노력한다. 아울러 새로운 장애물이 나오면 반드시 직원들에게 먼저 테스트해본다. 직원들은 새로운 도전을 앞에 두고 하기 전과 하고 나서 두려움의 정도를 평가한다. 그들은 공포감을 승리감으로 바꿔놓을 경험을 물색한다. 그래야 영웅이 된 듯한 기분을 맛볼 수 있으니 말이다.

3.6미터 높이의 발판 위에서 뛸지 말지 고민할 때, 캐시 메리필드는 터프 머더 장애물에서 가장 중요한 측면 중 하나인 결정 지점decision point에 직면해 있었다. 콤볼의 디자인 팀은 "맙소사! 내가 정말 이걸 하려는 거야!"라는 탄성이 절로 터져 나오게 하려고 애쓴다. 그들은 참가자들이 잠시 멈추고 뭘 하려는 것인지 생각하길 바란다. 로스앤젤레스에서 개인 트레이너로 활동하는 빅터 리베라Victor Rivera는 처음 참가한 터프 머더 대회에서 얼음물 속으로 잠수해 통과하는 장애물Arctic Enema을 앞에 두고 생각했다. '그냥 옆으로 비켜가도 돼. 아무도 너한테 이 안으로 뛰어들라고 강요하지 않아.'

리베라는 얼음 구덩이를 건너뛸까 했는데, 문득 장애물 코스가 인생 여정을 나타낸다는 생각이 들었다. 그래서 비켜간 다음 후회

하는 것보다 자신의 한계를 시험해보기로 결심했다. "인생에도 샛길이 많잖아요. 난관에 부딪쳤을 때, 목표를 향해 꿋꿋하게 나아갈 수도, 포기하고 옆길로 샐 수도 있죠." 리베라가 내게 말했다. "그 뒤로 20분 동안 꽁꽁 언 상태로 달려야 했지만 얼음 구덩이에 과감하게 뛰어들어서 무척 기뻤습니다. 그러한 도전 덕분에 저는 바벨을 들어 올릴 때나 학업을 이어갈 때, 심지어 육아에서도 뒤로 물러서지 않습니다. 한계에 부딪쳤다고 느낄 때마다 이겨낼 수 있다는 용기가 불끈 솟아납니다."

대회 참가자들이 가장 머뭇거리는 장애물로는 전기충격 요법 코스를 꼽을 수 있다. 가로 6미터, 세로 12미터의 진흙 구덩이에 전깃줄이 줄줄이 드리워 있고, 1만 볼트의 전기가 1분당 30번씩 전선을 통과한다. 툭 터진 공간에 설치되어 있다 보니, 참가자들은 이곳을 통과하는 사람들이 찌릿찌릿한 전기에 감전되는 모습을 생생하게 볼 수 있다. 참가자들은 대부분 한동안 멈춰 서서 지켜보다 네모난 구덩이 안으로 뛰어든다. 콤볼이 내게 말했다. "코스를 통과할지 말지 주저하는 모습이 보입니다. 막판에 넘어야 할 산이 너무 높아 엄두가 안 나는 거죠."

대다수 참가자에게, 터프 머더의 경험은 육체적 장벽이라기보다는 심리적 장벽에 가깝다. 이 역시 의도된 것이다. "우리가 의도한 바는, 사람들이 '터프 머더에 참여했더니 글쎄 전깃줄을 통과하라지 뭐야'라고 말하는 게 아니라, '난 이 장애물을 앞에 두고 하고 싶은지 아닌지 고민했어'라고 말하는 것입니다. 할지 말지 선택은 전적으로 참가자 자신에게 달려 있습니다."

수년 동안 전기충격 요법은 코스의 마지막 장애물이었다. 이 역시 참가자들의 기억에 오래 남도록 의도된 것이었다. 이 장애물을 통과한 사람들은 진짜로 찌릿찌릿한 전류를 온몸으로 감내한다. 그렇다면 영웅으로 거듭나기 위한 마지막 장애물로 왜 굳이 이것을 꼽았을까? 이 점을 곰곰이 생각하다 문득 쥐를 대상으로 실시한 일련의 실험과 유사점이 있음을 깨달았다. 이러한 연구에서 실험자들은 쥐꼬리에 전극을 부착하거나 쥐를 가둔 상자 바닥에 전기 배선망electrified grid을 깔아서 쥐에게 전기충격을 가한다. 예상할 수도, 피할 수도 없는 방식으로 전기충격을 가하면, 우울증이나 불안감, 외상 후 스트레스 장애처럼 보이는 증상을 유발할 수 있다. 쥐는 잘 먹지도 않고 다른 쥐들과 어울리려 하지도 않는다. 그리고 갑작스러운 소음이나 위협 신호에 깜짝 놀라서 잔뜩 움츠러든다. 전기충격을 막기 위해 자신이 할 수 있는 게 없다고 배웠기 때문에 스트레스 상황을 개선하려고 노력하지도 않는다. 이런 현상을 '학습된 무기력learned helplessness'이라고 한다. 이런 쥐들은 물이 가득 찬 양동이에서도 발버둥치지 않고 금세 바닥으로 가라앉는다. 심리학자들은 이러한 반응을 '자포자기defeat response'라고 부른다.

하지만 전기충격을 가한다고 해서 다 무기력해지는 건 아니다.[3] 오히려 자신감이 붙거나 용감해지기도 한다. 전기충격의 심리적 효과를 뒤집는 비결은 쥐에게 통제 요소를 부여하는 것이다. 가령 어떤 실험에서는 꼬리에 전극이 부착된 쥐를 쳇바퀴에 올려놓는다.

실험자는 쥐에게 전기충격을 가하다 쥐가 쳇바퀴를 돌리면 멈춘다. 쥐는 새로운 충격을 막을 순 없지만 그 기간을 줄일 순 있다. 이런 쥐는 우울증에 걸리거나 정신적 외상에 시달리지 않는다.[4] 오히려 새로운 환경에서 더 용감하게 행동하고, 스트레스 상황에서 회복력도 더 높다.

연구진은 쥐들이 통제 가능한 전기충격을 통해 두려움을 다른 각도에서 바라보게 된다고 생각한다. 쥐가 배운 교훈은 "전기충격은 괜찮아"가 아니다. 심지어 "쳇바퀴를 돌리면 좋아"도 아니다. 쥐가 배운 교훈은 "난 뭔가를 할 수 있어"라는 점이다. 두려움은 꼼짝 못 하는 것이 아니라 뭐든 한다는 것을 뜻한다. 터프 머더 참가자들이 전기충격 요법 장애물을 통과하면서 배운 교훈은 "난 전기충격을 받는 게 너무 좋아"가 아니다. "난 고통을 이겨낼 수 있어"도 아니다. 그들이 배운 교훈은 바로 "난 용감해"라는 것이다. 캐시 메리필드가 3.6미터 발판 위에서 진흙 구덩이로 뛰어들고 나서 얻은 것도 바로 그 점이었다. "과감하게 행동하면, 당신의 한계를 뛰어넘을 정도로 과감하게 행동하면, 자신감이 생깁니다. 자신감이 생기면 두려움이 없어집니다. 다른 어려운 상황에서도 과감하게 행동할 수 있습니다. 당신은 한계 상황에서 과감하게 행동할 수 있습니까? 당신의 한계는 어디입니까? 자신감이 생기면, 한계가 어디인지 모른다고 답하게 될 겁니다."

터프 머더 장애물 중 상당수는 팀워크가 필요하다. 네스호 괴물

블록$^{Block Ness Monster}$을 넘어가려면, 풀장에서 여덟 명이 힘을 합쳐 거대한 블록을 돌려야 한다. 통나무 들기$^{Hold Your Wood}$에서 팀은 묵직한 통나무를 어깨에 메고 여러 관문을 지나야 한다. 이 장애물은 브라질 토착민이 수행하는 협동 통나무 레이스를 연상시킨다. 높다란 에베레스트^{Everest}는 식물성 기름이나 주방용 세제를 발라놓은 곡면 경사로이다. 경사로를 뛰어 넘으려면 먼저 넘어간 사람들이 위에서 손을 잡아줘야 한다.

초기 터프 머더 대회에서는 팀워크가 별로 필요하지 않았다. 참가자들이 예상치 못한 도전에 대처하고자 힘을 합치면서 점차 추가되었다. 수석 디자이너인 놀란 콤볼은 뉴저지주 대회에서 참가자들이 3미터 높이의 진흙 언덕을 넘어가려고 즉석에서 협력하는 모습을 처음 목격했다. 그날 아침에 비가 내려 진흙 언덕에 살얼음이 끼었는데, 너무 미끄러워 아무도 넘어가지 못했다. 참가자들은 너나없이 셔츠를 벗어 기다란 줄사다리를 만들었다. 나중에는 서로 얼싸안고 하이파이브를 하면서 더 나은 방법을 궁리했다. "정말 놀라운 광경이 펼쳐졌습니다. 그런 방법을 고안하리라고는 생각도 못 했거든요." 콤볼이 당시를 회상하며 말했다.

그날의 즉석 팀워크로 피라미드 방식이 탄생했다. 참가자들은 인간 사다리를 쌓으면서 한 사람씩 진흙 언덕을 올라갔다. 먼저 올라간 사람들 중 일부는 로프를 내려 다른 참가자가 올라오도록 도와주었다. 이로써 사람들은 힘을 합쳐 난관을 극복하는 걸 좋아한다는 사실이 드러났다. 게다가 이러한 팀워크 장애물은 참가자들의 다른 면도 이끌어낸다. "모르는 사람이라도 도움이 필요해 보이면, '내가 도와줄게요. 당신을 돕고 싶어요'라는 뜻으로 선뜻 손을 내밉니다. 도움을 받는 쪽은 고맙게 받아들입니다. 무척 의미심장한 광경이죠." 콤볼이 내게 말했다. "나는 이러한 장애물에서 사람들이 협력하는 모습을 몇 시간씩 지켜봅니다. 그들은 참으로 진지합니다. 전혀 허둥거리지 않고 정신을 바싹 차립니다. 시간이 지날수록 사람들의 집중력과 단결력은 더 높아집니다. 그들은 낯선 이들과의 교류를 갈망하는 것처럼 보입니다."

콤볼의 설명을 들으니, 사람들이 자연재해를 입은 후에 하는 이야기가 떠올랐다. 엄청난 재앙 앞에서 평범한 시민들이 낯선 이들을 도우면서 자신의 영웅적 면모를 드러낸다는 이야기 말이다. 그들은 곤경에 처한 사람들을 안전한 곳으로 옮겨놓고, 남은 사람들을 구조하러 위험한 현장으로 다시 돌아온다. 우리는 이러한 영웅담에 감동받으면서 문득 나도 그렇게 할 수 있을지 궁금해한다. '그런 상황에서 내가 예상치 못한 영웅으로 거듭날 수 있을까?'

낯선 이의 손을 잡아 언덕을 넘도록 선뜻 돕는 자신의 모습을 발견하면 참으로 의미 있겠다고 내가 말하자, 콤볼은 바로 수긍했다. 그러면서 도움을 받는 사람에게도 똑같이 중요하다는 말을 덧붙였다. 우리는 그런 사람이 존재한다고 믿으면서도 우리가 그런 사람이 될 수 있다는 사실은 애써 모른 척하며 살아간다.

스페인의 산 페드로 만리케San Pedro Manrique라는 작은 마을에 해마다 수천 명이 모여든다. 이유는 한 가지, 오밤중에 지역 주민들이

움직임의 힘

섭씨 677도로 이글거리는 숯불 위를 맨발로 걷는 모습을 구경하기 위해서다. 사람들은 도전자의 용기에 오싹 전율을 느낀다. 혼자서 불 위를 맨발로 걷는 것만으로도 충분히 고통스러울 텐데, 사랑하는 사람을 등에 업고 걷는다는 점에서 더욱 놀랍고 대단하. 도전자와 등에 업힌 사람이 불길을 다 걸어오면, 구경꾼들은 환호성을 지르고, 가족과 친구들은 달려와서 두 사람을 얼싸안는다.

이 의식을 조사한 연구진은 불 위를 걷는 사람과 업힌 사람의 표정을 각각 분석했다.[5] 불 위를 걷는 사람의 얼굴엔 불굴의 투지가 이글거린다. 물론 괴로움도 엿보인다. 하지만 등에 업힌 사람의 얼굴엔 행복한 감정만 드러난다. 우리가 터프 머더 같은 육체적 도전에 뛰어드는 이유는 물론 영웅으로 거듭날 기회를 잡고 싶어서다. 그런데 그보다는 덜하겠지만 어쩌면 구조될 기회를, 다른 사람에게 번쩍 들려서 옮겨질 기회를 잡고 싶기 때문일 수도 있다.

인간이 서로 돕는 유일한 종種은 아니다.[6] 병코돌고래는 아픈 돌고래가 있으면 그 돌고래 밑에서 헤엄치면서 수시로 물 위로 밀어 올려 숨 쉴 수 있게 도와준다. 세이셸 휘파람새들도 끈적거리는 씨앗들 사이에 끼어 꼼짝 못 하게 된 동료 새에게 몰려가 끈적거리는 씨앗을 날개에서 떼어준다. 흰개미 병사들의 공격으로 몸부림치다 사지가 떨어져 나간 개미는 군집의 다른 개미들의 도움으로 둥지로 안전하게 옮겨진다. 야생에서 이러한 도움은 늘 도와달라는 신호가 선행되어야 한다. 아픈 돌고래는 휘파람을 짧게 두 번 부른다. 아픈 휘파람새는 날카로운 비명을 지른다. 부상당한 개미는 페로몬을 방출해 고통을 알린다. 그런데 인간은 자신의 약점을 숨기거나 남의 일에 간섭하지 않는 성향이 강해서 때로는 이런 신호와 반응을 연습할 필요가 있다. "나 여기 있어요. 제발 좀 도와줘요." "나 여기 있어요. 내가 도와줄게요."

자연에서 이런 영웅적 구조 행위가 발생할 경우, 구조된 개체는 집단 전체에게 또는 구조한 개체에게 대단히 소중한 존재일 가능성이 크다. 그 개체가 개미든, 새든, 돌고래든 간에 중요하기 때문에 구조된 것이다. 중요한 존재라는 느낌. 어쩌면 이 역시 터프 머더 같은 행사를 통해 얻을 수 있는 즐거움일 것이다. 소셜 미디어에는 이런 글이 심심치 않게 올라온다. "난 줄줄이 늘어진 전깃줄을 통과했어!"

이런 자랑스러운 이야기 말고도 우리가 나중에 고마운 마음으로 기억해야 할 이야기가 한 가지 있다. "내가 도와달라고 손을 내밀었을 때 누군가가 힘껏 잡아줬어."

1800년대 초, 철학자 토머스 브라운Thomas Brown은 근육이 '감각 기관organ of sense'이며, 우리는 근육을 통해 우리 자신을 한 개체로 이해하게 된다고 주장했다.[7] 움직임과 근육의 수축을 통해 세상에 존재하고 또 세상과 교류하며 우리의 '자아self'를 실제로 감지한다는 것이다. 브라운은 거의 1세기 후에나 이뤄질 과학적 발견을 예측했다. 우리가 몸을 움직일 때마다 근육과 힘줄과 관절의 감각 수용기는 무슨 일이 벌어지는지에 관한 정보를 뇌에 보낸다. 그래서 눈을 감고 한 팔을 들어 올려도 우리는 위치 변화를 감지하고 팔의 위치를 알 수 있다. 굳이 보지 않아도 변화를 감지할 수 있다.

몸의 움직임을 인지하는 능력을 '고유수용감각固有受容性感覺, proprioception'이라고 부른다. 이 말은 '자기 자신'과 '파악하기'라는 라틴어에서 유래했다. '육감六感, sixth sense'으로 불리기도 하는 고유수용감각은 우리가 능숙하게 움직이도록 돕는다. 아울러 자아 개념 self-concept, 즉 타인과의 관계에서 자기를 인식하고, 자기의 신체적 특징, 성격, 능력 따위를 스스로 이해하는 데에도 중요한 역할을 한다. 자의식(이게 나야)을 생성하는 뇌 영역은 근육과 관절에서 신호를 받는다.[8] 물론 심장과 폐와 내장에서, 또 중력과의 관계를 추적하는 내이內耳 속 미세한 결정체의 가벼운 흔들림에서도 신호를 받는다. 이러한 내인감각內因感覺, internal sensations은 모두 넓은 의미의 '나다움me-ness'에 기여한다. 다시 말해, 당신의 몸이 다음과 같은 사항을 알려주기 때문에 당신은 아주 기본적인 수준에서 당신을 알아차린다.

'네가 팔을 뻗은 거야. 네가 발을 찬 거야. 네 척추가 회전한 거야. 네 심장이 뛰는 거야.'

신경계 질환으로 고유수용감각의 피드백이 손상되면, 자기 팔이 흔들리는 모습을 보고도 낯선 이의 팔이라고 생각할 수 있다. 고유수용감각에 이상이 생긴 어떤 사람은 이런 식으로 말한다. "내 팔다리를 잃어버린 것 같아요. … 마치 다른 사람의 그림자 같아요."[9]

자아상을 구축한다는 점에서 고유수용감각의 중요성은 단순히 그 팔이 당신 팔인지 아닌지 알아차리는 것을 넘어선다. 스포츠 활동이나 춤추기, 달리기, 중량 들어올리기 등 어떤 신체 활동에 참여할 때, 순간순간의 자아의식은 움직임의 질에 의해 형성된다. 당신이 우아하게 움직이면, 당신의 뇌는 팔다리의 신장과 발걸음의 부드러움을 지각한 다음 "난 우아해"라고 인식한다. 힘차게 움직이면, 뇌는 근육의 폭발적 수축을 부호로 변환하고 행동의 속도를 지각하여 "난 강력해"라고 파악한다. 힘이 필요한 방식으로 움직일 때, 뇌는 근육의 저항과 힘줄의 작용력을 감지한 다음 "난 힘이 세"라고 결론 내린다. 이러한 감각 sensations은 당신이 누구이고 무엇을 할 수 있는지 믿을 만한 데이터를 제공한다. 내 쌍둥이 동생이 전에 나한테 "달리기는 죽을 만큼 힘든 순간이 있기 때문에 좋아"라고 말했다. 내가 웃어넘기자 동생은 이렇게 설명했다. "원초적 본능 같은 거야. 진짜로 죽을 만큼 힘든데도 계속 달리는 거야. 난 그 정도로 굳세거든."

우리는 흔히 우리의 새로운 면모를 드러내는 신체 활동에 끌린다. 파멜라 조 존슨Pamela Jo Johnson은 운동을 전혀 즐기지 않았다. 그런데 나이 오십에 미니애폴리스의 한 초등학교 강당에서 진행된 운동 수업 중에, 쇠로 만든 공에 손잡이를 붙인 중량 기구인 케틀벨 kettlebell을 접하고서 신세계를 만난 것 같았다. 존슨은 케틀벨 파워 스윙을 "움직임으로 느낄 수 있는 최고의 즐거움"이라고 묘사한다.

또 자세 잡는 것을 전희前戱에 비유한다. 두 발을 엉덩이 넓이로 벌리고 두 팔을 아래로 곧게 뻗은 다음 20킬로그램짜리 케틀벨 손잡이를 두 손으로 꼭 잡는다. "두 손에 느껴지는 묵직한 무게감은 마치 거인과 맞붙은 듯한 느낌을 줍니다."

무게중심을 엉덩이에 두고 앞으로 숙이되, 가슴을 펴고 어깨를 뒤로 젖힌다. 그리고 엉덩이 뒤쪽으로 케틀벨을 확 보내면서 숨을 내뱉는다. 그런 다음 복부에 힘을 단단히 주면서 케틀벨을 위로 힘껏 들어 올린다. "아주 간단한 동작이지만 힘과 균형감을 골고루 키우는 전신 운동입니다. 힘도 세지고 기분도 짜릿합니다."

존슨과 이야기를 나누고 한 달쯤 지났을 때, 존슨의 페이스북에 폭풍우로 쓰러진 나무가 2차선 도로를 막고 있는 사진과 글이 올라왔다. 택시로 공항에 가는 길이었는데, 앞서 달리던 다른 차들은 쓰러진 나무 때문에 중앙선을 넘어가던 길을 되돌아갔다. "택시 기사와 나는 앞으로 더 가서 나무를 치울 수 있는지 보기로 했다." 여자 두 명과 남자 네 명이 존슨과 합류해 기어이 나무를 치웠다. 존슨의 페이스북 글을 본 순간, 나는 케틀벨을 흔드는 존슨의 모습이 눈앞에 어른거렸다. 케틀벨 스윙을 할 때마다 존슨은 자신의 힘이 세지는 걸 느꼈다. 자신이 강하다고 인식하게 되면, 앞길을 막는 장애물을 바라보는 방식이 바뀐다. 존슨이 케틀벨 훈련을 하지 않았더라도 나무를 치울 수 있을 거라고 생각했을까? 존슨에게 연관성이 있는지 묻는 메시지를 보내자 금세 답이 왔다. "나무가 눈에 들어온 순간, 나를 막을 수 없다고 확신했습니다."

존슨의 신경계가 쓰러진 나무를 보자마자 20킬로그램짜리 케틀
벨을 흔들 때의 짜릿한 기분을 상기한 다음 존슨이 거인과 맞붙은
사람임을 기억해낸 것 같았다.

"넌 너무 늙고 너무 둔하고 너무 무겁고 너무 망가지고 너무 허약
해."

이런 말이 귓가에 맴돈다 해도, 움직임을 통한 신체적 감각physical
sensations이 설득력 있게 반론을 펼 수 있다. 우리 자신에 대한 뿌리
깊은 믿음도 직접적인 신체 경험에 의해 모두 뒤집힐 수 있다. 새로
운 감각이 낡은 기억과 이야기를 압도하기 때문이다. 재활 트레이
너인 로라 쿠다리Laura Khoudari는 심리적 외상에 시달리는 사람들을
주로 가르친다. "자신의 키뿐만 아니라 여러 상황 때문에 오랫동안
자신을 왜소하다고 생각한 여자들도 평소 가능하다고 생각했던 것
보다 더 무거운 중량을 들어 올리면 자신감이 생겨서 당당한 걸음
으로 체육관을 나섭니다. 평소 가능하다고 생각했던 것보다 더 많
이 들어 올리게 되면 스스로 할 수 있다고 생각했던 것보다 더 많은
걸 처리할 수 있음을 확실히 깨닫게 되죠."[10]

유니테리언 유니버설리스트교Unitarian Universalist*의 목사이자 크

---

* 유니테리언Unitarian은 그리스도교의 정통 교의인 삼위일체론 교리에 반대하여, 그리스도의 신성을
부정하고 하느님의 신성만을 인정하는 교파이다. 유니버설리즘Universalism은 개인주의와 상대되
는 말로, 인류는 종국적으로 모두 구원되며 개인으로 한정되지는 않는다는 신조, 즉 만인구원론을
말한다. 이 교리를 따르는 사람들을 유니버설리스트Universalist라 한다. ─역자주

움직임의 힘

로스핏 코치인 케이티 노리스Katie Norris는 '파트너 업고 달리기partner carry'라는 운동을 통해 이러한 가르침을 터득했다. 이 종목은 다른 사람을 어깨에 걸치거나 등에 업고 뛰는 운동이다. (크로스핏은 소방관과 응급구조원과 군대에서 인기가 많은데, 특히 파트너 업고 달리기는 이들에게 대단히 유용한 기술이다.) 노리스는 오하이오주 클리블랜드에 있는 크로스핏 체육관에 처음 다닐 때만 해도 '내 몸으로는 안 될 거야. 그러니 난 절대 시도하지 않을 거야'라고 생각했다. 파트너 업고 달리기를 해야 하는 경우, 케이티는 샌드백을 들쳐 메고 뛰었다. 파트너를 옮기는 데 필요한 힘 때문만은 아니었다. 다른 사람과 밀착 접촉하는 것도 왠지 꺼림칙했다. "여자라면 어떻게 보여야 한다는 선입견도 일부 작용했죠. 난 그 기준에 전혀 안 맞거든요. 작달막한 키에 옆으로만 퍼진 데다 땀도 엄청 흘려요. 이런 내 몸이 늘 창피했어요."

노리스는 크로스핏에서 훈련을 계속하며 힘을 길렀다. 새로운 기술을 익히고 자신의 안전지대 밖으로 나가는 것도 연습했다. 나중엔 남편과 아들도 합류했다. 가족이 캘리포니아주 리치몬드로 이주했을 때도 다른 크로스핏 체육관에 등록해 함께 다녔다. 하지만 노리스는 7년 동안 파트너 업고 달리기를 한 번도 시도하지 않았다. 노리스에게 이는 금기 종목이었다. 그러던 어느 여름, 해변에서 수업이 진행되었는데 그날의 운동 종목에 파트너 업고 50미터 달리기가 있었다. 남편이 파트너가 되어주겠다고 나섰다. 노리스는 속으로 생각했다. '여긴 모래사장이잖아. 떨어트려도 다칠 일은 없을 거야.'

노리스는 자신의 몸매가 어떻다거나 자신이 뭘 할 수 있고 뭘 할 수 없는지에 관한 잡념을 떨쳐버리고, 눈앞에 닥친 현실만 바라보자고 다짐했다. 남편이 등에 업히자 노리스는 숨을 깊이 들이마셨다. 그리고 복부에 힘을 단단히 주고 앞으로 달려 나갔다. 남편의 팔을 바싹 당겨 잡고서 모래사장을 가로질러 갔다. 당시 열두 살이던 아들이 그 모습을 사진에 담았는데, 노리스는 산 페드로 만리케 마을에서 숯불 위를 맨발로 걷던 사람들만큼 결연해 보였다.

50미터 결승점에 도착했을 때 노리스는 가슴이 벅차올랐다. "기분이 묘했어요. 내가 진짜로 누군가를 들쳐 업고 뛰었잖아요. 그런데 육중한 무게가 나를 짓누르는 게 아니라 오히려 짐을 덜어낸 것 같았어요. 내가 상상했던 온갖 나쁜 일들, 난 할 수 없다고 생각했던 일들이 싹 사라졌어요. 이젠 그 자리에 안도감과 뿌듯함이 들어찼죠."

그 뒤로 노리스는 낯선 사람들과도 파트너 업고 달리기를 했는데, 매번 자신감과 겸손함을 동시에 느낀다고 했다. "목회를 하다 보니 세상일을 영적인 관점에서 바라보게 돼요. 누군가가 당신을 신뢰해서 자기 몸을 내맡긴다면 참으로 영광스러운 일이죠. 난 깊은 책임감을 느껴요. 약간 긴장되긴 하지만 그만큼 강하게 느껴지기도 해요."

이러한 돌파구를 계기로 노리스는 큰 깨달음을 얻었고, 결국 크로스핏 코치까지 되었다. "나한테 목회는 사람들이 자신을 온전히 파악해서 삶의 길을 제대로 찾아가도록 돕는 일이죠. 신체 움직임

움직임의 힘

에는 정신적으로, 감정적으로, 육체적으로, 그리고 우주와 관련해서 자기 자신을 찾아가는 심오한 과정이 있어요."

최근에 노리스는 한 여성 회원에게 데드리프트를 가르쳤다. 육중한 바벨을 번쩍 들어 올렸다 내려놓는 데드리프트는 간단해 보이지만 사람에 따라서는 엄두가 안 날 수도 있다. 그래서 데드리프트를 수행하는 시간보다 그 앞에서 마음을 가다듬는 데 시간을 더 많이 쓰기도 한다. 재활 훈련에 관한 온라인 포럼에서, 어느 역도 선수는 바벨 앞에 섰을 땐 마음이 지극히 차분하지만 봉을 잡는 순간 투쟁-도피 모드로 바뀐다고 말했다. 노리스도 데드리프트를 가르칠 때 여자의 얼굴과 자세에서 두려움의 신호를 포착했다. 힘들다고 느낄 때마다 그녀가 팔로 복부를 가리던 모습을 눈여겨봤던 것이다. 바벨을 들어 올리는 동안엔 할 수 없는 동작이었다. 그래서 노리스는 처음 파트너를 업고 달릴 때 마음을 가다듬고자 동원했던 기술, 즉 복부에 힘을 주는 올바른 방법을 그녀에게 알려주었다. 그런 다음, 신체 활동이 자신을 지키는 방법이라고 생각하도록 격려했다. "두 팔로 당신을 감싸는 거라고 생각하세요. 다만 두 팔 대신에 당신의 근육으로 감싸는 겁니다."

근육으로 자신을 감싼다는 비유가 통했는지, 여자가 육중한 바벨을 들어 올렸다가 내려놓자 내적 힘과 자기 보호라는 새로운 감각이 그녀의 근육 기억 속으로 들어갔다.

20대 시절, 왕 비둘기 자세king pigeon pose(카포타사나)라고 알려진 요가의 후굴 동작을 익히면서 나 역시 비슷한 경험을 했다. 이 자세를 취하려면, 먼저 무릎으로 서서 합장한 다음 몸을 천천히 뒤로 젖혀 정수리를 바닥에 닿게 해야 한다. 나처럼 뭐든 눈으로 봐야 아는 사람에게 고개를 한없이 뒤로 젖히는 동작은 겁날 수 있다. 근육 조절을 통해 고개를 천천히 떨어뜨려야 하는데, 잘못하다간 머리를 바닥에 쿵 찧을 수도 있다. 이런 위험을 감수하고서도 굳이 이 자세를 취하고 싶었다. 신뢰 낙하^{trust fall}는 높은 데 올라가서 뒤로 떨어지는 동작인데, 동료 병사들이 받아줄 거라 믿고^{trust} 뒤로 떨어지는^{fall} 것이다. 왕 비둘기 자세도 신뢰 낙하의 일종인데, 이때 내가 믿는 사람은 나 자신이고 나를 받아주는 것은 내 힘이다.

나는 1년 넘게 연습하고 나서야 왕 비둘기 자세를 취할 수 있었다. 오랫동안 일종의 안전망으로 파트너에게 앞에서 내 엉덩이를 잡아달라고 부탁했다. 그러다 혼자서 해냈을 때, 나는 다른 사람이 된 것 같았다. 이젠 혼자서도 미지의 세계로 흔쾌히 모험을 떠날 수 있을 것 같았다. 20년 가까이 지났지만 나는 지금도 마음을 열고 내 힘을 의식하면서 뒤로 넘어가던 기분을 기억할 수 있다. 그 사이, 내 몸이 바뀌면서 요가 수행도 바뀌었다. 후굴 자세를 시도한 지도 몇 년 됐다. 내가 아직도 그 자세를 취할 수 있는지는 모르지만, 그 기억과 감각과 교훈은 생생하게 남아 있다.

버지니아주 페어팩스에 있는 DPI 어댑티브 피트니스^{Adaptive}

움직임의 힘

Fitness(적응운동)에 들어가면 거대한 벽이 먼저 눈에 들어온다. 1,300 평방피트(36.5평)에 달하는 체육관의 한쪽 벽면이 응원 문구로 가득 차 있다.

"믿는 만큼 이룬다 Believing is achieving."

"먼저 나가떨어지지 말 것 NOT dropping first."

"세 번째 공격 시도에 목표까지 3야드 남았으면, 공을 나한테 줘 3rd and 3, give it to me."

누구나 와서 운동할 수 있지만, DPI 체육관은 특히 몸이 불편한 사람들을 훈련시키는 데 특화된 곳이다. 주로 뇌졸중이나 척추 부상, 팔다리 절단 등으로 어려움을 겪는 사람들이 찾아온다. 아무 때나 체육관에 찾아가도 후끈한 열기가 느껴진다. 뇌성마비를 앓는 청년이 샌드백을 난타하고, 휠체어에 앉은 여자 둘이 굵은 밧줄을 잡고서 씨름하며, 보행기에 의지한 남자가 타이어를 끌고 다닌다. 운동할 때 들으면 기운이 팍팍 솟는다는 팝과 힙합이 요란하게 흘러나오고, 트레이너들의 힘내라는 외침이 우렁차게 들린다. "힘내세요!" "쪼금만 더!"

체육관 중앙에 서 있는 기둥에는 누군가가 분필로 갈겨 쓴 문구가 보인다. "내가 흘린 땀은 그냥 땀이 아니다. 피땀이다!"

DPI의 설립자이자 소유자인 데번 팔레르모 Devon Palermo는 서른여덟 살로, 짧은 스포츠형 머리에 다부진 체구만 봐선 신병 훈련소의 엄한 교관처럼 보인다. 한쪽 벽면을 가득 메운 문구에 대해 내가 묻자 팔레르모가 이렇게 대답했다. "이곳을 처음 열 때, 나는 사람들에게 도전 정신을 심어주고 싶었습니다. 누구든 열심히 노력하면 목표를 달성할 수 있다고 가르치고 싶었습니다. 그래서 노력할 마음이 있는 사람에게 아주 도전적인 목표를, 한두 번 해서는 결코 이룰 수 없는 목표를 제시합니다. 그 목표를 달성한 회원에게 자신의 이름과 응원 문구를 벽에 걸 수 있게 해줍니다. 새로 가입한 회원도 열심히 노력하면 저렇게 될 수 있다는 걸 한눈에 알 수 있도록요."

나는 응원 문구에 얽힌 뒷얘기가 궁금했다. 사람들이 벽면에 이름을 걸기 위해 무엇을 했는지 아느냐고 묻자 팔레르모가 씩 웃으며 대답했다. "물론 다 알고 있죠." 팔레르모가 "계속 타올라라!Keep it lit!"라는 문구를 가리키며 오십대에 뇌졸중으로 쓰러졌던 미스 루스Miss Ruth가 적어낸 문구라고 설명했다. 미스 루스는 물리치료를 받아도 전혀 차도가 없자 DPI에서 운동을 시작했다. 미스 루스와 트레이너는 균형감을 회복하고 걸음걸이를 바로잡기 위해 다리를 강화하는 목표를 세웠다. 미스 루스는 벽면에 이름을 올리기 위해 스쿼트 머신에서 스쿼트를 500번씩 해야 했다. "한 번에요?" 내가 물었다. "물론이죠." 팔레르모가 놀란 내 얼굴을 보며 덧붙여 말했다. "지금은 1,000번씩 하는 걸요."

각종 연구에 따르면, 고강도 훈련이 외상성 손상이나 뇌졸중의 예후를 크게 개선할 수 있다고 한다. 손상을 입은 지 몇 년 지난 후에도 마찬가지다. "안전에 유의하면서 최대한 몰아붙여야 합니다." 팔레르모는 고강도 훈련의 중요성을 강조하면서 서른다섯 살의 조애나 보닐라Joanna Bonilla를 예로 들어 설명했다. 2012년 4월 1일, 잠에서 깬 보닐라는 허리가 무척 아팠다. 자가면역성 질환인 루프스를 앓고 있어서 관절 통증이 낯설지는 않았다. 하지만 그날은 요통이 너무 심해서 걷기도 힘들었다. 보닐라의 어머니는 상태가 심상치 않다고 생각해 딸을 보건소에 데려갔다. 당직 의사가 스테로이드를 주사한 뒤 보닐라를 병원으로 보냈다. 보닐라는 MRI 장비에 누울 때만 해도 다리 감각을 느낄 수 있었다. 하지만 MRI 검사에서 척추에 병변이 보인다는 소견이 나올 무렵, 보닐라는 허리 아래로 아무런 감각도 느낄 수 없었다. 하반신 마비가 온 것이다.

보닐라는 병원을 들락거리며 몇 달을 보냈다. 병상에 누워 화학요법과 플라즈마 주사, 수혈 등 갖가지 치료를 받았지만 차도가 전혀 없었다. 다리를 쓸 수 없다는 상실감은 말로 다 할 수 없었다. "난 아무것도 할 수 없었어요. 내 몸이 나를 배신했으니까. 인생의 절정기에 나를 내팽개쳤으니까. 내 다리가 나를 포기해 버렸으니까."

12주 동안 재활 치료를 받고 휠체어 사용법을 배운 뒤, 보닐라는 물리치료사의 소개로 팔레르모를 만나게 됐다. "팔레르모를 만난 건 내 인생에서 가장 좋은 일이었어요. 물리치료를 받을 땐 발가락만 까딱해도 진전이 있다고 했는데, 체육관에선 130파운드를 들어올려야 잘했다고 해요. 그래도 성과를 눈으로 보니까 기분이 정말 좋아요. 나한테 통제력이 생긴 거잖아요. 사람들이 흔히 빠져드는 어두운 데로 가지 않도록 팔레르모가 나를 도와줬어요. 우울증 말이에요."

팔레르모는 보닐라에게 다시 운전하는 것을 포함해 원대한 목표를 세우라고 격려했다. 다시 운전하려면, 보닐라는 휠체어에서 차로 옮겨 타기 위해 상체 힘을 길러야 했다. "그런 일은 일어날 것 같지 않았어요." 보닐라가 당시를 회상하며 내게 말했다. "하지만 팔레르모가 말했어요. '우리 둘이서 3개월 뒤에 그런 일이 실제로 일어나게 할 겁니다.' 3개월 뒤에 난 실제로 차를 고르게 됐죠."

보닐라의 훈련 종목은 복싱이었다. 보닐라는 팔레르모와 스파링하면서 30초 안에 펀치를 100번씩 날려야 했다. 그래야 벽면에 이름을 올릴 수 있었다. "내가 그런 멋진 펀치를 날릴 수 있을 거라고는 생각지도 못했어요. 30초 안에 100개의 펀치를 날리는 일은 아무나 할 수 있는 게 아니거든요. 펀치를 날리는 도중에 그만두고 싶은 마음이 굴뚝같아요. 하지만 계속 날리면서 팔과 어깨가 빠질 것 같은 고통을 참아내죠. 그런데 그 느낌이 참 좋아요."

보닐라는 자신의 응원 문구로 "절대 포기하지 마. 그냥 해Don't Quit."를 골랐다. 예전에 다니던 체육관에서 자주 보던 문구였다. "다리가 마비되기 전에는 별 감흥이 없던 문구였는데, 이젠 느낌이 팍 와요."

보닐라의 새로운 목표는 다리에 보조기를 차고 걷는 것이다. 다시 운전하는 것보다 훨씬 더 어려울 것 같은 결과다. "나도 이런 목표를 세우게 되리라고는 생각지도 못했어요. 내가 받은 진단으로는 다리를 들어 올리는 것도, 보조기를 차고 걷는 것도 사실 다 불가능한 일이거든요. 의료진은 내가 어떻게 해내는지 모르겠지만, 난 어떻게든 해낼 거예요."

보닐라가 다시 걸으려면 복부 힘을 길러야 하기에 팔레르모는 턱걸이를 도전 과제로 내놨다. 미 해병대의 체력 검사에서 여성 대원이 최고점을 받으려면 턱걸이를 10회 이상 할 수 있어야 한다. 남자는 23회를 해야 한다. 그런데 보닐라의 목표는 100회이다. "걸을 수 있으려면 복부와 팔이 강해야 합니다." 팔레르모는 보닐라에게 한 손으로 턱걸이를 하라고 주문하기도 한다. 그럴 때면 보닐라는 어렸을 때 놀이터에서 놀던 때가 생각난다. "턱걸이 봉을 잡고 올라서면서 내 다리를 생각합니다. 어렸을 때 봉을 잡고서 다리를 뻥뻥 차며 놀곤 했거든요. 이젠 더 이상 내 몸에 화내지 않아요. 오히려 내 다리에 대고 말합니다. '넌 지금 휴식을 취하고 있는 거야. 하지만 괜찮아. 넌 힘을 길러서 다시 걸을 수 있게 될 테니까.'"

1825년에 시인 새뮤얼 테일러 콜리지Samuel Taylor Coleridge는 이런 시를 썼다. "목표가 없는 희망은 살아남을 수 없다."[11]

현대의 심리학자들도 인간이 구체적 목표를 갈망하고 특정한 목적을 추구할 때 번성한다는 식으로 결론을 내놨다. 희망을 과학적으로 가장 엄격하게 분석한 C. R. 스나이더Snyder는 난관에 부딪쳤을 때 이겨내려면 세 가지 조건을 충족해야 한다고 말했다.[12] 첫 번째 조건은 구체적 목표다. 구체적 목표가 있어야 희망이 솟는다. 두 번째 조건은 목표에 도달할 경로다. 경로가 있어야 한 단계씩 앞으로 나아갈 수 있다. 세 번째 조건은 앞으로 나아갈 수 있다는 확고한 믿음이다. 각 단계를 밟아 나갈 역량과 힘이 자기에게 있다고 믿어야 한다.

DPI 어댑티브 피트니스는 희망을 낳는 인큐베이터라고 소개할 수 있다. DPI에서 회원들은 운전하기나 걷기 등 중요한 인생 목표를 설정한다. 트레이너는 그에 필요한 힘과 체력을 길러줄 스쿼트나 턱걸이 횟수 등 구체적 방법을 모색하여 목표에 도달할 경로를 제시한다. 배경 음악에서 트레이너의 태도까지 모든 환경은 회원들이 목표에 도달할 수 있다는 자신감을 심어주도록 설계되었다. 트레이너는 회원들이 이뤄내는 성과를 놓치지 않으려고 신경 쓴다.

"공개 수업에서 한 참가자가 전보다 더 잘 걷거나 뭐든 더 잘 해내는 모습을 보이면, 누구라도 그 사실을 트레이너에게 알립니다." 팔레르모가 내게 말했다. "내가 늘 '가서 알리세요! 당신이 본 걸 트레이너에게 알리세요!'라고 말하거든요."

트레이너들은 회원의 발전된 모습을 공유하고 축하할 수 있도록 성공의 순간을 꼼꼼히 기록한다. 팔레르모는 보닐라가 복싱 도전을 달성할 준비가 됐다고 생각했을 때 동영상을 찍자고 제안했다. 그래야 보닐라가 나중에 보면서 자신이 얼마나 굳센지 알 수 있고, 남들에게 자랑할 수도 있을 테니까. 하지만 보닐라는 동영상을 찍는 게 썩 내키지 않았다. "난 남들에게 자랑하고 떠벌리는 걸 좋아하지 않거든요. 하지만 팔레르모가 기어이 영상을 찍었어요. 그 덕에 내가 뭘 해냈는지 제대로 확인할 수 있었죠."

DPI는 더 효과적이고 의미 있는 훈련이 될 수 있도록 회원들의 친구와 가족을 초대해서 함께 운동하라고 권한다. 사랑하는 사람이 지켜보기만 해도, 자신의 신체적 난관과 역량에 대한 인식이 바뀔 수 있다. 한 연구에 따르면, 친구와 함께 산에 오르면 혼자 도전할 때보다 산이 덜 가파르게 보인다고 한다.[13] 2007년, 한 의학 학술지에 파킨슨병을 앓는 예순다섯 살 난 남자의 사례가 실렸다.[14] 그는 몇 걸음 떼지도 못하고 균형을 잃었다. 그런데 그가 사는 이스라엘 북쪽 지역은 카투사 로켓과 박격포가 수시로 날아들었다. 경고 사이렌이 울려도 그는 안전한 곳으로 뛰어갈 수 없었다. 하루는 공습이 시작되자, 함께 있던 아내가 의자에서 일어나는 그의 팔을 덥석 붙잡았다. 그 순간, 그는 걸을 수 있었을 뿐만 아니라 뛸 수도 있었다. 신경학자들은 그의 기동성이 급박한 상황 때문에 좋아졌다고 보지 않았다. 단지 아내를 뒤쫓아 가다 보니 빨리 뛰어갈 수 있었던 것이다.

DPI에서 가족과 친구가 함께 운동하는 정책은 또 다른 장점이 있다. 도전자가 성취할 때마다 중요한 목격자가 생긴다는 것이다. 당신에게 중요한 사람이 당신의 성취를 축하해주면, 그 성취는 한층 더 의미 있다.[15] 벽에 "믿는 만큼 이룬다"라는 응원 문구를 올린 안드레André는 뇌손상과 뇌졸중으로 행동이 상당히 굼떠졌을 때 DPI에 처음 방문했다. 때로는 체육관 정문과 제일 가까운 주차 구역에 차를 세우고도 문을 열고 들어오는 데 10분 넘게 걸렸다. 팔레르모는 안드레에게 아주 야심찬 도전 과제를 내주었다. 안드레는 체력을 기르기 위해 약한 쪽 다리만으로 5분 동안 균형을 잡고 서 있어야 했다. 하지만 5분은커녕 애초에 그 자세를 잡기도 어려웠다. 그래도 끈질기게 시도하다 보니 조금씩 좋아졌다. 아내가 옆에서 격려해주자 안드레는 놀라운 인내력을 발휘해 기어이 5분 목표를 달성했다. 안드레가 벽에 이름과 응원 문구를 올릴 때, 아내가 와서 축하해주었다.

회원들이 DPI에서 감행하는 신체적 도전은 누가 봐도 굉장하다. 벽에 이름을 올린 사람들의 성과는 감탄이 절로 나온다. 터프 머더 장애물을 이겨낸 사람들 못지않게 이들도 자랑스럽게 떠벌릴 자격이 있다. 소셜 미디어에 사진이나 비디오 영상을 게시해 뽐낼 합법적 권리가 있다. 뇌동맥류에서 회복 중인 한 젊은 여성은 자기 체중에 상당하는 무게를 끌라는 도전 과제를 받았다. 그녀가 목표치에 도달하자, 든든한 지원자인 오빠가 짐 슬레드 gym sled(썰매처럼 끄는 운동 기구)에 올라가더니 자기도 끌어보라고 권했다. 그녀는 오빠가 올라탄 슬레드도 거뜬히 끌었다. 인스타그램에 올린 그 영상은 조회 수가 치솟았고 응원 댓글도 엄청 달렸다. 팔레르모는 신규 회원에게 도전 과제를 짜줄 때 그들의 성격을 꼼꼼히 살핀다. 흔치 않은 과제를, 장애가 있든 없든 대다수가 쉽게 할 수 없는 과제를 고안하려 애쓴다. 도전자를 빛나게 해줄 수 있는 목표, 도전에 성공했을 때 성취와 잠재력을 여실히 드러낼 수 있는 목표를 찾는다.

《희망의 힘 The Anatomy of Hope》에서 의사인 제롬 그루프먼 Jerome Groopman은 희망을 "마음의 눈으로 더 나은 미래를 향해 나아갈 길을 바라볼 때 맛보는 고양된 기분"이라 규정했다.[16] DPI에서 싹튼 희망은 실제 훈련에서 한 발 더 나아가게 한다. 한 실험에서, 심리학자들은 참가자들에게 중요한 목표를 달성했던 경험을 떠올리게 한 뒤 그 경험이 미래의 목표를 추구하는 데 어떤 작용을 할지 물어봄으로써 희망을 유도했다.[17] 그런 다음, 참가자들에게 차가운 얼음물에 한 손을 집어넣고 최대한 버텨보라고 주문했다. 희망을 유도한 덕분에 참가자들은 1분을 더 버텼다. 턱걸이를 하거나 약한 다리로만 서 있을 때 1분이라는 시간이 미칠 영향을 생각해보라. 단 1초만 늘어도 내일은 더 잘할 수 있다는 가능성이 생긴다. 더 나아가, 힘든 훈련 덕분에 목표 달성이 점차 가능해질 거라고 인식할 때 엔도르핀과 엔도카나비노이드가 더 많이 분비된다.[18] 목표를 정확히 알고 그 목표를 이루기 위한 노력이 중요하다고 믿는다면, 고통과 피로를 견디기 위해 당신에게 내재된 신경생물학적 역량을 최대한 발휘할 수 있다.

앞서 말했듯 DPI 체육관에 들어서면 응원 문구가 적힌 벽이 먼저 보인다. 이 벽은 체육관 내부에서도 눈만 돌리면 보인다. 그만큼 희망이 중요하기 때문이다. 이 벽은 목표를 달성해야 한다고 사람들을 계속 북돋워준다. 이름을 올린 사람들에겐 성취의 증거이고, 새로 들어온 사람들에겐 앞으로 달성할 목표에 대한 자극이다. 보닐라는 나를 처음 만났을 때, 전날 체육관에서 있었던 일을 들려주었다. 뇌졸중으로 쓰러졌던 오십대 신규 회원이 트레이너에게 "저 벽에 이름을 올리려면 어떻게 해야 합니까?"라고 물었다. 그 모습을 보면서 보닐라는 이런 생각이 들었다고 했다. "그는 벽을 바라보면서 자신의 이름과 응원 문구를 어디에 붙일지 고르는 것 같았어요. 그 모습은 마치 '난 할 수 있어. 내 이름이 반드시 저기에 올라갈 거야'라고 말하는 것 같았지요."

나는 〈아메리칸 닌자 워리어American Ninja Warrior〉라는 TV 프로그램을 즐겨본다. 다양한 계층의 참가자가 엄청난 힘과 기술이 필요한 장애물 코스에 도전하는 프로그램이다. 그런데 이 프로그램을 볼 때면 이상한 일이 벌어진다. 기를 쓰고 장애물을 넘어가려는 참가자를 향해 나도 모르게 손을 내민다. 그들이 균형을 잡으려 애쓰거나 떨어지지 않으려고 팔에 힘을 주면, 힘이라도 보태듯 나 역시 배에 잔뜩 힘을 준다. 그들이 높은 데서 뛰어내리려 하면, 나는 소파 한쪽으로 몸을 기댄다. 그들이 균형을 잃지 않도록 반대쪽에 내 체중을 실어줄 요량인 것이다. 내가 이러는 걸 처음 알아차렸을 땐 멋쩍게 웃었지만 한편으론 즐거웠다. 열심히 뛰는 선수들을 응원하다 보니, 나도 모르게 호의적 흉내를 냈던 것이다.

움직임은 관찰자에게 호의적 반응을 불러일으키는 강력한 힘이 있다. 야구 선수가 홈을 향해 전력 질주하는 모습을 볼 때면, 심장 박동이 빨라진다. 스카이다이버가 비행기에서 뛰어내리는 모습을 볼 때면, 가슴이 철렁 내려앉는다. 러너가 결승선을 통과하고 주먹을 불끈 쥐는 모습을 보면, 환호성이 절로 터져 나온다. 이런 체화된 공감embodied empathy 덕분에 우리는 스포츠나 댄스, 스턴트를 바라보면서 스릴을 느낀다. 작가인 조나 레러Jonah Lehrer는 이렇게 말한다. "코비 브라이언트가 덩크슛을 하려고 공중으로 뛰어오르는 모습을 볼 때면, 내 전운동피질premotor cortex에 있는 일부 세포는 내가 농구 골망을 흔들었다고 착각한다. 코비가 3점 슛을 날리면, 내 거울 뉴런은 마치 내가 결정적 득점을 올린 듯 환하게 빛난다."[19]

나는 이러한 인지 현상을 착각이 아니라 진화적 장점이라고 본다. 인간의 공감 능력은 타인의 신체 활동을 관찰하고 이해하는 거울 뉴런계mirror neuron system에 뿌리를 두고 있다. 우리 몸이 타인의 움직임에 호의적으로 반응하는 이유는 인간이 본능적으로 서로를 이해하려 해서다.

공감은 즐거움만 선사하는 게 아니라 우리 자신이 할 수 있는 일에 대한 지각 범위도 넓혀준다. 1936년에 무용 평론가인 존 조셉 마틴John Joseph Martin은 "인간의 몸이 움직이는 모습을 볼 때, 우리는 인간의 몸으로, 아니 우리 자신의 몸으로 연출 가능한 온갖 움직임을 바라본다"고 했다.[20] 다른 사람들이 움직이는 모습을 바라볼 때, 당신은 그들의 행동을 단순히 지각만 하는 게 아니라 당신 자신의 행동처럼 수용하기도 한다. 고유수용감각이 발동해 당신이 직접 행동한 것처럼 여기는 것이다. 당신이 관찰한 것에 대해 느껴진 감각을 마음속에 만들어내는 것, 그게 바로 공감이다. 운동선수가 경쟁하거나 댄서가 공연하거나 아이가 노는 모습을 볼 때, 의식하든 못 하든 당신은 자신의 몸에서 그들의 행동을 감지하게 된다. 그렇기 때문에 움직임을 관찰하는 것은 시각적 경험visual experience을 넘어 감정적 경험visceral experience이기도 하다. 타인의 움직임을 공감할 때, 당신은 그 움직임을 당신 '자신'의 일부로 감지한다. 우리 몸은 타인의 힘과 속도와 우아함과 용기를 보고 '감지함으로써' 계속 배우고 발전한다. 내가 터프 머더 이벤트 영상과 DPI 어댑티브 피트니스의 훈련 영상을 자꾸 봤던 건 그런 이유도 한몫했다. 단순히 연구만 한 게 아니라 영감도 얻었던 것이다. 그 영상은 감성적이거나 이지적인 방식으로뿐만 아니라 깊이 체화된 방식으로도 나를 자극했다. 타인의 행동에 감동받는 것, 그것은 희망을 붙잡는 한 방식이다.

케이티 노리스 목사가 코치로 일하는 크로스핏 체육관에는 개인 최고 기록을 적는 게시판이 있다. 누구든 시간을 단축하거나 더 무거운 중량을 들어 올리거나 예전에 못했던 동작을 해내면, 게시판에 기록하고 종을 울린다. 종이 울리면, 사람들은 운동을 멈추고 환성을 지른다. "간혹 훈련이 너무 힘들어 목표에 도달하기도 전에 포기하려는 사람이 있어요." 노리스가 내게 말했다. "그러면 우리는 그를 둘러싸고 열심히 응원해요. 그는 쓰러질 만큼 힘들어도 기어이 해내죠. 우린 다 같이 얼싸안고 기쁨의 눈물을 흘려요."

여러 사람과 함께 훈련할 수 있는 커뮤니티에 끌리는 건 결코 우연이 아니다. 사람들이 전력을 기울이고 두려움에 맞서고 장애물을 극복하는 모습은 지켜보는 것만으로 즐겁다. 노리스의 체육관 회원들은 간혹 남들이 운동하는 모습을 멍하니 지켜만 보다 돌아가기도 한다. "어떤 회원은 기분이 울적할 때 체육관에 와서 남들이 운동하는 모습을 가만히 지켜봅니다. 집에 틀어박혀 꼼짝하기 싫은데도 어떻게든 차를 몰고 체육관에 오는 거죠. 그것만으로 칭찬받아 마땅해요."

집단적 희망이 작동하는 방식도 이와 같다. 당신은 목표를 이루고 종을 울리는 사람일 때도 있고, 종을 울리는 사람을 안아주고 응원하는 무리의 일원일 때도 있다. 아니면 그저 떠들썩한 움직임이 이뤄지는 곳에 몸을 담그는 것으로 충분할 때도 있다.

조애나 보닐라와 처음 이야기를 나누고 4개월쯤 지났을 때, 나는 버지니아주 페어팩스에 있는 DPI 어댑티브 피트니스에 잠시 들렀다. 지난번 만났을 때 보닐라는 보조기를 차고 걷는 가능성을 언급했었다. 단시간에 이룰 수 없을 것 같은 목표였는데, 보닐라는 고된 훈련을 통해 기어이 이뤄냈다. 보닐라가 얼마나 노력했는지 알면서도 막상 눈앞에서 펼쳐진 광경이 믿기지 않았다. 보닐라는 평소처럼 휠체어에 앉아 운동한 뒤, 주문 제작된 다리 보조기를 꺼냈다. 한 번에 한쪽씩 허벅지와 정강이에 맞춰 보조기 띠를 조이고, 두 발을 하얀 플라스틱 발판에 집어넣은 다음 검정 운동화의 끈을 단단히 조였다. 그리고 자리에서 일어나 보행기의 손잡이를 잡고 체육관을 가로질러 걸어갔다.

보닐라는 DPI에서 그녀의 훈련 경험을 공개하겠다고 했을 때 처음엔 가명으로 처리해 달라고 요청했다. 사람들은 흔히 자신의 이야기를 기꺼이 들려주긴 하지만 세간의 주목을 받고 싶어 하진 않는다. 보닐라는 벽에 올린 응원 문구에도 T.N.이라는 별명을 사용했다. 'The Nerd'의 머리글자인데, 궁금한 게 많아서 트레이너들한테 자꾸만 설명해 달라고 졸라댄 바람에 얻은 별명이다. 그런데 나와 이야기를 나누고 나서 보닐라는 마음을 바꿔 자신의 본명을 사용해도 된다고 허락했다. "나를 숨기는 게 온당치 않은 것 같아요. 사람들이 내 경험을 통해서 배웠으면 해요. 그리고 두려워서 망설이던 일을 하기 위해 격려가 필요할 때 나한테 연락했으면 해요."

보닐라가 본명을 써도 된다고 한 결정은 장애물 꼭대기에서 손을 내민 것과 같았다. 보닐라는 낯선 이의 손을 잡아 장애물을 넘도록 도와주고 싶어 했다.

CHAPTER

6

The Joy of Movement

삶을

포용하라

수잔 허드Susan Heard와 달리기에 대해 이야기할 때, 우리는 펜실베이니아주 이스턴에 있는 허드의 사무실에 있었다. 마흔여섯 살에 두 아이의 엄마이기도 한 허드는 세인트 발드릭스St. Baldrick's 소아암 연구 재단에서 고액 기부 담당자로 일한다. 사무실의 유리 진열장에는 5킬로미터 마라톤과 하프 마라톤에 참여해서 받은 메달과 사진이 빼곡했다. 벽과 천장에는 색색의 종이학 수백 마리가 모빌처럼 걸려 있었다. 희망의 메시지를 담고 있는 종이학은 허드의 아들인 데이비드가 추진한 프로젝트였다. 열 살의 어린 나이에 암으로 세상을 떠나기 전까지 데이비드는 미국 전역의 아동 병원에 종이학 모빌을 설치하고 싶어 했다.

　데이비드가 여덟 살 때 의사들은 신경아세포종神經芽細胞腫이 데이비드의 심장과 대동맥과 대정맥을 둘러싸고 있음을 발견했다. 초음파 사진으로 보면 종양이 데이비드의 심장을 옭죄고 있는 것 같았다. 한 이웃이 당시 유행하던 노란색 리브스트롱LiveStrong 팔찌 처럼 특별한 고무 팔찌를 제작해 차고 다니자고 제안했다. 허드가 팔찌에 어떤 문구를 새기고 싶으냐고 묻자, 데이비드는 이런 문구를 골랐다. "삶을 포용하라."

식구들은 데이비드의 말을 존중하고자 최선을 다했다. 화학요법 치료와 수술, 방사선 치료를 받는 와중에 뒤뜰에서 물총놀이도 하고 집에서 댄스파티도 열고 휴양지로 여행도 떠났다. 한 기금모금 행사에서 데이비드는 발언 기회가 생기자 사람들 앞에서 이런 말로 허드를 깜짝 놀라게 했다. "오늘 행사를 화끈하게 시작하기 위해 우리 엄마의 머리를 빡빡 밀도록 해요!"

그래서 허드는 머리를 밀었다. 머리카락이 다 잘려나가자 오히려 기운이 불끈 솟는 것 같았다. 그런데 한동안 차도를 보이던 암이 재발했다. 온갖 방법을 다 동원해봤지만 데이비드는 결국 2011년 2월 10일 세상을 떠났다. 그 뒤로 허드는 심한 우울증에 걸렸다.

아들이 죽은 지 4년째 되던 해의 마지막 날, 허드는 소파에 앉아 생각했다. '이건 사는 게 아니야. 내가 왜 여기서 이러고 있지?' 허드가 당시를 회상하며 나한테 말했다. "난 너무 괴로웠어요. 더 이상 살고 싶지도 않았죠." 그런 생각이 머릿속에 계속 맴돌자 허드는 이렇게 자문했다. '정말? 정말로 더 이상 살고 싶지 않은 거니?' 때마

---

* 암을 극복하고 세계 최고의 사이클 선수가 된 랜스 암스트롱이 만든 자선단체인 리브스트롱재단이 나이키와 같이 진행한 노란색 손목 밴드 캠페인이다. -편집자주

침 남편이 크리스마스 선물로 사준 핏비트^{Fitbit}(손목에 착용하는 헬스케어 기기)가 보였다. '운동이라도 좀 해볼까? 그러면 좀 나아지지 않을까?'

"난 사람들을 만나면 '삶을 포용하라'고 노상 떠들었어요. 그런데 정작 나 자신은 전혀 그러질 못했어요. 어떻게든 옛날로 돌아갈 방법만 찾으려 했지요."

허드는 반려견을 데리고 더 자주 산책을 나갔고, 팔과 다리를 동시에 움직이는 엘립티컬 머신$^{elliptical\ machine}$(러닝머신, 자전거, 스테퍼를 합쳐 놓은 듯한 운동 기구)에 올라가 30분 정도 운동했다. 1년쯤 지나서는 동네 달리기 그룹에도 가입했다. 허드가 처음 달리기를 하던 날, 선두에서 속도를 조절하는 사람은 허드가 뒤처진다고 느끼지 않도록 평소보다 느리게 이끌었다. "난 달리기를 처음 해봐서 그런 줄도 몰랐어요. 그 뒤로도 달리기 그룹은 내게 정말 큰 힘이 돼주었어요."

그들은 계절에 상관없이 동네에 있는 물고기 부화장 주변을 따라 6마일(약 9.6킬로미터) 구간을 계속 뛰었다. "밖에 나가면 이상하게 마음이 평온해져요. 햇볕을 쬐고 바람을 맞고 계절의 변화를 온몸으로 느끼다 보면, 살아있다는 느낌이, 세상과 연결되었다는 느낌이 들어요. 내가 살아 숨 쉬는 이 세상을 더 많이 보고 더 많이 알게 되는 것 같아요."

밖에서 열심히 달리던 어느 날, 허드는 색다른 경험을 했다. "내가 자꾸 데이비드를 찾고 있지 뭐예요. 가끔 '꿈에서 아이를 봤는데 너무 좋았어요'라고 말하는 엄마들을 만나곤 했는데, 내가 데이비드에 대해 꾼 꿈은 다 끔찍했어요. 너무 아파서 비명도 지르지 못하는 모습만 보였거든요." 그런데 허드가 달리기를 하는 동안엔 아들이 전혀 다른 모습으로 다가왔다. "긴장이 풀리고 굉장히 평온해지는 순간이 있잖아요. 그럴 땐 몸은 움직여도 마음은 그야말로 느긋해지죠. 달리기를 하면서 마음이 느긋해지는 순간, 바로 그런 순간에 아들이 느껴져요." 허드가 잠시 숨을 고른 후 말을 이었다. "여우가 내 앞으로 휙 지나가고, 홍관조가 후드득 날아가고, 다람쥐가 나무 위로 쪼르르 올라가요. 밖에 나가면 이런 모습이 눈에 들어와요. 그럴 때면 아들이 떠올라서 '안녕, 데이비드'라고 인사하죠. 데이비드는 자기가 거기 있다는 걸 그런 식으로 보여주는 것 같아요. 그럴 때면 얼마나 좋은지 몰라요. 우리는 늘 사랑하는 사람을 느끼거나 볼 기회를 찾잖아요. 나는 꿈속에서가 아니라 밖에서, 자연 속에서 내 아이를 만나요."

심리학자들은 자연 속에서 이뤄지는 신체 활동을 '녹색 운동green exercise'이라고 부른다.[1] 자연 속에서 아무 활동이든 하면 5분도 안 돼 기분이 좋아지고 앞날에 대한 전망이 밝아진다고 한다. 기분이 단순히 좋아지기만 하는 게 아니라 달라지기도 한다. 일상생활의 온갖 문제에서 멀어지고 삶 자체와 더 연결되는 것이다. 밖에 나가서 산책만 해도 사람의 체내 시계가 늦춰져 마음에 여유가 생긴다.[2] 다양한 식물종과 함께 있기만 해도 균형감이 생겨 삶을 더 객관적으로 바라보게 된다.[3] 심지어 자연 속에서 보냈던 순간을 떠올리기만 해도 사람들은 주변 세상과 연결됐다고 느끼고, 일상의 걱정을 내려놓고 자기보다 더 위대한 존재를 의식하게 된다.[4]

밖에서 시간을 보내면 불안한 마음을 가라앉힐 수도 있다. 우리가 자연에서 흔히 느끼는 감정, 즉 경외감과 감탄, 호기심과 희망은 근심과 걱정, 우울감에 대한 천연 해독제이다. 캐나다의 드넓은 강에서 카누를 즐기는 한 남성은 "노를 젓다 보면 내 안에서 나쁜 기운이 싹 빠져나갑니다. 근심 걱정이 눈 녹듯 사라지고 답답하던 가슴이 뻥 뚫립니다. 강물이 유유히 흐르듯 세상일도 다 이렇게 흘러갈 텐데, 걱정해서 뭐 하겠습니까?"라며 자연에서 자신의 마음가짐이 어떻게 달라지는지 설명했다.

어떤 사람은 자연 속에서 "온전한 소속감"과 "누군가를 진심으로 껴안았을 때와 같은 푸근함"을 느낀다고 말한다.[5] 이처럼 야외 활동의 심리적 효과는 참으로 심오하다. 한국 서울에 있는 홍릉 수목원에서는 우울증 치료를 받는 중년 성인들을 대상으로 매주 인지 행동치료를 받기 전에 수목원을 걷게 했는데, 한 달 후, 숲을 걸었던 사람들 중 61퍼센트가 차도를 보였다.[6] 병원에서 심리치료만 하는 경우보다 세 배나 높은 수치였다. 오스트리아에서 시행된 한 연구에서는 기본적인 의학적 치료에 등산을 추가하자 자살을 시도했던 사람들의 자살 충동과 무기력증이 줄어드는 것으로 나타났다.[7]

사람들이 대부분의 시간을 실내에서 보내는 건 비교적 최근에 생겨난 현상이다. 인간의 뇌는 대부분의 시간을 밖에서 대자연과

움직임의 힘

호흡하며 살았던 오랜 세월 동안 서서히 진화했다. 그렇기 때문에 자연 속에 있을 때 인지 능력을 더 활발하게 발휘할 수 있다. 더 큰 존재와 연결되었다는 초월성을 느낄 뿐만 아니라 명상을 하는 듯한 순수한 마음 상태로 돌아갈 수 있다. 생물학자 에드워드 윌슨E. O. Wilson이 살아 숨 쉬는 모든 생명체를 사랑한다는 뜻으로 '바이오필리아biophilia'라고 칭한 내적 즐거움의 상태에 빠져들게 된다. 아울러 좀 더 넓은 관점에서 삶을 바라보게 된다. 녹색 운동이 어떻게 이러한 효과를 거두는지 알아낸다면, 인간의 마음이 어떻게 괴로움의 악순환에 빠지는지, 또 우리가 어떻게 평온을 되찾는지 알아낼 수 있을 것이다.

찬바람이 쌩쌩 부는 2월 어느 날 오후, 작가 마우라 켈리Maura Kelly가 브루클린의 아파트를 나섰다. 딱히 목적지가 있는 건 아니었지만 그냥 집에서 나와야 할 것 같았다. 켈리는 4년째 우울증을 앓고 있었다. 되는 일이 없어서 절망감이 자꾸만 깊어졌다. 사귀던 사람과 헤어지고, 글도 통 써지지 않고, 잠도 잘 이루지 못했다. 추운 날씨에도 집을 나선 이유는 자신을 괴롭히는 온갖 생각의 감옥에서 어떻게든 도망치고 싶어서였다. '난 모자란 인간이야. 난 절대로 행복해지지 못할 거야. 이러다 혼자 늙어 죽겠지. 그간의 노력은 모두 수포로 돌아갈 거야.'

한참 걷다 보니 포트 그린 파크Fort Green Park의 야트막한 언덕에 이르렀다. 이곳은 도심에 조성된 휴양림으로, 30에이커(약 121,405제곱미터)에 달하는 넓이에 유럽산 단풍과 북미산 느릅나무, 호주산 소나무가 울창했다. 2월의 찬바람을 뚫고 나온 사람이 켈리 외에는 아무도 없었다. 울창한 나무 사이로 걸으며 신선한 공기를 마시자 켈리는 마음이 한결 가벼워졌다. 그녀는 당시 기분을 한 에세이에 이렇게 적었다. "내 아파트에, 내 머릿속에 갇혀 있던 마음이 조금 자유로워지는 것 같았다. … 머릿속에서 들리는 온갖 조롱과 비난에 자꾸만 움츠러들었는데, 숲에선 나 자신과 주변의 좋은 점을 돌아볼 수 있었다. 재킷에 고개는 깊이 파묻었지만 마음은 전혀 움츠러들지 않았다."[8]

집에서 꼼짝하지 않을 때는 머릿속에서 부정적인 생각의 쳇바퀴가 계속 돌아갔다. 집 안 공기까지 온갖 걱정과 자책으로 자신을 짓누르는 것 같았다. "그런데 밖에 나오니까 긍정적인 생각이 하나둘 떠올랐어요. '드넓은 하늘, 곧게 뻗은 나무들, 맑은 공기. 세상이 참 멋지구나. 그래, 난 괜찮아. 난 이 멋진 세상에서 여전히 살아 숨 쉬고 있어. 그 누구도, 그 무엇도 날 구속할 수 없어. 난 자유로워.'"

죽도록 달려야 맛보는 러너스 하이와 달리, 정신을 변화시키는 녹색 운동의 효과는 금세 나타난다. 이러한 신속한 변화가 느리게 분비되는 엔도카나비노이드나 엔도르핀 같은 화학물질 덕분이라고 할 수는 없다. 오히려 자연 속에 있으면 뇌에서 스위치가 딸깍 켜져 정신 상태가 달라진다고 하는 게 맞을 듯하다. 문제는 어떤 스위치냐는 것이다. 포트 그린 파크를 걷는 동안 켈리의 뇌에서 무슨 일이 벌어졌는지 관찰할 수 있었다면, 신경과학자들은 분명 '디폴트 모드 네트워크default mode network'* 상의 변화를 감지했을 것이다. 이러한 브레인 네트워크는 20여 년 전에 처음 파악되었다.[9] 당시 연구진은 기능적 신경영상법을 이용해 깨어 있는 인간의 뇌에서 기본 상태baseline state를 처음으로 기록했다. 그전까지만 해도 뇌 영상 연구는 특정한 과제를 수행할 때 어떤 뇌 조직이 활동하는지 파악하는 데 초점을 맞췄다. 신경과학자들은 피험자에게 수학 문제를 풀거나 단어 목록을 암기하거나 사진에서 드러난 감정을 분석하게 하면서 그들의 뇌를 정밀 촬영했다. 그런데 연구자들 중 몇 명이 색다른 궁금증을 품었다. 피험자가 지시를 기다리며 뇌 영상 기기에 가만히 누워 있는 동안 뇌에서 무슨 일이 벌어질까? 사람이 아무런 인지활동을 하지 않고 한가로이 있을 때 뇌는 과연 무슨 일을 할까?

신경과학자들이 뇌의 기본 상태를 분석하자 놀라운 결과가 나왔다.[10] 쉬고 있는 뇌가 전혀 쉬지 않는 것으로 드러난 것이다. 기억, 언어, 감정, 심상心象, 추론 등과 연계된 시스템을 포함해 뇌 전체에서 여러 시스템이 활발하게 작용했다. 더욱더 놀라웠던 점은, 모든 인간의 뇌가 쉬는 동안 비슷한 상태에 빠져든다는 사실이었다. 신경과학자들은 이러한 패턴의 뇌 활동을 '디폴트default (기본값)'라고 이

름 붙였다. 뇌를 가만히 놔둘 경우, 정신 즉 마음은 가상 대화를 나누고 과거 경험을 되짚고 미래를 곰곰이 생각한다. 특히 자신과 자신의 인생 목표, 타인과의 관계에 대해 생각한다. 이러한 디폴트 상태는 사회생활을 영위할 때 매우 중요하다. 또 이러한 뇌의 기본 활동은 우리가 누구인지 기억하도록 한다. 내면의 수다와 심상은 스스로가 특정한 개인으로 존재한다고 인식하게 한다. 즉 흘러가는 시간과 처하게 된 상황에서 무엇을 좋아하고 어떤 열망을 품고 어떤 문제가 있는 사람인지 인식하게 한다. 누구도 이런 인식이 없는 상황을 결코 원하지 않을 것이다. 그랬다간 뇌가 자아나 장소에 대한 일관성 있는 의식을 창조하는 데 어려움을 겪을 테니 말이다. 디폴트 네트워크의 핵심 구조가 뒤죽박죽으로 얽혀버린 알츠하이머병의 말기 상태가 딱 그렇다.

하지만 디폴트 상태가 불리한 점도 있다.[11] 부정 편향negative bias에 빠질 경우, 과거의 상처를 되새기고 자신이나 타인을 비난하며 근심 걱정을 달고 살게 된다. 또 디폴트 상태는 정신적 올가미가 될 수도 있다. 이론상으로, 우리가 대화나 영화, 업무 등에 집중하면, 디폴트 모드는 차분해져서 뇌가 밖으로 관심을 돌리는 상태로 들어가게 한다. 그런데 우울증이나 불안에 시달리는 사람은 이러한 전환이 쉽게 이뤄지지 않는다.[12] 그들은 디폴트 모드 네트워크가 유별나게 활성화되어 디폴트 상태에서 빠져나오지 못한다. 결국 아무 일에도 집중하지 못하고, 심지어 잠도 잘 이루지 못한다. 어떤 사람은 생각의 덫에서 헤어 나오지 못하기도 한다. 뇌의 보상 체계는 디폴트 모드 네트워크의 핵심 부분이 아니지만 디폴트 모드 네트워크 안에서 기억, 걱정, 자성自省과 관련된 조직에 밀접하게 연결될 수 있다.[13] 우리가 익숙한 두려움이나 판단을 되풀이할 때마다 보상 체계는 "그래 좋아. 더해, 더해!"라고 부추긴다. 뇌는 걱정하거나 두려워하거나 자책할수록 좋은 일이 일어날 거라고 확신하는 것 같다. 헤로인에 대한 갈망을 억제하지 못하는 중독자처럼 결국 이러한 정신적 습관에서 헤어 나오기 어렵게 된다.

디폴트 상태를 진정시킬 가장 효과적인 방법 중 하나는 명상이다. 뇌 영상 연구에서, 집중 호흡과 마음챙김mindfulness, 기도문 암송은 디폴트 모드 네트워크의 허브를 비활성화하는 것으로 나타났다.[14] 이스라엘 와이즈만 과학 연구소Weizmann Institute of Science의 신경 과학자들은 예순네 살 된 명상 전문가의 뇌 활동을 연구했다.[15] 2만 시간 이상 명상을 실천해온 그가 기본적인 디폴트 상태에서 순수한 '몰아沒我'의 상태로 옮겨가자, 디폴트 모드 네트워크가 해제되었다.

녹색 운동은 오랜 명상 훈련 없이도 뇌에 비슷한 효과를 미친다. 스탠퍼드 대학교의 한 연구진은 뇌 영상 기술로 이러한 효과를 포착하려고 시도했다.[16] 연구진은 참가자들을 밖에서 90분 동안 산책하게 했다. 일부는 캠퍼스 근처의 스탠퍼드 디쉬Stanford Dish라는 멋진 산책로를 따라 걸었고, 일부는 실리콘 밸리의 번잡한 거리 중 한 곳을 걸었다. 산책하기 전과 후, 신경과학자들은 참가자들을 fMRI 기기에 눕히고 뇌의 휴식기 활동을 포착했다. 또 참가자에게 심리 상태에 대한 질문도 했다. 참가자들은 가령 "내 관심은 내가 더 이상 생각하지 않았으면 하는 측면에 계속 집중되어 있다"와 같은 진술에 어느 정도 동의하는지 답했다. 번잡한 도로를 걸은 참가자들과 달리, 멋진 산책로를 따라 걸은 참가자들은 불안감과 자기비판적 사고가 줄었다고 보고했다. 산책 후의 뇌 영상에서, 자기비판과 슬픔, 생각 곱씹기 등의 활동과 관련된 슬하 피질subgenual cortex의 활동이 줄어든 것으로 나타났다. 우울증을 앓는 사람들은 그렇지 않은 사람들보다 '쉬는 동안' 이러한 뇌 부위가 더 활발하게 움직이는 것으로 나타났다.[17] 자연을 산책하면 디폴트 상태의 의식 흐름에서 이 부분이 선택적으로 가라앉았다.

우울증에 대한 가장 유망한 실험적 치료법 두 가지에서도 똑같은 신경학적 변화가 감지되었다. 경두개 자기 자극술transcranial magnetic stimulation과 케타민이다. 경두개 자기 자극술은 전도 전자기 코일로 발생시킨 자기장으로 뇌의 특정 부위를 자극하여 신경세포를 활성화하는 것이다. 케타민은 베트남 전쟁 중엔 마취제로 사용되었고, 1990년대 파티 문화에선 레크리에이션 약물로 인기가 높았다. 자기장으로 전두엽 피질을 자극하면, 디폴트 모드 네트워크에서 슬하 피질과 다른 뇌 영역 간에 활발한 연결이 줄어든다.[18] 이러한 변화는 약물 치료에 반응을 보이지 않던 환자들에게 증상 완화 효과가 있다. 케타민 약물의 정맥내주입도 똑같은 방식으로 뇌의 휴지 상태resting state를 방해한다.[19] 이러한 디폴트 모드 네트워크의 재편성은 약물 주입 후 24시간 동안 지속된다. 이는 약물의 최대 항우울 효과와 겹친다.

움직임의 힘

이 세 가지 '치료법', 즉 경두개 자기 자극술과 케타민과 녹색 운동이 서로 호환될 수 있다는 증거는 없다. 과학자나 의료진이 우울증 환자에게 의학적 치료를 포기하고 하이킹을 해보라고 함부로 권하지도 않을 것이다. 그런데도 누구나 쉽게 할 수 있는 공원 산책의 단기 신경학적 효과가 우울증에 대한 두 가지 첨단 치료 메커니즘과 매우 흡사하다는 점은 대단히 흥미롭다. 우울증으로 고생하는 사람들이 자연 속에서 호흡할 때 심리학적으로 매우 좋아지는 이유를 설명할 수 있을지도 모른다.[20] 또한 야외 활동에 시간을 내는 것이 결코 사치가 아님을 상기해준다. 야외 활동은 자신을 돌보는 행위이며, 더 나아가 자신을 보존하는 행위이다.

사진작가 앤드루 퓨섹 피터스 Andrew Fusek Peters는 아버지가 자살로 생을 마감했고 자신도 심각한 우울증에 시달렸다. 피터스는 회고록 《딥 Dip(국내 미출간)》에서 슈롭셔와 웨일스에 있는 강과 호수와 폭포에서 했던 수영으로 심각한 우울증에서 비롯된 '생각 고문'을 어떻게 떨쳐냈는지 설명한다. "급류에 뛰어들면 딴생각할 겨를이 없다. 바로 여기, 바로 지금이라는 현재 시점으로 돌아올 수밖에 없다. 나무와 빛, 새소리와 흔들리는 나뭇잎 소리, 살을 에는 얼음장 같은 물이 온몸의 감각을 채운다. 생각의 그림자가 끼어들 틈이 없다."[21] 심리 치료는 자멸적인 생각에 도전하도록 그를 돕지만, "테이프를 바꾸는 데 엄청난 인지 행동 치료가 필요하다." 반면에 야외 수영은 아예 테이프를 꺼버린다.

물속 경험에 대한 피터스의 설명은 자연이 어떻게 마음에 영향을 미치는지와 관련해 중요한 점을 포착한다. 자연 환경에 빠져들면, 뇌는 '가벼운 황홀감 soft fascination'이라는 상태에 들어간다. 이 상태에서는 현재에 대한 의식이 고조된다. 언어와 기억에 연계된 뇌 체계는 활동성이 떨어지는 반면, 감각 정보를 처리하는 영역은 더 활발하게 움직인다. 감각이 강화되고 내면의 수다는 잠잠해진다. 이러한 변화는 불안감과 우울증, 끝없는 생각에 시달리는 사람들에게 엄청난 안도감을 준다. 그런 사람들에게는 디폴트 모드가 마음 속에서 수많은 단어와 구를 메아리치게 하기 때문이다.[22] 자연은 감각에 즐거운 자극을 쏟아 부어서 주의력을 밖으로 돌리고 언어 공습을 중단시킨다. 그 결과, 우리는 주변의 멋진 세상을 바라보고 감상할 여유를 얻을 수 있다.

마음챙김 수련은 이렇게 고양된 감각 인식 상태에 의도적으로 접근하는 방법을 알려준다.[23] 뇌 영상 연구 결과, 마음챙김 수련을 받으면 휴지 상태는 생각 곱씹기에서 벗어나 현재에 집중하는 식으로 바뀐다. 심지어 fMRI 기기에 누워 있는 동안에도 그렇다. 경험이 풍부한 명상가들의 경우, 마음챙김은 평소의 디폴트 모드를 대체하여 새로운 기본 상태를 조성하기도 한다.[24] 명상 지도자들은 지금 이 순간 느끼는 행복을 포함하여 현재에 집중하는 것이야말로 자연스러운 마음 상태라고 즐겨 말한다. 불안감이나 우울증을 안고 사는 사람들에게는 이러한 주장이 터무니없게 들릴 수 있다. 그렇더라도 자연이 뇌에 미치는 영향을 알면 알수록, 나는 인간 정신에 두 가지 뚜렷한 디폴트 모드가 있는 것 같다는 생각이 자꾸 든다.

일단 참가자들이 기능적 신경영상 기기 안에 갇혀 있을 때 신경과학자들이 관찰하는 디폴트 모드가 있다. 이는 멍 때리기와 자아 성찰과 생각 곱씹기를 유발한다고 알려진 상태다. 다음으로, 우리가 자연 속에 있을 때 저절로 드러나는, 진혀 다른 디폴트 모드도 있지 않을까?

인간 정신의 진화적 기원을 연구한 심리학자 알렉산드라 로사티Alexandra Rosati는 두 가지 압력이 인간의 뇌를 발달시켰다고 주장한다.[25] 첫 번째 압력은 소규모 그룹으로 협력해야 한다는 것이었다. 여기서 다른 사람들에 대해 생각하는 능력, 즉 사회적 인식social cognition이 비롯되었다. 우리가 다른 사람들과 비교하여 자신을 정의하고 집단 안에서 자신의 위치를 돌아보려는 경향이 이에 포함된다. 두 번째 압력은 식량을 찾기 위해 자연 환경과 협력해야 한다는 사실이었다. 로사티가 '먹이를 찾아다니는 인식foraging cognition'이라고 명명한 정신적 기술이 여기에서 비롯되었다. 생존의 과정에서 수렵과 채집을 돕는 긴 다리와 강력한 활공근 같은 해부학적 변화가 이뤄졌듯이, 이러한 인식도 우리 조상이 필요한 것을 찾도록 돕는 정신적 능력을 강화시켰다. 그래서 인간은 주변의 가능성을 발견하는 데 유리한 공간 지각력과 탐색을 계속하는 인내심이 발달했다.

로사티의 연구 자료를 읽다 보니, 일반적인 디폴트 상태는 본질적으로 인간이 집단 속에서 번성하려고 개발한 사회적 인식 기술을 실천하는 방법으로 보였다. 반대로 마음챙김이라는 대안적인 디폴트 상태, 즉 호기심과 희망을 품고서 주변 환경을 바라보는 태도는 로사티가 "먹이를 찾아다니는 인식"이라고 설명하는 '마음'과 연결지어 생각하게 되었다. 신경과학자들은 인간이 사회적 종 social species 으로서 생존하고자 사회적 자아를 계속 연습해야 하기 때문에 일반적인 디폴트 상태가 존재한다고 주장한다. 정말로 그렇다면 자연과 교류해야 할 필요성을 반영하는 디폴트 상태도 있어야 하지 않을까? 초기 조상들에게, 자연 세계를 탐색하고 자원을 찾는 능력은 기꺼이 공유하려는 마음만큼이나 생존에 중요했다. 인간의 뇌는 서로 의존하면서 발달되어온 것만큼이나 이러한 필요성도 확실히 반영하도록 진화되어왔다.

아마도 마음은 우리가 처한 맥락에 따라서 어떤 디폴트 상태로 돌아갈지 결정하는 것 같다. 자연 환경에서 멀어진 인간은 주로 자기중심적인 디폴트 상태를 알게 될 것이다. 갑갑한 실내와 소셜 미디어에서 많은 시간을 보내면, 우리는 사회적 인식 쪽으로 자꾸 밀려가게 된다. 그리고 생각 곱씹기도 자주 하게 된다. 밖에서 자주 시간을 보내지 않으면, 우리는 열린 마음으로 주변을 탐색하는 디폴트 상태와 완전히 멀어질 것이다. 자연과 더 자주 교류해야 인간을 인간답게 하는 다른 측면과 다시 친숙해질 수 있다. 그래서 녹색 운동을 더 활발하게 펼쳐야 하는 것이다. 밖에 나가야 당신의 역할이나 타인과의 관계, 당신의 과거에 의해서만 규정되지 않는 자아를 되찾을 수 있다. 지금 이 순간에 적절히 대응하며 자연이 주는 아름다움을 만끽할 자유로운 자아로 돌아갈 수 있다.

신체 활동의 심리적 효과는 흔히 향정신성 약물에 비유된다. 러너스 하이는 순한 대마초를 피울 때 맛보는 행복감과 비슷하다. 동기화된 춤은 엑스터시를 복용할 때의 황홀감을 제공한다. 음악에 맞춰 몸을 흔들면 흥분제를 복용한 것처럼 아드레날린이 분비된다. 나는 심지어 요가 스트레칭만 잘해도 붉은 피가 달콤한 와인으로 변한다는 얘기를 들은 적이 있다. 이러한 비유가 완벽하진 않지만 그래도 여러 가지 움직임의 매력과 장점을 이해하는 데 유용한 틀을 제공한다. 그렇다면 녹색 운동과도 유사한 약물이 존재하지 않을까? 얼핏 불안이나 우울증을 겨냥한 약물 같은 것이어야 한다는 생각이 들었다. 일단 녹색 운동의 독특한 점에 초점을 맞춘다면, 제일 가까운 약물로 엔테오젠entheogen을 꼽을 수 있다. 실로시빈(멕시코산 버섯에서 추출한 환각 유발 물질), 아야와스카(아마존에서 자라는 식물에서 추출한 환각제), LSD 등 식물에서 추출된 엔테오젠은 옹호자들 사이에서 의식을 팽창시킨다고 알려졌다. 흔히 종교적 경험이나 영적 경험을 위해 섭취한다. 녹색 운동처럼 이러한 약물도 디폴트 상태를 일시적으로 재구성하여 의식을 변화시킨다.[26] LSD를 투약할 때 일어나는 디폴트 네트워크 연결 상의 변화는 우주와 혼연일체가 됐다는 느낌과 관련이 있다.[27]

많은 사람이 이러한 약물로 인생을 바꿔준 통찰과 자기 초월의 순간을 맛봤다고 보고한다. 그런데 이러한 경험은 자연 속에서 시간을 보낼 때 흔히 얻게 되는 결과다. 미국인 중 18퍼센트가 자연 속에서 심오한 영적 경험을 했다고 말한다.[28] 실제 신비체험mystical experience의 절반 정도가 자연 환경에서 이뤄진다. 자기보다 더 큰 존재와 하나가 됐다는 '일체감unity sensation, 또는 oneness'의 경험을 가장 흔한 예로 꼽을 수 있다. 리치 롤Rich Roll은 저서 《파인딩 울트라Finding Ultra(국내 미출간)》에서 캘리포니아에 있는 토팽가 주립공원의 산길을 달릴 때의 경험을 털어놓았다. "정말 짜릿했다. 하지만 그게 다가 아니다. 너무나 홀가분했다. … 그동안 영성을 다룬 책에서 읽어보기만 했던 '일체감'을 난생처음 느꼈다."[29]

일체감은 흔히 자연 자체와 합쳐진 느낌으로 나타난다. 쉰 살의 한 여성은 애리조나주의 그랜드 캐니언을 하이킹하는 동안 자아의 확산을 경험했다. "주변 환경에 완전히 융합되는 것 같았어요. 뒷짐지고 멀거니 구경하는 게 아니라 그 안으로 빨려들어갔다고 할까. 아니, 그게 내 안으로 밀려들어왔다고 하는 게 맞겠어요. 주변 환경에 넋을 빼앗긴 나머지 현실을 초월한 것 같았어요. 너무 붕 뜨는 것 같아 처음엔 겁이 나더라고요. 하지만 곧 진정되면서 마음이 너무나 평온해졌어요."[30]

연구원 테리 루이스 터하Terry Louise Terhaar는 자연 속에서 영적 경험을 했다는 사람 수백 명과 심층 인터뷰를 실시했다. (그들은 자신들의 경험을 말로 형언하기 어렵다고 하지만, 터하는 "그들의 표현은 위대한 시인의 아름다운 시구에 비할 만하다"고 말한다. 작가이자 환경운동가인 마이클 폴란Michael Pollan도 사람들이 엔테오젠을 섭취한 상태에서 묘사한 영적 경험에 주목했다.) 터하는 고양된 마음 상태가 야외에서 살아남는 데 유리하다고 믿는다. 그런 상태에서 우리가 신체 통증이나 두려움, 절망감을 더 잘 극복한다는 것이다. 자연계에서 위협에 처하면, 우리는 영웅적 위업을 달성하게 된다. 가령 부상을 입은 채로 무거운 바위를 움직이거나 쓰러진 나무를 들어 올리거나 해서 위험한 상황을 모면한다. 이러한 행동은 모두 우리가 야생에서 살아남는 데 큰 힘이 된다. 초월적 상태가 우리 조상들을 계속 나아가도록 도왔으니 현대인도 자연 속에 있는 동안 생각지도 못한 일을 해낼 능력을 타고났다고 할 수 있다. 자연 속에서 고양된 경험이 현시대에도 자원이 될 것임은 어렵지 않게 생각할 수 있다.

자연 환경은 연구진이 '가망 prospect'과 '쉼터 refuge'라고 부르는 느낌을 선사할 수도 있다. 가망은 흔히 자연의 아름다움이나 장엄한 풍경으로 고무된 시각과 기대감을 뜻하고, 쉼터는 대피하거나 보호받는 곳을 뜻한다. 공원을 거닐 때 받은 느낌을 기술한 각종 글을 분석했더니 사랑, 인생, 시간, 세상, 하나님 같은 단어가 가장 많이 등장했다.[31] 심리학자인 홀리-앤 패스모아 Holli-Anne Passmore와 앤드루 호웰 Andrew Howell은 야외에서 시간을 보낼 때의 심리적 장점을 살피고 나서 "자연과 연결되면, 우리는 한 번뿐인 생애를 넘어선 생명체라는 의식이 강해진다"고 했다.[32]

이러한 폭넓은 관점은 낙관론을 불러일으키기도 한다. 한 연구에 따르면, 자연보호구역에서 15분 동안 걸은 후 사람들은 삶의 난관에 더 잘 대처할 수 있을 거라고 느꼈다.[33] 더 많이 걸을수록 "나 자신이 더 큰 생명 순환 과정의 일부라고 상상할 수 있다"라거나 "나는 숲속의 나무처럼 더 넓은 자연계에 속한 생명체라고 느낀다"고 보고했고, 삶의 문제를 풀어낼 수 있다는 자신감도 더 커졌다.

몇 년 전, 남편과 나는 중병에 걸린 고양이를 돌봤다. 우리가 12년 전에 구조한 고양이였다. 녀석의 신장에 이상이 생겨서 우리는 온갖 치료를 감행했다. 매일 링거를 맞히고 식욕 촉진제를 투여하고 폐에 차는 물을 빼기 위해 동물병원 응급실에 수시로 다녔다. 무진 애를 쓰면서도 우리가 잘하는 짓인지 갈피를 잡지 못했다. 녀석은 잘 먹지도 않아 매번 손가락으로 사료를 떠 먹여야 했다. 30분 넘게 공을 들여도 한 숟가락 분량도 안 됐다. 전에는 참 수다스러운 친구였는데, 이젠 잘 울지도 않았다. 때로는 옷장에 들어가 멍하니 앉아 있기도 했다. 그래도 녀석은 여전히 아침마다 내 배에 앉아 있다가 내가 눈을 뜨면 반갑게 꼬리를 흔들었다. 여전히 우리의 애정을 구했고, 살살 만져주면 기분 좋게 가르랑거렸다. 햇볕을 쬐려고 하루에도 몇 번씩 테라스로 나가는 문 옆에서 나가게 해 달라고 졸랐다. 하지만 녀석은 잠을 잘 이루지 못했고 숨 쉬는 것도 무척 힘들어 했다. 우리는 어떻게든 녀석을 살려보겠다고 갖은 방법을 동원했다. 우리의 노력이 녀석의 생명을 연장하는 것인지, 아니면 고통을 연장하는 것인지 알 수 없었다. 녀석이 뭘 원하는지 모르니까 우리는 어떤 결정을 내려야 할지 참으로 답답했다. 우리가 보호하겠다고 맹세한 생명체를 성급하게 보내는 것도 겁났고, 쓸데없는 짓으로 고통을 연장시키는 것도 겁났다.

당시에 우리는 뉴욕에서 살았다. 이러지도 저러지도 못하고 괴로워하던 어느 날, 리버사이드 파크로 산책을 나갔다. 울타리 너머에서 목줄을 푼 개들이 즐겁게 뛰노는 곳을 지나 허드슨강으로 이어지는 터널을 통과했다. 강변을 따라 걸어가면서 신선한 공기와 푸른 하늘, 찰랑거리는 물소리를 음미했다. 우리는 나무 그늘에 잠시 앉았다. 초가을이라 나뭇잎이 형형색색으로 물들기 시작했고, 일부는 벌써 땅에 떨어졌다. 다람쥐와 참새가 먹이를 찾아 부지런히 돌아다니는 모습도 보였다. 그 순간, 나는 우리가 앞으로 치르게 될 일을 한 걸음 떨어져서 생각했다. 그제야 좀 더 균형 잡힌 시각으로 상황을 바라볼 수 있었다. 뻔한 얘기처럼 들리겠지만, 나는 우리 드라마가 그저 끝없이 순환되는 삶과 죽음의 한 부분임을 알아차렸다. 우리가 통제할 수 있는 게 별로 없다는 사실을 깨닫고 나니 마음이 조금 놓였다. 고양이를 살리겠다고 기울였던 온갖 노력이 여린 생명체를 보호하려는 자연스러운 본능이자 애틋한 사랑의 감정이라는 것도 알아차렸다. 이젠 우리 앞에 놓인 결정과 그 뒤에 이어질 상실감을 감당할 수 있을 것 같아 집으로 돌아오는 발걸음이 한결 가벼웠다.

/

2013년, 오스트레일리아 멜버른 시 당국은 7만 그루의 나무에 식별 번호와 이메일 주소를 부여했다. 담당자들은 관리의 필요성을 시민들에게 알리는 시스템을 만들었다고 생각했다. 포트 홀^{pot hole}이나 그라피티, 고장 난 가로등을 보면 신고하듯, 나무가 병충해를 입거나 가지가 부러지면 시민들이 자발적으로 신고할 거라 예상했다. 그런데 예상과 달리 전혀 다른 메시지가 폭주하기 시작했다. 멜버른에서 자생하는 황금빛 느릅나무와 반짝반짝 빛나는 은매화에 애정과 안부, 잘 자라라는 기원을 담은 이메일이 수천 통이나 쏟아져 들어온 것이다. 나무와 소통할 기회가 생기자, 전 세계 사람들이 애정을 듬뿍 담은 편지를 보냈다.

자연과 교류하고 싶은 인간의 갈망을 '바이오필리아^{biophilia}'라고 하는데, 말 그대로 생명애^{love of life}라는 뜻이다.[34] 생물학자 E. O. 윌슨에 따르면, 바이오필리아는 타고난 본능으로 인간의 행복에 핵심 역할을 수행한다. 인간의 뇌는 자연계와 끊임없이 교류하고 의존해야 하는 환경에서 진화해왔다. 경외감, 만족감, 호기심, 방랑벽 등 현대인이 자연에서 흔히 느끼는 감정은 끊임없이 바뀌는 복잡한 풍경에서 초기 인류가 한자리 차지해야 하는 종種으로 번창하는 데 기여했다. 이러한 감정적 반응은 우리 안에 여전히 깊게 스며들어 있으며, 자주 경험할수록 우리를 더 충만하게 해준다. 전 세계 어디서나 자연과 더 많이 교류한다고 느끼는 사람은 삶의 만족도와 활력, 목적의식과 행복감이 더 크다고 보고된다.[35] 자연 공간에 더 자주 방문하는 사람은 자신의 삶이 보람 있다고 여길 가능성도 더 크다.[36] 이러한 효과는 건강이 주는 이점보다 훨씬 더 강하며, 배우자나 파트너와 행복한 삶을 영위하는 것과 맞먹는다. 한 연구에서, 스마트폰 GPS를 이용해 2만 명 넘는 성인의 움직임과 기분을 추적 조사했다.[37] 100만 개 이상의 데이터를 수집한 후, 연구진은 사람들이 자연 환경에서 더 행복하다고 결론 내렸다. 그런데도 미국인은 일반적으로 93퍼센트의 시간을 실내에서 보낸다.[38] 그 결과 자연 결핍nature deficit이라는 증상에 시달린다.

자연과 교류하려는 욕구는 인간이 익숙한 풍경을 떠나 있을 때 더 뚜렷하게 나타난다. 국제 우주 정거장에 머무는 우주비행사들은 248마일(약 400킬로미터) 떨어진 곳에서 시속 1만 7,000마일(약 2만 7,359킬로미터)로 지구 궤도를 돌면서 극심한 자연 결핍에 시달린다. 우주 정거장에 있으면, 자연계에서 우리가 당연하게 여기는 것들이 모두 달라진다. 우주비행사는 무중력 상태로 떠다닌다. 우주선의 속도가 지구와 가장 기본적인 연결고리인 중력으로부터 그들을 놓아주기 때문이다. 우주비행사는 해가 뜨고 지는 것과 상관없이 일정에 따라 잠을 자고 눈을 뜬다. 우주 정거장의 궤도를 일주일간 돌 경우, 고개를 오른쪽으로 돌리면 낮이고 왼쪽으로 돌리면 밤이다. 빛은 부자연스럽고 공기는 인위적이다. 동료 비행사가 우주 유영에서 돌아오도록 에어 로크air lock를 작동할 때만 신선한 '공간space'을 살짝 접할 뿐이다. 어떤 우주비행사는 우주복에 스며든 우주 공간의 냄새를 맡고는 용접할 때 나는 연기처럼 달콤한 쇳내가 난다고 말하기도 했다.

고향 행성의 리듬과 냄새와 소리에서 너무 멀리 떨어진 이들은 자연의 신호를 갈망하게 된다. 그래서 바람소리, 빗소리, 새소리,

심지어 벌레 소리까지 녹음해 가서 듣는다.[39] 원정길에 오른 미국의 우주비행사 돈 페팃Don Pettit은 우주 정거장에서 텃밭을 가꿔보기로 마음먹고, 휴스턴의 한 상점에서 구입한 씨앗 봉지를 우주선에 싣고 갔다.[40] 화분을 만들기 위해, 그는 때 묻은 속옷과 러시아제 질긴 휴지를 함께 꿰맨 다음 빨대를 꽂아 물이 한 방울씩 떨어지게 했다. 페팃은 씨가 싹틀지 확신할 수 없었다. 향해서 나아갈 햇빛도 없고 뿌리를 내릴 중력도 없었으니 말이다. 하지만 실험을 계속하자 페팃의 텃밭에 생명이 움트기 시작했다. 처음으로 싹이 튼 식물은 돼지호박zucchini이었다. 페팃은 칫솔로 잎을 쓸어주고 자투리 채소와 오렌지 껍질로 우린 물을 주었다. 우주 정거장에 설치된 중량 운동 기구에서 운동할 때도 화분을 옆에 끼고 있었다. 아쉬운 대로 시도해보는 녹색 운동이었다.

식물은 다른 비행사들에게도 기쁨을 선사했다. 한 동료는 호박에 5분만 코를 가까이 대게 해준다면 페팃을 위해 정거장의 헤파필터HEPA filter를 모조리 청소하겠다고 했다. 식물을 향한 애정이 워낙 커서 그들은 전투기 조종사한테나 붙이는 호출 신호까지 식물에 붙여줬다. '돼지호박 호'라는 뜻의 '스페이스 주키니Space Zucchini'였다. 하지만 페팃은 그 이름 대신 장미를 뜻하는 '로즈Rose'로 바꿔 불렀다. 그런 척박한 환경에서 움튼 싹이 얼마나 예쁜지 증명하는 이름이었다. 그 뒤로, 나사NASA의 건강과 실적Behavioral Health and Performance, BHP 팀은 장기 임무를 떠나는 비행사들의 정신 건강을 위해 텃밭 가꾸기를 권장한다. 페팃은 나사의 "스페이스 크로니클스

Space Chronicles(우주 연대기)"라는 블로그에 이런 글을 올렸다. "기계와 전자 장치로 가득한 금속 깡통에서 살 때는 눈곱만한 새싹을 보고도 우리가 어디서 왔는지 알 수 있다. 우리는 모두 뿌리가 있다."

1953년 출간된《자아를 잃어버린 현대인Man's Search for Himself》에서 심리학자 롤로 메이Rollo May는 "자연과 관계를 맺을 때, 우리는 그저 고향 땅에 다시 뿌리를 내리는 것일 뿐이다"라고 했다.[41] 메이는 비유적으로 이런 말을 했겠지만, 인간이 번성하려면 다시 흙과 접촉해야 한다는 증거가 있다. 평범한 토양에서 발견된 박테리아가 실제로 뇌의 염증을 줄여준다고 한다. 흙이 항우울제가 되는 것이다. 텃밭에서 만지던 흙이 손톱 밑에 들어가거나 흙이 뒤집히는 순간 숨을 들이마시면, 이런 유용한 박테리아에 노출될 수 있다. 흙과의 접촉이 좋다는 사실을 발견한 생물학자들은 그들의 통찰을 '옛 친구 가설old friends hypothesis'이라고 이름 붙였다.[42] 이 이론에 따르면, 우리는 미생물과 함께 진화했다. 미생물은 인간의 면역 체계와 뇌에 중요한 동반자다. 꽃과 벌이 함께 진화하면서 서로 의존하듯, 우리 인간도 번성하는 데 이러한 박테리아가 필요하다.

미생물학 잡지와 의학 잡지에 실린 과학 논문을 보면, 현대인들의 흙에 대한 노출 부족이 "옛 친구의 상실"로 묘사되어 있다.[43] 이러한 상실은 인간이 우울증을 포함한 정신적 고통에 시달릴 위험성으로 연결된다. 심리학자 롤로 메이가 묘사한 것처럼, 우리가 고향 땅에 다시 뿌리를 내리는 건 그야말로 행복한 재결합이다. 텃밭을 가꾸거나 오솔길에서 흙먼지를 일으키며 달리거나 단순히 자연 속에서 심호흡만 하더라도, 인류가 무리지어 살면서 서로 의존하도록 배웠던 먼 옛날부터 우리를 줄곧 도와준 생물학적 상호의존성을 회복할 수 있다.

／

　서른한 살의 피트 허칭스Pete Hutchings가 6년 전 런던 북부의 한 공원에서 자원봉사를 시작할 때만 해도, 그 공원은 방치되어 잡초만 무성했다. 자원봉사자들이 도착해서 보니 공원 전역에 마약 용품과 노트북 케이스, 배낭, 도난당한 후 버려진 지갑 등이 어지럽게 널려 있었다. 봉사자들은 몇 주에 걸쳐 쓰레기를 치우고 외래종 식물을 뽑아내고 나무를 심었다. 방문객이 공원을 탐방할 수 있는 산책로를 조성하고, 진딧물과 나비가 동면할 수 있는 둥지를 곳곳에 만들었다.

　이젠 학생들이 날마다 단체로 찾아와 체험 학습을 실시한다. 허칭스가 감격에 겨운 목소리로 내게 말했다. "방치됐던 곳들이 짧은 시간에 이토록 멋진 공간으로 탈바꿈되다니, 정말 놀라울 따름입니다." 허칭스는 이제 그린 짐Green Gym의 일원으로 공원을 관리한다. 그린 짐은 환경 보존에 기반을 둔 녹색 운동을 실천하고자 결성된 영국의 자원봉사 단체다. 나무를 심고 텃밭을 가꾸고 산책로를 조성하는 등의 활동을 주로 한다. (총 관리자인 크레이그 리스터Craig Lister 는 "산책로를 만들기 위해 20분간 땅을 고르다 보면 운동이 절로 됩니다"라

　　　　　　　　　　　　　움직임의 힘

고 말한다.) 영국과 스코틀랜드, 아일랜드 전역에 그린 짐 프로젝트를 실천하는 팀이 흩어져 있으며, 봉사자들이 작년 한 해에 심은 나무만 해도 25만 그루가 넘는다. 봉사자들은 계절마다 각기 다른 일거리로 몸과 마음을 충전한다. 여름에는 주로 텃밭으로 쓸 땅을 골라 흙을 다지고, 이듬해 찾아올 새들을 위해 새장을 만든다. 자연이 동면에 들어갈 준비를 하는 가을에는 구근球根 식물을 심고, 방문객이 편히 다닐 수 있도록 산책로의 계단과 난간을 손본다. 겨울에는 앙상한 가지처럼 보이는 작은 나무를 심는다. 봉사자들이 가끔 "이 막대기에서 정말로 새싹이 돋아날까?"라고 묻는데, 이듬해 봄이 되면 어김없이 어린 봉오리가 수줍게 얼굴을 내민다. 가을에 심어둔 구근에서도 줄기가 자라 꽃이 핀다. "봄이 되면 딴 세상이 펼쳐집니다. 곤충이 날아와 윙윙거리고, 꽃가루와 꽃의 향기가 천지에 가득하죠. 춥고 어둡고 축축한 겨울이 가고 희망의 기운이 사방으로 퍼지는 것 같습니다." 그들의 노고는 몇 달, 심지어 몇 년이 흐른 뒤에 꽃을 피운다. 그런 모습을 보면 그린 짐에서 봉사하는 보람이 절로 샘솟는다. 그야말로 뿌린 대로 거두는 기쁨이다.

누구나 그린 짐에 참여할 수 있다. 그래서 남다른 사연이 있는 봉사자가 많이 찾아온다. 실직 상태에 있거나 장애가 있거나 정신적으로 어려운 처지에 있는 사람도 많다. 한 봉사자는 "그냥 본모습 그대로 오세요. 누구 하나 뭐라 하지 않습니다"라고 말한다. 처음 가입할 때 그린 짐 티셔츠를 하나 받는데, 그것만으로도 소속감을 느낄 수 있다. "들판에 나가면 다들 후줄근해 보입니다. 나이키 신상 운동화를 신지 않아도 됩니다." 리스터가 말했다. "그냥 그곳에 나타나는 것만으로 열렬히 환영받습니다. 기분이 좋지 않아도, 일할 마음이 별로 없어도 괜찮습니다. 따끈한 차를 끓여 나눠주기만 해도 다들 고마워합니다."

협동 과제를 수행하다 보면 자연스럽게 동지애가 싹튼다. 이런저런 이야기를 나누다 잠시 대화가 끊겨도 전혀 어색하지 않다. 자연의 소리가 귀를 간질이고 대지와 접촉하는 연장 소리가 울려 퍼진다. 대화의 질도 달라진다. 사람들은 자연 속에 있으면 자신을 돌아보고 스스럼없이 드러내게 된다. 한 연구에서, 유방암에 걸린 여성들은 녹색 운동을 하는 동안 "더 합심해서 노력하고" 어려운 이야기도 더 쉽게 한다고 대답했다.[44] 연구에 참여한 한 여성은 "딱히 누구를 상대로 말한다기보다는 그냥 속내를 토로하는 거죠. 밀폐된 공간에서라면 말하고 싶지 않았을 이야기도 밖에서는 허심탄회하게 털어놓을 수 있으니 참 좋아요"라고 말했다.

2년쯤 전, 그린 짐 봉사자들은 런던의 그린 짐 본사에서 멀지 않은 공원에 작은 연못을 조성하고 빗물을 받아냈다. "물이 조금만 있어도 야생 생물은 귀신같이 알고 찾아든다"고 허칭스가 이유를 설명해주었다. 정말로 몇 달 지나지 않아서 개구리 한 쌍이 찾아왔다. 2년이 지난 지금, 연못엔 양서류와 잠자리, 각종 수초들로 가득하다. 어떻게 찾아왔는지는 모르지만, 허접한 빗물 웅덩이가 번창한 생태계로 바뀌었다. 허칭스가 이 이야기를 들려줄 때, 나는 문득 인간 커뮤니티도 이와 다르지 않다는 생각이 들었다. 약간의 공간만

움직임의 힘

있으면, 즉 참가할 이유와 돌봐야 할 장소와 교류할 시간만 있으면, 우리는 상호 지원이라는 생태계를 조성한다. 크로스핏, 달리기, 단체 운동, 레저 스포츠 등 신체 운동과 관련된 커뮤니티가 완벽한 예다. 그중에서도 자발적으로 자연 환경을 돌보는 녹색 운동 프로그램은 지원 네트워크를 형성하는 데 특히 효과적이다. 2017년에 크로아티아의 수도 자그레브와 미시간주의 플린트, 오스트레일리아의 멜버른 등 여러 도시에 조성된 커뮤니티 가든을 분석한 결과, 녹색 공간이 사회적 자본social capital을 조성하는 것으로 나타났다.[45] 소속감과 신뢰와 우정 같은 결속형 자본bonding capital은 물론이요, 도움이 필요할 때 의지할 사회적 네트워크 같은 교량적 자본bridging capital 까지 생겨난다. 캐나다의 리자이나에 조성된 노스 센트럴 커뮤니티 가든North Central Community Gardens의 한 회원은 이웃과 함께 텃밭을 가꾸다 보니 삶의 범위가 훨씬 넓어졌다고 말했다. "전에는 그저 내 집이 삶의 전부였는데, 이젠 내 커뮤니티를 생각하게 됩니다."[46]

텃밭 가꾸기를 통해 조성된 사회적 자본은 위기가 닥쳤을 때 자원을 공유한다. 2012년에 허리케인 샌디가 미국 북동부를 강타했을 때, 뉴욕의 여러 지역에 홍수가 나고 전기가 끊겼다. 퀸즈의 록어웨이 비치도 태풍 피해를 비켜가지 못했다. 당시에 91번가 커뮤니티 가든은 음식과 옷가지를 나눠주고 임시 거처를 제공하는 등 구호소 역할을 톡톡히 했다.[47] 사람들이 따뜻하게 지내고 요리도 해 먹을 수 있도록 가든 한쪽에 계속 불을 피워놓았다. 커뮤니티 가든을 "이웃 간의 버팀목"이라고 묘사한 한 회원은 이렇게 말했다. "최악의 허리케인이 동부 해안을 강타한 지 이틀 만에 50명 넘는 사람들이 모닥불 주변에 모여 핫초코를 마시며 농담을 주고받는 모습을 상상해보세요. 주 방위군은 아직 들어오지도 못했는데. 커뮤니티 가든은 두려움에 맞서는 최고의 방어책입니다."

인간이 자연과 교류하려는 욕구를 타고난다고 주장했던 E. O. 윌슨은 이런 말도 했다. "인간은 집단의 일원이 되어야 한다. 인간에게는 사사로운 목적보다 더 큰 목적을 달성하고픈 욕구가 있다."[48] 그린 짐의 비공식 구호는 "목적이 있는 신체 활동"이다. 총지배인인 크레이그 리스터는 프로그램을 홍보할 때마다 "굳이 들어 올릴 필요가 없는 물건을 들러 체육관에 가느니, 일주일에 세 시간만 우리에게 투자하십시오. 프로젝트를 마칠 때마다 함께 이뤄낸 성과를 흐뭇하게 바라볼 수 있을 겁니다"라고 강조한다.

그린 짐의 2016년 활동을 총결산한 결과, 자원봉사에 자주 참여한 사람들은 낙관론과 유능감이 더 높아졌다.[49] 그들은 또 타인과 더 많이 교류하게 되고, 삶의 문제도 더 잘 대처할 수 있다고 느꼈다. 그들이 자연 속에서 시간을 보내고 신체 활동을 더 많이 한 덕분일 테지만, 리스터는 노력의 결과를 눈으로 확인하면서 얻는 만족감도 크게 작용했다고 말한다. "인간은 집단적 동물로서, 온갖 약점에도 불구하고 협력을 통해 세상을 지배하는 종種이 되었습니다. 우리는 똘똘 뭉쳐서 큰일을 해내려 애쓰고, 혼자보다는 집단으로 평가받는 걸 좋아합니다. 우리가 한 일을 커뮤니티 전체가 인정해주면 더 적극적으로 참여하지요."

2017년, 웨스트민스터 대학 연구진은 그린 짐을 위한 봉사활동이 삶의 목표를 나타내는 심리지수인 '코르티솔 각성 반응cortisol awakening response'에 어떤 영향을 미치는지 조사했다. 코르티솔은 스트레스 호르몬으로 알려졌지만, 아침에 눈을 뜨게 해주는 호르몬이기도 하다. 코르티솔 각성 반응은 우리 몸이 에너지를 동원하도록 돕는 역할을 하는데, 아침에 깨자마자 타액 내 코르티솔의 양으로 측정한다. 코르티솔 수치가 높으면 얼른 잠에서 깨어나 다시 세상 일을 수행할 수 있다. 기분이 울적하거나 아무런 희망도 없다고 느끼는 사람은 흔히 코르티솔 각성 반응이 낮아 억지로 몸을 일으킬 마음이 별로 없다. 그런데 그린 짐은 이런 상황을 확 바꿔준다. 8주 동안 봉사활동을 한 뒤, 그린 짐 참가자들의 코르티솔 각성 반응은 20퍼센트나 높아졌고, 불안감과 우울증도 감소했다. 자연 공간을 돌보는 경험이 살아갈 의욕을 불러일으킨 듯하다.

계절이 바뀌고 우정이 깊어지면서 그린 짐 봉사자들은 함께 애쓴 노력의 결실을 목격하게 된다. 그들은 커뮤니티의 미래를 위해 시간과 노력을 투자한다는 점에서 만족감이 매우 높다. 일흔을 넘긴 한 여성 봉사자가 허칭스와 함께 나무를 심었다. 허칭스가 나무들이 자라면 얼마나 보기 좋겠냐고 하자 그녀는 이렇게 말했다. "난 그 모습을 보지 못할 거야. 여기 없을 테니까. 그래도 내 자식들과 손자들이 그 모습을 보고 즐길 걸 생각하면 참으로 뿌듯해."

봉사자들은 녹색 공간을 조성하고 돌봄으로써 커뮤니티의 행복에 기여한다는 사실을 잘 알고, 그 점을 무척 자랑스럽게 여긴다. 델리, 런던, 밀워키 등 공원과 커뮤니티 가든 같은 녹색 공간이 많은 도시에서 생활하면, 삶의 만족도는 더 높고 심리적 고통은 더 낮다고 알려져 있다.[50] 펜실베이니아 원예 학회Pennsylvania Horticultural Society가 필라델피아의 공지空地 200곳을 선정해 쓰레기를 치우고 잔디와 나무를 심어 녹색 공간으로 조성하자, 인근에 사는 사람들의 우울증 발병률이 42퍼센트나 감소했다.[51]

장기 프로젝트를 2년 동안 진행한 후, 그린 짐은 각 지역에서 활발하게 참여한 봉사자들을 선정해 유급 지도자로 훈련시켰다. "그린 짐은 사람들이 더 나은 환경을 조성하고 누리도록 이끌고 있습니다." 리스터가 내게 말했다. "처음엔 우리가 그들의 삶을 향상시켰고, 이젠 그들이 다른 사람들의 삶을 향상시키려고 애씁니다."

20년 전 처음 봉사 활동에 참가했던 최고 책임자를 비롯해, 그린 짐의 현 직원 중 80퍼센트는 자원봉사자로 출발했다. 열세 살 때 식당 주방에서 허드렛일로 생계 활동에 뛰어들었던 허칭스는 6년 전 런던 북부의 버려진 공원에서 처음 봉사를 시작할 때만 해도 환경 보존에 대한 지식이 없었다. 프로젝트 관리에 대한 정규 교육도 받지 못했다. 그런데도 지금은 상근 팀장으로서 그린 짐 프로젝트를 관리한다. "프로젝트 덕분에 인생이 바뀌었다고 말하는 사람을 많이 만났습니다. 수렁에 빠진 사람들에게 그린 짐은 튼튼한 동아줄을 드리워 줍니다. 중요한 것은 내가 이 일을 왜 시작했느냐가 아니라 내가 이 일에서 얼마나 큰 기쁨을 얻느냐 하는 것입니다."

허칭스가 나한테 이 말을 들려주는 순간에도, 그가 하는 일은 여전히 그를 놀라게 하고 그를 더 나은 사람으로 변화시키는 게 분명해 보였다. "내가 특별히 배려심이 많은 사람이라고 생각하지 않습니다. 그저 자연 속에서 나무를 가꾸며 살고 싶었을 뿐인데, 이렇게 큰 기쁨을 얻을 수 있으니 난 참 복 받은 사람이죠."

토머스 O. 페리Thomas O. Perry는 〈나무뿌리: 사실과 오류Tree Roots: Facts and Fallacies〉라는 논문에서 식물의 뿌리는 아무데로나 뻗어나갈 수 있다고 설명한다. "뿌리의 성장은 타이밍과 방향에 따라 사뭇 달라진다. 주변 환경이 성장에 필요한 물과 산소, 미네랄, 온기를 제공하면 뿌리는 언제, 어디서나 뻗어나간다."[52]

인간에게도 이러한 본능이 있다. E. O. 윌슨이 말한 바이오필리아는 단순히 자연을 향한 사랑이나 새소리에 매료되는 성향만 말하는 게 아니다. 살고자 하는 의지, 성장하고픈 욕구, 어떤 환경에서도 뿌리를 내리고 번성하겠다는 투지까지 포함한다.

아들 데이비드가 열 살 나이에 신경아세포종으로 세상을 떠난 후, 수잔 허드는 우울증에서 어떻게든 벗어나려고 달리기를 시작했다. 자식을 잃은 상실감을 여전히 안고 살긴 하지만, 허드는 달리기 덕분에 앞으로 나아갈 수 있었다. 데이비드가 늘 원했던 것처럼 삶을 다시 포용하게 되었다. 올해 들어서는 열다섯 살 된 딸 데이지도 함께 달린다. "노상 데이비드 곁에만 있느라 딸애를 챙겨주지 못한 게 늘 미안했어요. 데이지도 엄마의 손길이 필요했는데, 난 늘 그

애 곁에 없었지요." 그런데 어느 날 데이지가 "나도 엄마랑 같이 달리고 싶어요"라는 말로 그녀를 놀라게 했다. 허드는 당장 데이지와 함께 달릴 수 있는 방법을 알아봤다. 그리고 달리기 초보자들을 위한 '퍼스트 스트라이드First Stride'라는 프로그램을 찾아내서 바로 시작했다. 모녀는 지난봄 두 주에 걸친 야외 달리기 과정을 이수했다. 하루는 그룹 트레이닝 과정에서 허드가 무리를 이끌었는데, 데이지가 다른 러너들에게 이렇게 말하는 소리가 들렸다. "저기 맨 앞에서 이끄는 분이 제 엄마예요."

이 말을 내게 전해줄 때 허드의 목소리에는 기쁨이 넘쳤다. "딸애와 함께 달리는 것은 내 인생에서 가장 즐거운 일 중 하나입니다."

움직임의 힘

어떻게 견뎌낼 것인가

The Joy of Movement

마흔두 살의 숀 비어든^{Shawn Bearden}은 유타주 솔트레이크시티 인근의 앤털로프섬에서 50킬로미터 울트라마라톤을 하고 있었다. 벌써 세 번째 도전하는 초장거리 마라톤이었다. 이번 레이스 코스에서는 영양과 사슴, 코요테, 호저豪豬, 큰뿔야생양 등 야생 동물이 출몰한다고 했다. 어떤 해에는 들소 한 쌍이 결승선에서 400미터 못미친 지점을 막고 서 있기도 했다. (대회 웹사이트에는 이런 안내문이 있다. "할 수 있으면 동물을 돌아가시오. 아니면 그들이 물러나길 기다리시오. 물소로 인한 시간 지연은 보상받지 못합니다.") 다른 초장거리 레이스에서는 보통 외진 곳과 변화무쌍한 풍경을 통과하는데, 앤털로프섬 코스는 전부 다 노출되어 있어서 뜨거운 태양을 잠시라도 피할 그늘이 한 군데도 없다. 레이스 중반부터는 멀리 결승선이 보인다. 비어든의 말을 빌면 이렇다. "영국의 전설적 코미디 그룹인 몬티 파이튼^{Monty Phthon}이 제작한 영화 같습니다. 결승선이 눈앞에 보이는데,

가도 가도 도무지 가까워지지 않습니다."

레이스를 시작한 지 몇 시간 지났을 때, 비어든은 극심한 피로를 느꼈다. 결국 속도를 늦춰서 걷기 시작했다. "내 몸의 모든 부분이 멈추라고 비명을 질렀습니다." 비어든이 당시를 떠올리며 이렇게 말했다. "더 이상 움직일 수 없을 것 같은데, 계속 나아가는 게 불가능할 것 같은데, 용케 발이 떼어지더군요. 그럴 땐 중력이 평소보다 50배는 더 강하게 끌어당기는 것처럼 몸이 천근만근 무겁습니다. 그냥 한 발짝씩 떼기만 하면 되니까 이렇게 쉬운 일이 어디 있겠냐는 채찍질과 그게 세상에서 제일 힘든 일이라며 당장 멈추라는 유혹 사이에서 고민하느라 머리가 돌아버릴 지경입니다."

비어든은 마음을 가다듬고서 10분 동안 뛰어보기로 했다. 그리고 10분 가까이 달렸다고 생각했을 때, 더 갈 수 있을지 자신이 없어서 속으로 생각했다. '7분 이상 버텨냈다면 끝까지 가는 거야.' 그런데 시계를 확인해보니 겨우 1분이 지났다. 비어든은 다시 속도를 늦추고 걷기 시작했다. "그야말로 멘붕이었죠."

그가 앞서 추월했던 러너들이 이젠 그를 앞질러 나갔다. 그들은 비어든이 힘들어 하는 모습을 보고, "잘하고 있어요. 당신은 끝까지 해낼 수 있어요"라며 응원했다. 그 말에 힘입어 비어든은 계속 걸음을 옮겼다. 30분쯤 지난 후 별안간 다시 뛰기 시작했다. 2~3미터쯤 지난 뒤에야 자신이 뛴다는 걸 알아차렸다. 한 발짝 떼는 것도 힘들었던 순간이 언제였나 싶게 몸이 가벼웠다. 언덕을 굴러 내려가는 공처럼 힘들이지 않고 달려 나갔다. 그 추진력으로 결승선까지 무사히 들어왔다. "그때 깨달았습니다. 중간에 아무리 힘들어도 난 해낼 수 있다고. 어떤 난관도 뚫고 나갈 수 있다고 말이죠."

인내심의 한계에 도전한다는 뜻의 '울트라 인듀어런스Ultra-endurance' 대회는 흔히 여섯 시간 이상 지속되는 경기다. 실제로는 대체로 그보다 훨씬 더 오래 걸린다. 그리스에서 열리는 스파르타슬론Spartathalon은 36시간 안에 마라톤 코스를 여섯 번 완주하는 것과 맞먹는 거리를 달려야 한다. 테라 오스트랄리스 바이크 에픽Terra Australis Bike Epic은 자전거로 며칠 동안 4,000마일(약 6,437킬로미터) 넘게 달리며 호주 남동부 해안 전체를 가로지른다. 최장 30일 정도 이어지는 울트라마라톤 행사인 아이디타로드 트레일 인비테이셔널Iditarod Trail Invitational의 경우, 참가자는 걷거나 자전거를 타거나 스키를 타고서 눈보라와 돌풍을 뚫고 앵커리지에서 놈Nome까지 가야 한다. 최근 몇 십 년 동안 이러한 행사에 참여하는 사람이 폭발적으로 늘었다. 북미에서만 울트라마라톤을 완주한 사람이 1980년엔 650명이었지만 2017년엔 7만 9,000명을 넘어섰다.[1]

공식적으로 가장 오래된 울트라마라톤 대회는 남아프리카에서 90킬로미터를 달리는 콤레드 마라톤Comrades Marathon이다. 1차 대전 참전 용사인 빅 클래펌Vic Clapham이 전쟁의 어려움을 알리고 사망한 동료 병사들을 기리고자 1921년에 처음 개최했다. 클래펌은 인간이 도저히 견딜 수 없을 것 같은 일을 어떻게 견뎌내는지 무척 궁금했다. 그래서 끔찍한 세계대전이 끝났을 때 콤레드 마라톤을 개최하기로 마음먹었다. 대회의 공식 이력을 살펴보니 이런 이야기가 나왔다. "콤레드 레이스는 역경 속에도 희망이 있음을 상기해준다. 해가 갈수록 인류의 선함이 빛을 발한다."[2]

오늘날, 울트라 인듀어런스 세계는 우리가 어떻게, 그리고 왜 나아가야 하는지 탐구하는 창을 제공한다. 참가자들은 생리적으로 견디기 힘든 한계까지 자기 몸을 밀어붙인다. 로빈 하비Robin Harvie는 《장거리 마라톤의 매력The Lure of Long Distances(국내 미출간)》에서, 운동선수를 뜻하는 'athlete'라는 단어가 그리스어 '투쟁하는 자, 고통 받는 자'라는 말에서 유래했다고 언급했다.[3] 울트라 인듀어런스 선수는 레저 스포츠를 즐기는 대다수 사람과 달리 영적인 영역까지 동원할 정도로 고통을 감내한다. 그들은 단순히 눈부신 업적을 이루려는 게 아니다. 한 선수가 내게 말해준 것처럼 "고통을 잘 견디는 것"이 무슨 의미인지 탐구하려는 것이다. 그들의 경험은 가장 어두운 시기에 인간이 어떻게 희망과 추진력을 유지하는지 생생하게 보여준다. 우리는 한 번에 한 발짝씩 나아가면서, 고통과 즐거움이 공존하는 공간을 조성하면서, 그리고 타인의 도움을 받으면서 견뎌낸다.

아이다호 주립대학교에서 운동심리학을 가르치는 숀 비어든 교수에게 연락한 건 그가 울트라러닝의 원리에 관한 팟캐스트를 운영하기 때문이었다. (울트라러닝은 마라톤보다 먼 거리를 달리는 것으로 정의 되는데, 얼마까지 달린다는 상한선은 없는 것 같다.) 비어든은 자신이 스포츠에 빠져든 이유가 썩 건전하진 않다고 인정했다. 경쟁심이 지나칠 정도로 강한 데다 자신이 기대에 미치지 못한다는 목소리가 머릿속을 떠나지 않기 때문이었다. 이러한 성향은 알코올 중독자였던 아버지 밑에서 컸던 탓이 크다. "아버지에게 술을 그만 마시라고 간청했습니다. 아버지가 나보다 술을 더 좋아하는 것 같았거든요."

아버지는 비어든이 축구를 잘했을 때만 관심을 보였다. 그래서 비어든은 최고의 운동선수가 되겠다고 마음먹었다. 뛰어난 선수가 되면 아버지가 술보다 자신을 더 좋아해줄 거라 생각했던 것이다. 최고가 되겠다고 죽어라 노력하다 보니, 그게 기본 성향으로 굳어졌다. "소질이 있는 것 같아 보이는 분야에선 언제나 1등을 하려고 기를 썼습니다."

중년으로 접어들면서 비어든은 몸매도 망가지고 체력도 떨어졌다는 생각에 시달렸다. "나이를 먹으니까 '내가 뭘 할 수 있겠어?' 라는 생각이 자꾸 들더군요. 남들이 와! 하고 감탄해 줄 일이 필요했습니다." 때마침 그가 사는 아이다호주 포커텔로 인근에서 트레일 레이스가 열릴 거라는 소식이 들렸다. 레이스는 35킬로미터, 60킬로미터, 100킬로미터 코스로 나뉘어 진행된다고 했다. 비어든은 '진짜로 강한 사람만 이런 레이스에서 살아남을 수 있다'고 생각했다. "그래서 트레일 레이스에 처음 참가하면서도 선뜻 100킬로미터 레이스에 등록했습니다." 비어든은 대회에 나가려고 훈련에 매

움직임의 힘

진했다.

대회 당일, 결승선을 넘는 순간 아내가 그에게 "기분이 어때?"라고 물었다. "'행복해'라는 말이 불쑥 튀어나오더군요. 마치 '구원받은' 것 같았습니다." 비어든은 금세 다른 레이스를 신청하면서 자신이 여기에 푹 빠졌다는 걸 깨달았다. 대회 자체뿐만 아니라 대회를 치르는 데 필요한 훈련도 무척 즐거웠다. "달리는 동안 이번 주에만 두 번이나 울컥했습니다. 주체할 수 없을 만큼 가슴이 벅차오릅니다. 그러다 보니 나도 모르게 눈물이 흐르더군요."

나중에 비어든을 다시 만났을 때 그는 이렇게 말했다. "내가 왜 이렇게 죽어라 달리는지 생각해봤습니다. 어린 시절의 부정적 경험 때문에 어떻게든 최고의 선수가 되겠다고 이러는지, 아니면 그냥 너무 좋아서 이러는지 곰곰 생각해봤지요. 아직도 긴가민가합니다. 하지만 달리는 동안 감정을 주체하지 못하고 행복을 느끼며 확실히 깨달았습니다. 어느 정도는 나를 위해서 달린다는 것을요. 그건 아주 건전하고 좋은 이유죠."

비어든은 이제 틈만 나면 울트라마라톤에 입문하는 사람들을 돕는다. 초보 러너들을 지도하고 팟캐스트도 진행한다. "사람들은 울트라러닝에서 배운 것을 일상생활에 두루 접목할 수 있다고 하더군요. 글쎄요, 난 그게 잘 안 되더라고요." 비어든이 내게 말했다. "울트라러닝은 모든 걸 훌훌 털어버릴 수 있는 곳으로 당신을 이끕니다. 그곳에선 당신의 본질과 한 가지 일, 즉 계속 나아가는 것밖에 남지 않지요. 그런데 그게 내 일상에 두루 적용되는 것 같지는 않습니다. 일상에선 그런 극적인 순간이 별로 없거든요." 비어든이 잠시 쉬었다가 말을 이었다. "다만 우울증은 예외죠."

비어든은 기억이 가물가물한 옛날부터 우울증을 앓았다. 일곱 살 때 처음으로 자살을 진지하게 고려했다고 한다. "어떻게 할지 계획도 미리 세웠었죠." 하지만 비어든은 말만 꺼내고 자세한 이야기는 들려주지 않았다. "하긴, 어차피 성공하지 못했을 거예요."

십대를 지나면서 그의 우울증은 점점 더 심해졌고, 자살 충동은 성인이 되어서도 끈질기게 그를 괴롭혔다. 자꾸 재발하는 정신 질환에 시달리는 사람들이 흔히 그렇듯, 비어든도 멀쩡하게 지내다가 갑자기 우울증이 도지기를 여러 번 반복했다. "일단 우울한 기분이 들면, 만사가 귀찮고 무의미해 보입니다. 덧없는 인생, 살아서 뭐하나 싶어집니다."

비어든은 우울증에서 완전히 벗어나지 못할 거라는 걸 알았다. "우울증은 나를 평생 따라다닐 겁니다. 그 점을 받아들인 것만으로 큰 발전이죠. 하지만 우울증은 나라는 사람의 한 부분일 뿐, 나를 규정하진 못합니다."

비어든은 우울증이 도지는 조짐을 "어두워진다"라는 말로 묘사했다. "느낌이 딱 옵니다. 화창한 날 밖에 있는데 난데없이 하늘에 시커먼 먹구름이 드리우는 것 같거든요. 온 세상이 나를 미워해 숨도 못 쉬게 짓누르는 것 같습니다. 공허감이 밀려들죠. 구름이 몰려와 어두워진 순간, 어떻게 죽을지 고민에 빠져듭니다." 비어든은 어떻게든 마음을 추스르고 어둠에서 벗어나 삶의 보람을 찾으려 애썼다. 하지만 최악의 생각을 억누르려 하면 할수록 점점 더 그 생각이 그럴듯해 보였다. 그러다가 달리기가, 특히 야외 달리기가 머릿속 생각에서 벗어날 방법을 제시해준 것이다. 비어든의 말을 빌면 "구름이 걷힌 것이다."

훈련하면서 기분이 안정된다는 장점에 더해, 비어든이 굳이 울트라 인듀어런스 대회에 나가는 이유는 우울증을 이겨내는 방식과 크게 다르지 않아서다. 극도로 피곤할 때 시간이 더디게 흐르듯이 우울증이나 슬픔에 젖었을 때도 시간이 잘 가지 않는다. 고통이 너무 심하고 앞으로 나아가는 길이 너무 흐릿해서 한 발짝도 더 나아갈 수 없을 것 같다. 독일 쾰른 대학교의 연구진이 우울증을 앓는 사람들에게 시간 경험에 대해 묻자 그들은 이렇게 묘사했다. "사람들이 다 나를 앞질러 간다. 나만 뒤처져서 허둥거리는 것 같다." "엿가락 늘인 것처럼 시간이 끈적끈적하고 느릿느릿하게 흐른다."[4]

비어든도 앤털로프섬에서 50킬로미터를 달리는 동안 시간이 무척 더디게 흐른다고 느꼈다. 다른 러너들이 그를 앞질러 나갔고, 1분이 10분처럼 여겨졌으며, 중력이 평소보다 50배는 더 강하게 잡아당기는 것 같았다. 100마일(약 160킬로미터) 레이스에 참여한 울트라 마라토너들을 대상으로 한 조사에서, 많은 러너가 "시간이 왜곡되고 레이스가 결코 끝나지 않을 것 같다"고 말했다.[5] 울트라 러너인 로빈 하비는 그리스의 스파르타슬론을 달리던 중 85마일(약 137킬로미터) 지점을 통과하던 순간을 생생하게 기억한다. "내가 느리게 가는 것은 물론이요, 시간 자체도 한없이 늘어지는 것 같았습니다."[6] 하비는 울트라 인듀어런스 선수의 고통을 "말로 다 형언할 수 없는 극도의 괴로움"이라고 묘사한다. 그런 상태에서도 끝까지 달려 결승선을 넘어간 경험은 결코 잊히지 않는다. 2011년에 애팔래치안 트레일Appalachian Trail 종주 신기록(46일 11시간 20분)을 세운 제니퍼 파르 데이비스Jennifer Pharr Davis는 저서 《인내심을 쫓아서The Pursuit of Endurance(국내 미출간)》에 자신이 배운 가장 중요한 교훈 중 하나를 소개했다. "앞으로 나아가기 위해 고통을 제거하지 않아도 된다. 우리가 살면서 겪는 아픔은 절대로 완전히 사라지지 않는다. 밀물과 썰물처럼 밀려왔다 밀려가기를 영원히 반복한다. 삶이 별로 고통스럽지 않을 때는 감사한 마음으로 나아갈 수 있다. 그렇지 않은 시간에는 울면서 기도하고 이를 악물고서 싸워나갈 수 있다."[7]

울트라 인듀어런스 선수들이 레이스에서 가장 힘든 순간을 견디려고 사용하는 전략을 보면 인간이 어떻게 고난을 견뎌내는지 알 수 있다. 연구원 카렌 위키스Karen Weekes는 멕시코 몬테레이에서 열린 철인 세계 선수권대회Ironman World Championship의 참가 선수 열 명을 쫓아다니며 조사했다.[8] 열흘 동안 철인 3종 경기를 열 번이나 치르는 이 대회에서, 수영 구간은 총 24마일(약 38.6킬로미터), 자전거 구간은 1,120마일(약 1,802킬로미터), 달리기 구간은 262마일(약 421.6킬로미터)에 이른다. 위키스는 선수들이 고통과 자기의심과 극도의 피로에 어떻게 대처하는지 알고 싶었다. 맥락context을 무시하면, 그들에게서 얻은 답변은 트라우마나 상실감을 겪은 사람들에게 물었을 때 나올 만한 이야기와 흡사했다. 아울러 힘겨운 치료를 받고 있는 환자나 알코올 중독에서 벗어나려고 고군분투하는 사람들에게서 들을 만한 답변과도 흡사했다. 선수들은 오로지 현재에 집중했다. 너무 멀리 내다보면 오히려 압도당할 뿐이라는 것이다. 앞으로 얼마나 더 가야 끝날지 생각하면 앞이 캄캄하기 때문에, 그들은 그저 한 랩lap(수영 경기에서 한 번의 왕복을 이르는 말)만 더, 1마일만 더, 혹은 한 발짝만 더 나아가는 데 전념한다고 한다.

그들은 긍정적 감정을 동원해서 어떻게든 버텨내려고 음악을 듣거나 소중한 추억을 되새겼다. 때로는 눈물을 흘리거나 화를 내거나 휴식을 취했다. 거의 모든 선수가 사랑하는 사람을 떠올리면서 힘을 얻었다. 한 선수는 아버지를 무척 자랑스럽게 여긴다는 막내 아들의 이메일을 떠올린 후 계속 나아갈 의지력을 회복했다. 다른 선수는 마음속으로 가족과 친구들을 상대로 대화를 나눴다. 두 선수는 먼저 세상을 떠난 자식과 남편이 함께한다고 상상하자 평소보다 기운이 더 난다고 느꼈다. 하나님을 찾은 사람도 있었다. 그들은 끝까지 해낼 수 있게 도와 달라고 기도하고, 달릴 수 있게 해줘서 감사하다고 기도했다. 자신의 노력을 타인에게 헌정함으로써 아픔과 피로를 극복한 사람도 있었다. 그들은 시련을 겪고 있는 다른 이들을 생각하거나, 레이스에서 조성된 기금이 좋은 일에 쓰일 거라는 대의를 떠올렸다. 대다수가 당장 느끼는 아픔의 일시성에 초점을 맞췄다. 한 선수는 자기 자신에게 이렇게 말했다. "조만간 마지막 랩을 끝마칠 거야."

이러한 마음가짐은 단순히 고통 없는 미래를 상상하는 것이 아니었다. 오히려 즐거움과 고통이 혼재된 현재를 음미하는 것이었다. 한 선수는 수영에서 몇 번째 랩을 돌든, 자전거로 몇 마일째 달리든, 그게 자기 인생에서 마지막 랩이나 마지막 마일인 것처럼 생각했다. 이러한 사고방식은 그 안에 담긴 아픔에도 불구하고 아련한 향수와 그 순간을 온전히 즐기려는 강렬한 욕구를 불러일으켰다.

외부 관찰자에겐, 이러한 심리적 전략이 목적을 이루는 수단, 즉 육체적 인내라는 과제를 수행하는 데 필요한 정신적 기술로 보인다. 하지만 참가 선수들의 이야기를 들어보면, 그들이 상황을 인식하는 방법이 명확하게 드러나진 않는다. 상당수는 오히려 상반된 관점을 보이는 것 같다. 육체적 어려움이 정신력을 기르는 수단인 것이다. 하와이 호놀룰루에서 영어를 가르치는 서른 살의 크리스티나 토레스Christina Torres는 장거리 달리기에 대해 말하면서 '내 영혼 평안해It is Well with My Soul'라는 찬송가를 언급했다. 자극을 받기 위해 흔히 〈록키〉나 〈불의 전차〉 같은 영화의 주제곡을 언급하는 다른 러너들과는 확실히 달랐다. 이 찬송가의 가사는 호레이쇼 스패포드Horatio Spafford가 1873년에 여객선 침몰 사건으로 아내와 자녀들을 잃은 직후에 썼다. 아내는 구조되었지만 의식불명이었고, 딸 넷은 물속에 가라앉아 시신도 못 찾았다. 전보로 소식을 들은 스패포드는 비탄에 잠긴 아내를 만나러 곧장 유럽행 배에 올랐다. 스패포드의 사연을 들은 그 배의 선장은 딸들이 사고가 난 지점에 이르렀다는 사실을 그에게 알렸다. 그곳에서 스패포드는 훗날 많은 이에게 위

움직임의 힘

안을 주게 될 글을 완성했다.

"내 평생에 가는 길 순탄하여, 늘 잔잔한 강 같든지 큰 풍파로 무섭고 어렵든지 내 영혼은 늘 편하다. 내 영혼 평안해. 내 영혼 내 영혼 평안해."*

어려운 상황에서도 믿음을 지킨다는 메시지 때문에, 이 노래는 장례식장에서 많이 불린다. 그런데 달리는 동안 이 찬송가를 떠올린다니 다소 의아했다. 토레스에게 이 찬송가는 남다른 의미가 있었다. 그녀가 달리는 이유를 고스란히 대변해주었던 것이다. "너무 힘들고 괴로울 때, 달리기는 내게 큰 가르침을 주었어요. 항상 괴롭진 않을 거라고, 어떤 식으로든 괜찮아질 거라고, 아침이 오면 즐거운 일이 생길 거라고 알려줬어요."

토레스가 달릴 때, 고통과 의심을 억누르고 내딛는 걸음걸음은 믿음의 실천이요, 내 영혼이 평안하다는 고백이었다. "하나님이 당신을 어떤 길로 이끌었다면, 그 길을 다 지나도록 인도해주실 거예요. 달리기가 그걸 알려줬어요. 굉장히 힘들고 괴롭지만, 고통은 결국 끝납니다. 달리기는 내게 그 점을 내장內臟 깊숙이 심어줬지요. 아무리 험난한 오르막도 결국엔 내리막으로 이어집니다."

나는 다른 선수들한테서도 이와 비슷한 표현을 들은 적이 있다. 그들은 육체적 고통을 통해 뼛속까지 새겨진 교훈을 얻었다고 했다. 그런데 당신의 생존 능력을 믿든, 하나님의 은총을 바라든, 아

---

* 원서 그대로 번역하지 않고 우리말 찬송가 가사를 인용해 적었다. -역자주

니면 그냥 이 또한 지나가리라고 생각하든, 뭔가를 믿는 것과 그것을 몸으로 느끼는 것은 별개의 일이다. 2016년, 토레스는 카우아이 마라톤Kauai Marathon에 참여했다. 그녀의 표현을 빌면, 이 대회는 "숨막히도록 아름다운 코스 곳곳에 영혼까지 파괴할 만큼 거친 언덕이 연이어 나온다." 레이스 코스의 600미터 지점까지 오르는 동안 토레스는 여러 번 낙담했다. 그녀의 속도가 예상보다 느린 탓에 다른 선수들이 자꾸 앞으로 치고 나갔다. 하지만 30킬로미터쯤 달려 최고봉에 이르자 참으로 멋진 풍경이 펼쳐졌다. 그 모습을 보자 토레스는 가슴이 뭉클했다. '이렇게 멋진 곳을 달릴 수 있으니 얼마나 감사한가. 이런 선물을 받은 나는 얼마나 축복받은 사람인가.'

문득 토레스의 귓가에 할아버지의 목소리가 들렸다. "이걸 감사하게 생각하거라, 얘야." 토레스는 기쁨에 겨운 나머지, 눈물이 주르르 흘렀다. 언덕을 뛰어 내려가면서 감사하다는 말을 수없이 되뇌었다. "감사해요. 감사해요. 정말 감사해요."

나중에 토레스의 이야기를 떠올리다 문득 장거리 레이스는 거의 모두 야외에서 열린다는 생각이 뇌리를 스쳤다. 어쩌다 모금 행사로 진행되는 경우를 제외하면, 사람들은 트레드밀에서 울트라마라톤을 하진 않는다. 거친 들판을 돌아다니고, 강줄기를 따라가고, 산을 오르고, 계곡을 통과한다. 극도로 힘든 울트라 인듀어런스 대회와 마조히즘을 구분짓는 것은 바로 이 지점이다. 이런 대회는 고통 자체를 즐기려는 게 아니다. 자연 환경에서 고통을 극복하며 자기초월의 순간을 맛보려는 것이다. 지구력 훈련이 부분적으로 고통을

움직임의 힘

잘 극복하는 방법을 배우는 것이라 한다면, 경외심이나 감사한 마음을 불러일으키는 환경에 노출되는 것이 크게 도움이 된다. 밖에 나가면 시시각각 변하는 풍경에 감동받거나 야생동물의 갑작스러운 출현에 깜짝 놀랄 것이다. 밤하늘을 수놓은 별에 매료되거나 어슴푸레 밝아오는 새벽빛에 기운을 차릴 것이다. 이러한 초월적 감정은 개인의 통증과 피로를 다른 맥락에서 바라보게 한다. 이 점을 고려하지 않고는 울트라 인듀어런스 선수들이 하는 일을 도무지 이해할 수 없다. 극도로 피곤한 와중에도 고양된 감정을 경험할 수 있다면, 가장 암울한 것 같은 상황에서도 순전한 행복을 맛볼 수 있지 않겠는가. 그게 가능하다는 걸 알면, 우리가 겪는 최악의 아픔을 이겨낼 수 있다. 괴로움과 즐거움이 공존하는 방법을 찾으면, 견딜 수 없을 것 같은 일도 기어이 견뎌낼 수 있다.

해마다 열리는 유콘 아크틱 울트라Yukon Arctic Ultra 대회는 개썰매 대회인 유콘 퀘스트Yukon Quest가 열린 직후에 같은 코스에서 진행된다. 각국에서 온 참가자들은 걷거나 크로스컨트리 스키나 산악자전거를 타고 300마일(약 483킬로미터)에 달하는 캐나다의 유콘 테리토리Yukon Territory를 가로지른다. 참가자들은 출전에 앞서 탈수와 저체온증, 동상, 눈사태, 살얼음을 지나다 빠지는 것, 야생동물의 공격, 정신적 외상, 사망에 이를 정도의 중상 등 여러 가능성을 인지했다는 증서에 서명해야 한다. 2018년 대회에서는 기온이 영하 49도까지 떨어졌다. 당시 참가자들은 질병이나 피로, 장비 고장 등을 이유로 한 사람만 빼고 모두 중도에 포기했다. 조직위는 행사를 일찍 종료하고, 남아프리카에서 온 제쓰로 드 데커Jethro De Decker가 중간 검문소에 이르렀을 때 우승자로 선언했다. 결승선에서 32마일(약 51.5 킬로미터)이나 못 미친 지점이었다.

막판까지 버텼던 선수들 중에 예순한 살의 로베르토 잔다Roberto Zanda는 헬리콥터로 호송될 만큼 심한 동상에 걸려 두 팔과 두 발이 절단될 위기에 처했다. 캐나다 화이트호스 지역의 한 병원에 입원한 직후, 캐나다 방송협회CBC가 그를 인터뷰했다. 잔다는 두 팔과 양쪽 종아리가 두툼한 붕대로 둘둘 말려 있었고, 피가 다시 돌지 알 수 없는 상태였다. "메시치오네Massiccione(철인)"라는 별명이 붙은 잔다는 CBC에 이렇게 말했다. "살아남는 게 팔다리보다 더 중요합니다. 그래야 의족을 하고서라도 레이스에 계속 참가할 수 있죠."

6주 뒤, 의사들은 결국 잔다의 오른손과 양쪽 다리의 무릎 아래 부분을 절단했다. 잔다는 탄소 섬유로 된 다리와 최첨단 생체공학적 인조 손을 장착하고 고향인 사르데냐섬의 칼리아리에서 훈련을 재개했고, 여름에 새 다리로 나미비아 사막을 가로지르는 155마일(약 249킬로미터) 울트라마라톤 대회에 도전하겠다고 신청했다.

철학과 대학원생인 크리스티-앤 버로스Kirsty-Ann Burroughs가 인듀어런스 러너들을 상대로 레이스 경험을 인터뷰했을 때, 단연 눈에 띄는 주제는 희망이었다. "각 러너는 희망의 끈을 놓지 않은 덕분에 절망을 이겨냈다. 끈질긴 인내력을 발휘하게 하는 것은 바로 희망이다."[9]

불굴의 의지를 자랑하는 울트라 인듀어런스 선수의 능력은 감동과 혼란을 동시에 안겨준다. 나는 로베르토 잔다가 탄소 섬유로 된 다리로 오르막길을 달리는 모습을 비디오로 지켜보다 문득 궁금증이 생겼다. 울트라 인듀어런스 선수는 계속 나아가려는 역량을 타고났기 때문에 그런 스포츠에 끌리는 것일까? 아니면 훈련으로 엄청난 인내력이 길러진 것일까? 물론 둘 다 복합적으로 작용한다고 봐야 할 것이다. 그런데 새로운 연구를 통해 회복력은 인내력의 전제 조건이 아니라 결과로 볼 만한 이유가 밝혀졌다.

2015년 베를린의 우주 의학 및 극한 환경 센터Center for Space Medicine and Extreme Environments 소속 과학자들이 유콘 아크틱 울트라 대회에 참가한 선수들을 따라나섰다. 그들은 잔혹한 환경에서 인간의 몸이 어떻게 대처하는지 알고 싶었다. 연구진이 선수들의 혈류를 분석했더니, 이리신irisin이라는 호르몬이 엄청나게 높았다.[10] 이리신은 에너지 대사에 관여하여 신체가 지방을 연료로 태우도록 돕는다고 널리 알려져 있다. 그런데 이리신은 뇌에도 강력한 영향을 미친다.[11] 뇌의 보상 체계를 자극하고, 천연 항우울 효과를 주기도 한다. 이리신 수치가 떨어지면 우울증 위험이 높아지는 데 반해,[12] 수치가 올라가면 의욕이 넘치고 학습 효과도 높아진다.[13] (아직 인간에게 시도할 준비가 되지 않은 탓에) 쥐의 뇌에 단백질을 직접 주입하면, 위협 앞에서 학습된 무기력과 부동성immobility 등 우울증과 관련된 행동이 줄어드는 것을 볼 수 있다.[14] 혈액 내 이리신 수치가 높아지면, 인지 기능도 향상되어 알츠하이머병 같은 퇴행성 신경질환을 예방할 수도 있다.[15]

유콘 아크틱 울트라 대회에 참가한 선수들은 애초에 이 호르몬 수치가 굉장히 높았다. 게다가 대회를 치르는 동안 이리신 수치는 점점 더 높아졌다. 겉으론 저체온증과 극도의 피로로 쓰러질 지경이었지만, 속으론 뇌 건강을 지켜주고 우울증을 막아주는 화학물질에 뇌를 푹 담갔던 것이다. 도대체 왜 혈액 내 이리신 수치가 그토록 높아졌을까? 그 답은 대회가 열리는 자연 환경에, 그리고 선수들이 완주하기 위해 해야 하는 일에 있었다. 이리신은 "운동 호르몬"이라는 별명으로 불려왔고, 마이오카인myokines의 가장 좋은 예로 알려져 있다.[16] 마이오카인은 근육에서 생성되어 신체 활동 중에 혈액으로 분비되는 단백질이다. (마이오Myo는 '근육을', 카인kine은 '움직이기 시작하다'는 뜻이다.) 인간 생물학 분야가 눈부신 발전을 거듭한 결과, 최근에 과학자들은 골격근이 내분비 기관으로 작용한다는 사실을 알아냈다.[17] 근육은 부신副腎이나 뇌하수체처럼 신체의 모든 조직에 영향을 미치는 단백질을 분비한다. 그런 단백질 중 하나가 이리신이다.[18] 트레드밀에서 한 차례 운동한 뒤에도 혈액 내 이리신 수치는 35퍼센트까지 상승한다.[19] 그런데 유콘 아크틱 울트라 대회에 참가하면 하루에 열다섯 시간 정도 운동하게 된다. 또 추위로 인한 근육 수축도 혈류에 이리신 분비를 촉발한다. 즉, 유콘 아크틱 울트라 대회 참가자들의 경우, 극한의 환경과 극한의 신체 활동이 결합되어 마이오카인 수치가 유난히 높았던 것이다.

운동하는 동안 근육에서 분비되는 유익한 마이오카인이 이리신만 있는 건 아니다. 2018년에 발표된 한 연구 논문에 따르면, 자전거를 한 시간 타는 동안 대퇴부의 사두근에서 분비되는 단백질이 서른다섯 가지나 된다.[20] 이러한 마이오카인 중 일부는 근육이 점점 더 강해지도록 돕고, 일부는 혈당을 조절하거나 염증을 가라앉히거나 심지어 암세포도 죽인다. 두말할 것도 없이 운동은 장기적으로 건강에 유익한 효과를 미친다. 그러한 효과 중 상당 부분이 근육 수축 중에 분비되는 유익한 마이오카인 덕분이라고 과학자들은 생각한다.

과학자들은 마이오카인이 질병을 어떻게 예방하는지에 초점을 맞춰 연구하고 있는데, 사실 이 화학물질은 정신 건강에도 강력한 영향을 미친다. 예를 들면 '혈관내피성장인자VEGF'와 '뇌유래신경영양인자BDNF'(뇌에서만 생성된다고 여겨졌기 때문에 이런 이름이 붙었다)는 뇌세포의 건강을 보호하고, 나아가 뇌가 새로운 뉴런을 생성하도록 돕기도 한다. 약물 치료와 전기 충격 요법 등 지금까지 알려진 온갖 우울증 치료법도 이러한 뉴로트로핀neurotrophines의 수치를 높여준다.

또 다른 마이오카인인 '신경교유래신경영양인자GDNF'는 중뇌에서 도파민 뉴런을 보호한다. 도파민 뉴런이 파괴되면 우울증과 파킨슨병 등 다양한 장애가 발생한다. 도파민 뉴런의 파괴는 약물 중독의 가장 사악한 부작용 중 하나다. 운동은 도파민 뉴런을 보존하는 신경영양인자NF를 분비하여 이러한 증상을 예방하거나 늦추거나 심지어 뒤집을 수도 있다. 다른 마이오카인들도 뇌의 염증을 줄여줘서 신경학적 장애를 예방하고 우울증과 불안 증상을 감소시킬 수 있다. 어떤 마이오카인은 만성 스트레스로 인한 신경독성 화학물질을 분해하고 혈류에서 무해한 물질로 바꿔 뇌에 이르게 한다.[21] 이러한 연금술은 실제로 보거나 느낄 수는 없지만, 우리가 운동할 때마다 몸속에서 쉴 새 없이 이뤄지고 있다.

운동 유도 마이오카인을 다룬 초기의 과학 논문들 중 하나가 이들을 "희망 분자"라고 이름 붙였다.[22] 울트라 인듀어런스 선수들은 한 발짝씩 내딛는다는 비유를 들어 설명한다. 도저히 더 나아갈 수 없을 것 같은 상황에서도 한 발 한 발 대딛다 보면 자신감과 용기가 생긴다는 것이다. 희망 분자의 존재는 이것이 단순한 비유가 아님을 보여준다. 희망은 바로 근육에서 시작될 수 있다. 한 발짝 내딛을 때마다, 200개 넘는 마이오카인 분비 근육이 수축된다. 몸을 앞으로 나아가게 하는 그 근육은 회복력의 신경 화학 작용을 자극하는 단백질을 뇌로도 보낸다. 다행히 이러한 화학물질을 혈류로 주입하기 위해 울트라마라토너처럼 북극을 횡단할 필요는 없다. 근육 수축과 관련된 움직임, 즉 모든 움직임이 유익한 마이오카인을 분비하니 말이다.

울트라 인듀어런스 선수들 중 일부는 타고난 인내력 때문에 이러한 스포츠에 끌리는 것 같다. 극단적 환경은 그들이 도전의식을 불태우면서 타고난 성향을 발휘하게 해준다. 물론 격렬한 신체 훈련이 그들의 정신력을 높여줄 가능성도 무시할 수 없다. 인터벌 트레이닝 같은 고강도 훈련뿐만 아니라 걷기, 하이킹, 조깅, 달리기, 자전거 타기, 수영 같은 지구력 운동도 정신 건강을 지원하는 마이오카인을 생성할 가능성이 크다.[23] 이미 활동적인 사람들이 운동 강도나 양을 늘리면, 즉 더 열심히, 더 빨리, 더 멀리 혹은 더 오래 운동하면, 근육이 놀라서 마이오카인이 훨씬 더 많이 분비될 수 있다.[24] 한 연구에서는 지칠 때까지 달렸더니 달리는 동안뿐만 아니라 회복 기간에도 이리신 수치가 높게 나왔다.[25] 희망이라는 정맥 주사를 맞은 것과 같은 효과가 있는 것이다. 세계 정상급 울트라 인듀어런스 선수들 중 상당수는 우울증이나 불안, 트라우마, 중독 등의 전력이 있다. 숀 비어든 같은 선수는 이 스포츠 덕분에 목숨을 부지한다고 생각한다. 이런 이유로도 사람들은 울트라 인듀어런스의 세계에 빠져든다. 결국 초인적 인내력을 타고난 상태에서 출발할 수도 있지만, 한 번에 한 단계씩 회복력을 기르며 동참할 수도 있다.

비어든과 이야기 나눈 지 몇 달 후, 그의 인스타그램 계정에서 한 이미지가 내 피드에 나타났다. 높다란 산으로 이어지는 포장도로 한복판에서 찍은 사진이었다. 도로 양쪽으로는 풀로 덮인 들판이 펼쳐져 있고, 푸른 하늘엔 남자의 머리 바로 위로 시커먼 구름 한 점이 떠 있었다. 문득 비어든이 우울증을 묘사할 때 화창한 날 시커먼 먹구름이 드리운다고 했던 말이 떠올랐다. 비어든은 인스타그램 사진 밑에 이렇게 적었다. "오늘 바람이 억수로 불어 평범한 산길에서도 제대로 훈련할 수 있었다. 이렇게 달릴 수 있다는 게 너무나 행복하다. 땅 위에서 보내는 나날이 정말 좋다."

그 밑에 달린 댓글 하나가 산길을 함께 달리는 동료처럼 그를 응원했다.

"아멘! 계속 분투하세요!"

쉰일곱 살의 모험 운동가인 테리 슈나이더^{Terri Schneider}는 아프리카와 남아메리카, 유럽의 최고봉을 모두 정복했다. 사하라 사막을 질주하고, 장마철에 부탄의 여러 산을 자전거로 오르내리고, 에콰도르의 아추아 원주민과 함께 아마존 우림을 돌아다녔다. 그런데 슈나이더의 화려한 경력은 초현실적 악몽으로 오해받기 십상이다. 중국에선 고비 사막의 소금밭을 뛰다가 진흙탕에 허벅지까지 빠졌다. 굶주린 생물체가 그녀의 신발을 물고 밑으로 밑으로 잡아당기는 것 같았다. (결국 나머지 구간은 맨발로 달렸다.) 코스타리카에선 1만 피트(약 3,048미터) 높이의 화산을 자전거로 내려오다 바위에 부딪혔다. 더구나 땅바닥에 엎어져 정신을 차리려는 와중에 들개의 공격을 받아 혼비백산하기도 했다. 패들보트를 타고 가다 상어와 바다뱀이 들끓는 바닷물에 빠졌고, 말을 타고 가다 유사流砂에 빠진 적도 있다. 정글 트레킹 중엔 거머리 떼의 공격을 받기도 했다. 캄캄한 밤, 그녀의 체열에 이끌린 거머리 떼가 장갑과 바지 속으로 들어왔다. 아니, 틈새란 틈새는 모두 찾아서 기어들었다. 슈나이더는 신발 끈을 꿰는 구멍과 옷의 솔기 사이로 스며 나오는 붉은 피가 지금도 눈에 선하다고 말한다.

"각종 대회 중에 경험한 최악의 상황은 무엇인가요?"라는 질문에 대한 답변으로 방금 소개한 이야기를 예상했는데, 전혀 다른 이야기가 나왔다. 울트라 인듀어런스 선수로서 보람을 느낀다고 말하면서 슈나이더가 들려준 이야기는 다음과 같다. 그녀의 모험은 흔히 세상에서 가장 아름다운 장소에서, 대다수 사람이 결코 밟아보지 못할 장소에서 주로 펼쳐진다. "이러한 환경에서 인간답게 살려면, 온갖 방식으로 육체적 고통을 감수해야 합니다." 주변의 멋진 풍경이, 그리고 그녀가 그곳에 오기 위해 견뎌야 했던 것들이 어우러져 엄청난 만족감을 선사한다. "고통 속에서 잠시 숨을 고르며 주변을 둘러본 다음 다시 나아갑니다. 내가 고통받는 이유는 내가 지금 이곳에 있기 때문이에요. 내가 이곳에 있는 이유는 내가 힘겹게 찾아왔기 때문이고요. 그건 인간의 정신과 육체가 어디까지 감당할 수 있는지를 보여주는 증거입니다."

어떻게 해서 전문적인 모험 운동가가 됐냐고 묻자 슈나이더는 "난 학대받은 적이 없습니다. 섭식장애를 앓은 적도 없고, 평범한 남자한테 차인 경험 외엔 특별히 트라우마를 겪지도 않았습니다. 내 이야기는 그저 강인한 여자가 되어가는 과정을 보여줄 뿐입니다"라고 말했다. 슈나이더는 맨 처음 육체적 한계까지 밀어붙였을 때 느꼈던 즐거움을 지금도 기억한다. 열 살 때 크로스컨트리 달리기 대회에 참가해 꼴찌에서 두 번째로 들어왔다. 그래도 마냥 좋았다. "한계까지 몰아붙이자 새로운 세계가 열리더군요. 정말 기뻤습니다. 너무나 신나고 짜릿했습니다. 그 뒤로 수십 년이 흘렀지만, 감사하게도 나는 여전히 밖으로 나가서 내 몸을 최대 한계까지 밀어붙이며 짜릿한 기분을 맛볼 수 있습니다."

슈나이더가 어렸을 때, 어머니는 〈리더스 다이제스트〉에서 읽었다며 여자가 너무 많이 뛰면 자궁이 떨어져 나간다고 경고했다. 하지만 슈나이더는 개의치 않았다. 오히려 모험을 떠나면 여자가 어떻게 생각해야 한다거나 어떻게 행동해야 한다는 식의 기대치에서 해방되는 것 같았다. "여자가 자연 속에서 육체적으로 힘겨운 일을 하는 것, 그것은 인생에서 행하는 다른 어떤 일과도 같지 않습니다. 사회적 기준도 없고, 문화적 메시지도 없습니다. 아무도 내게 어떻게 보여야 한다거나 어떤 식으로 생각해야 한다고 요구하지 않지요. 자연은 그러한 것들을 싹 지워버립니다."

슈나이더는 사회적 기준이라는 압력에서 벗어나 예측 불가능한 야생에서 자신의 있는 모습 그대로를 좋아한다. "똑같은 테리 슈나이더이지만, 과감하고 강인하고 자신감 넘치는 테리입니다. 제 삶에 만족하고 감사하는 테리입니다." 모험을 선택할 때, 슈나이더는 "한계를 넘어섰다"고 할 만한 일을 찾는다. 예전에 했던 것보다, 그리고 뻔히 할 수 있는 것보다 더 힘겨운 일에 도전한다. 단순히 성취감을 맛보고 싶기 때문만은 아니다. 새로운 경험이 어떻게 진행될지, 새롭고 도전적인 환경에서 자신이 어떻게 대응할지 궁금하기 때문이기도 하다. 그녀는 늘 가능한 것의 한계를 넘어섰을 때 어떻게 되는지 몸소 부딪쳐 확인하고 싶어 한다. 이러한 동기는 모험 운동가들 사이에서 흔히 엿볼 수 있다. 제쓰로 드 데커는 2018년 유콘 아크틱 울트라 대회에서 살아 돌아왔을 때 이렇게 말했다. "당신이 어떤 사람인지 알아내는 데 이보다 더 좋은 방법이 있겠는가?"

슈나이더가 한계를 확실히 넘어섰다고 자부하는 일 중 하나는 거의 25년 전에 일어났다. 제1회 에코-챌린지Eco-Challenge 대회였는데, 팀원들과 함께 유타주에서 열흘 동안 쉬지 않고 모험 레이스를 펼쳤다. 당시 대회는 다섯 명이 한 팀으로 뭉쳐 말을 타거나 걷거나 산악자전거를 타고 376마일(약 605킬로미터)을 통과해야 했다. 아울러 가파른 암벽을 오르고 험준한 골짜기로 자일을 타고 내려가고, 래프트와 카누를 타고 거친 강물을 헤쳐 나가야 했다. 경험이 풍부한 선수들로 구성된 50개 팀이 도전했지만 21개 팀만 완주에 성공했다. (한 의학 잡지가 나중에 그 레이스를 울트라 인듀어런스 세계의 기준으로 볼 때도 "전례가 없는" 신체적 리스크 사례로 묘사했다.) 슈나이더는 그 대회에 등록할 당시, 암벽 등반 경험이 별로 없었다. 게다가 높은 곳에서 내려다볼 때 극심한 공포를 느끼곤 했다. 겨우 30피트(약 9미터) 높이에서 자일을 타고 내려오는 훈련 중에도 몸이 굳었다. 사악한 기운이 그녀를 꼼짝 못 하게 하는 것 같았다. 그런데도 에코-챌린지 대회에 참가하겠다고 나선 이유는 이러한 두려움을 어떻게든 극복하고 싶었기 때문이다.

레이스에서 가장 힘든 등반은 1,200피트(365.76미터) 높이까지 고정로프fixed ropes를 이용해 곧장 올라가는 것이었다. 100피트(30.48미터)마다 절벽 면에 멈춰 서서 새로운 로프로 옮겨야 했다. 자칫 실수하면 저 아래 강물로 자유 낙하할 터였다. 슈나이더 팀이 등반 지점에 도착했을 때, 그녀는 절벽 밑에서 꼼짝하지 못했다. 《지독한 영감Dirty Inspirations(국내 미출간)》이라는 회고록에서, 슈나이더는 당시 자신이 고려했던 옵션을 털어놓았다.[26]

1) 포기한다. 2) 두려움의 포로가 된 채 절벽을 오른다. 3) 두려움을 받아들이고 한 번에 한 팔씩 뻗어 1,200피트를 올라간다.

슈나이더는 마지막 옵션을 선택했다. 등반을 시작하자 두려움도 함께 커졌다. 마음을 차분히 가라앉히고자 그녀는 두 가지 감각에만 집중했다. 손에 닿는 암벽의 느낌, 그리고 자신의 하네스harness(안전벨트)에 부착된 어센더ascender(등강기)를 통과해 떨어지는 로프 소리. 그렇게 네 시간 동안 사투를 벌인 끝에 결국 절벽 꼭대기까지 올라갔다. 슈나이더는 벼랑 끝에 서서 눈앞에 펼쳐진 장엄한 광경을 음미했다.

"그 등반에서 내가 배운 게 뭔지 아세요? 두려움을 극복하거나 아예 없어지게 할 수 있다는 게 아닙니다. 내가 카드를 쥐고 있는 한 두려움과 관계를 맺을 수 있다는 것입니다. 나는 두려움을 어떻게 경험할지 정할 수 있습니다. 내 두려움을 분석하고 똑바로 바라볼 수 있고, 또 그 두려움과 관계를 맺을 수도 있습니다. 두려움은 방해물이 아니라 정보일 뿐입니다. 최종 결정은 내가 내립니다."

정도는 비할 데 없이 작지만 슈나이더가 등반 중에 경험한 공포감을 나도 겪어봤다. 수년 전에 남편과 함께 실내 암벽 등반을 시도

했다. 나로서는 시도해보는 것 자체가 내 한계를 넘어서는 것이었다. 나는 고층 건물에 올라가면 창가에 서 있기만 해도 현기증이 나고 떨어질까 봐 겁내는 사람이었으니 말이다.

인공 암벽이 설치된 체육관에서, 하네스를 단단히 착용하고 천천히 올라갔다. 내 안전 로프는 위에서 남편이 붙잡고 있었다. 내가 삐끗하면 남편이 로프를 당겨줄 터였다. 확실한 안전 조치에도 불구하고 나는 특정 높이 이상으로는 올라갈 수 없었다. 20피트(약 6미터)쯤 올라가자 몸이 얼어붙었고, 머릿속에서 '나 좀 내려줘!'라고 외쳤다. 내가 어떤 벽을 오르는지, 손잡이와 발판이 어떤 형태인지는 중요하지 않았다. 내 대뇌피질 안에 있는 뉴런들은 다음 손잡이를 붙잡기 위해 팔을 뻗으라고 명령을 내릴 수 없거나 내리려 하지 않았다. 중뇌 깊숙이 자리 잡은 두려움 회로가 그들을 꼼짝 못 하게 붙들었다.

당시 나는 20피트의 심리적 한계를 깨지 못했다. 그저 위험 회피형 조상에게서 물려받은 생물학적 안전 메커니즘을 받아들였다. 그 심리적 장벽을 부수고 올라가면 어떻게 될지 알아보려 하지 않았다. 슈나이더와 얘기하고 몇 달 뒤, 깎아지른 절벽에서 한 번에 한 팔씩 뻗어 기어이 1,200피트를 올라간 슈나이더가 문득 떠올랐다. 슈나이더의 성과는 나 같은 사람이 감히 상상하기도 어려운 경지였다. 하지만 그녀가 두려움을 묘사한 방식은 무척 익숙했다. 나는 남편에게 플레닛 그레나이트Planet Granite에 다시 가보자고 했다. 15년 전 두려움의 한계에 부딪혔던 실내 암벽 등반 체육관 말이다.

한 시간 동안 안전 수칙을 교육받은 뒤, 나는 다시 하네스를 착용했다. 내 하네스에는 인공 암벽 꼭대기에서 50피트(약 15미터) 아래까지 늘어뜨린 로프가 단단히 매어 있었다. 내가 올라가는 동안 로프가 느슨해지지 않도록 남편이 위에서 단단히 붙잡아주기로 했다. 옆에선 열 살 남짓한 사내아이가 똑같이 암벽을 올라갔고, 아이의 부모가 밑에서 열심히 코치했다. 처음에 나는 아이와 나란히 올라갔다. 그런데 얼마 지나지 않아 멈추고 싶은 욕구가 강하게 일었다. 이전에 기록했던 20피트에도 못 미친 지점이었다. 옆에서 올라가는 아이는 너무 신나 보였다. 아이의 열정에 고무되어 다시 팔을 뻗었다. 하지만 조금 더 올라가자 멈추고 싶은 충동도 더 강해졌다. 그 순간, 테리 슈나이더를 떠올렸다. 그녀가 가파른 암벽의 600피트(약 182미터) 지점에 도달했을 때 어떤 기분이었을지 상상하며 속으로 되뇌었다. '그냥 팔을 뻗고 계속 올라가.'

팽팽하게 당겨진 로프의 긴장감이 손끝에 전해졌다. 남편이 '걱정하지 마. 내가 단단히 붙잡고 있어'라고 말하는 것 같았다. 실제로 내가 힘에 부쳐할 때 남편이 위에서 당겨준다는 느낌이 몇 번 들었다.

결국 첫 시도에서 꼭대기까지 올라갔다. 생각지도 못한 성과였다. 두려움이 너무 컸던 탓에 중도에 포기하거나 삐끗해서 떨어질 거라 예상했었다. 하지만 끝까지 올라가서 벽에 걸린 카우벨cowbell을 쩽그랑 쩽그랑 울렸다. 등반가들이 성공을 알리는 신호였다. 금속 재질의 종에 손이 닿자 내가 미처 여기까지는 상상하지 않았음을 깨달았다. 하네스를 장착하고 땅에서 발을 떼는 것까진 머릿속에 여러 번 그려봤지만, 가능할 거라고 생각하지 않았던 것까진 미리 그려보지 않았던 것이다. 지상으로 내려오자 내가 방금 해낸 일의 충격을 온몸으로 느꼈다. 남편이 나만큼 놀라서 소리쳤다. "해냈어! 한 번에 해냈다고!"

나는 너무 얼떨떨해서 뭐라 말도 잘 안 나왔다. 첫 성공 직후에 다른 루트로 두 번이나 더 올라갔다. 요행이 아님을 확실히 해두고 싶었기 때문이다. 올라가는 동안 두려움이 완전히 사라지진 않았지만, 결연한 의지와 약간의 재미가 더해졌다.

지난 15년 동안 내 뇌가 나를 20피트 이상까진 오르지 못하게 한다는 생각을 품고 살았다. 그렇다면 무엇이 달라졌을까? 일단 이런 변화가 가능했던 것은 슈나이더와 나눈 대화 덕분이다. 처음엔 그녀의 이야기에 고무되긴 했으나 나랑은 다른 사람이라 생각했다. '와, 대단해. 하지만 난 절대 그렇게 못해.' 그런데 어느 순간 나도 용감해질 수 있을 것 같다는 생각이 들었다. 암벽을 타는 동안, 두려움이 엄습할 때 남편의 지원을 손끝으로 감지할 수 있었던 것도 계속 나아가는 데 큰 힘이 되었다. 옆에서 올라가던 열 살 소년의 흥과 열정도 한몫했다. 아이의 즐거움은 전염성이 있었다.

플래닛 그레나이트로 향할 때, 나는 암벽을 타면서 두려움과 용기, 즐거움이 공존하는 것을 느끼고 싶었다. 하지만 그 경험은 암벽을 타는 도중이 아니라 다 올라가고 나서야 누릴 수 있었다. 내가 용기와 즐거움을 찾을 때까지 누군가 나를 위해 그것들을 붙잡아주고 있었기에 가능한 일이었다. 어려움을 극복하는 데 필요한 것을 전부 다 내가 짜내지 않아도 된다는 것을 깨달았다. 이 일로 내 경험의 그릇을 확장할 수 있었다. 나보다 먼저 겪어본 사람들, 그리고 같은 공간에서 같은 일을 하는 사람들까지 포함시킬 만큼 크게 확장할 수 있었다.

슈나이더는 내게 한계를 넘어선 후에 이런 기분이 든다고 말했다. "당신이 해낸 일을 돌아보며 이렇게 생각할 겁니다. '와, 내가 뭘 해냈는지 봐.' 그런 경험은 늘 당신 곁에 남아 있습니다. 인생을 살아가다 어떤 일이 닥치든, 그 경험은 늘 당신 곁에 머물면서 큰 힘이 되어줄 겁니다."

실내 암벽 등반에 성공한 뒤 나도 이런 자신감을 느꼈다. 체육관에서 그리고 집으로 돌아오는 길에 "내가 해냈어!"라는 말을 몇 번이나 했는지 모른다. 그런데 시간이 조금 지나서 그 경험을 돌아볼 때는 감사한 마음이 훨씬 더 컸다. 한계를 넘어섰을 때 받을 수 있는 선물 중 하나는 그 경험에 따른 교훈을 선택할 수 있다는 것이다. 당신 곁에 머무는 기억을 더 윤택하게 할 수 있다. 슈나이더는 홀쩍 모험을 떠나고, 홀로 야생 깊숙이 들어가 버텨낼 수 있다는 사실에 전율을 느낀다고 했다. 반면 내가 평생 담고 가고픈 교훈은, 경이로운 마음으로 되돌아보기 시작한 기억은 그 반대였다. 두려웠던 암벽을 마주했을 때 나는 나한테 필요한 지원을 찾았다. 암벽 끝까지 올라간 뒤, 예전엔 나 스스로 믿으려 하지 않았던 것을 쉽사리 그려볼 수 있게 되었다. 50피트 높이에 달린 카우벨을 울리는 것뿐만 아니라 훨씬 더 고무적인 것도 포함된다. 바로 나 혼자서 어떻게 이겨낼지 모르는 상황에 처했을 때, 가족과 친구, 심지어 낯선 이들까지 나를 지원할 거라는 사실이다.

올림픽 역사에서 가장 기념할 만한 순간 중 하나는 1992년 바르셀로나에서 일어났다. 세계 기록 보유자인 영국의 데릭 레드몬드 Derek Redmond가 400미터 준결승에서 꼴찌로 들어온 순간이다. 1988년 서울 올림픽에서 레드몬드는 갑작스러운 부상으로 경기 직전에 출전하지 못했다. 다들 그가 바르셀로나에선 메달을 획득해 설욕할 거라고 생각했다. 대회 영상을 보면, 레드몬드는 힘차게 출발한다. 그런데 15초쯤 지나자 갑자기 오른쪽 다리를 움켜쥐고 한 발로 깡충깡충 뛴다. 그러다 2초 뒤엔 트랙으로 쓰러진다. 레드몬드가 나중에 설명하기를, 허벅지 뒤에 총을 맞은 것 같았다고 했다. 실은 오른쪽 다리의 힘줄이 툭 끊어지는 바람에 엄청난 통증을 느꼈던 것이다.

레드몬드가 일어설 수 있게 됐을 땐 경쟁자들이 모두 결승선을 넘은 뒤였다. 레이스가 끝났다. 하지만 레드몬드는 그만두지 않았다. 그는 몰려든 카메라와 의료진을 뒤로 하고 고통스러운 표정으로 절뚝거리며 나아가기 시작했다. 그 와중에 관중석에서 야구 모자를 쓴 중년 남자가 벌떡 일어나 트랙 쪽으로 내달렸다. 경기 요원들이 그를 막아서려 하지만 남자는 그들을 밀치고 달려가 레드몬드의 등에 손을 댔다. 레드몬드는 자신을 만류하려는 또 다른 경기 요원인 줄 알고 뿌리쳤는데, 남자가 "데릭, 나다" 하고 말했다.

레드몬드의 아버지였다. 레드몬드가 돌아서서 보자, 아버지가 아들의 손을 잡아 자신의 어깨에 두르고 한 팔로 아들의 허리를 감았다. 그리고 아들과 함께 빠른 걸음으로 걷기 시작했다. 레드몬드가 흐느끼면서 속도를 늦췄고, 아버지의 가슴에 얼굴을 묻으며 걸음을 멈췄다. "여기서 멈춰도 돼." 아버지가 아들에게 말했다. "넌 이미 많은 걸 이뤘어." 하지만 레드몬드는 고집을 꺾지 않았다. "5번 레인으로 데려다주세요. 레이스를 끝마치고 싶어요."

두 사람은 다시 걸음을 옮겼다. 흰 셔츠를 입은 경기 요원이 두 사람을 막으려 했지만, 레드몬드의 아버지는 그를 밀치며 소리쳤다. "난 얘 아버지요. 이 아이를 내버려두시오!"

카메라맨들이 그들을 둘러쌌다. 레드몬드가 수치심에 얼굴을 감싸자, 아버지는 아들의 팔목을 잡고 손을 내렸다. 관중이 환호하기 시작했고, 레드몬드와 아버지는 함께 마지막 100미터를 걸어서 들어왔다.

대회가 끝난 후, 캐나다의 한 경쟁자가 레드몬드의 완주는 "내가 봤던 가장 순수하고 가장 용감한 투지와 결단력의 사례"라는 메시지를 레드몬드에게 보냈다.[27] 지독한 아픔에도 굴하지 않고 계속 나아가려는 레드몬드의 투지는 정말 주목할 만했다. 하지만 나는 그의 고집이나 끈기 때문에 사람들이 그토록 감동했다고 생각하지 않

움직임의 힘

는다. 그보다는 아버지의 행동 때문이라고 생각한다. 그는 경기 요원도 아니고 선수도 아닌데, 오로지 아들을 도와주려고 달려 나갔다. 강인한 스포츠 영웅이 아버지의 지원을 받아들이는 모습도 커다란 감동을 줬다. 그 모습을 본 사람들은 너나없이 눈물을 훔쳤다. 레드몬드의 투지 때문만이 아니라 우리가 앞으로 나아가기 위해 서로에게 얼마나 의존하는지 보여주기 때문이었다.

울트라 인듀어런스 선수의 이야기를 듣다 보면, 누구도 혼자서 그 일을 해내지 않는다는 사실을 금세 알아차릴 것이다. 처음엔 물론 경쟁심이 앞서서 자신을 입증하려 들거나 '평범한' 사람들은 할 수 없는 것을 해내고 싶은 욕구가 강하다. 하지만 대회를 치르는 동안 좀 더 복잡한 현실을 경험한다. 울트라 인듀어런스 레이스에서 살아남으려면, 체력도 강해야 하지만 타인에게 의존할 줄도 알아야 한다. 다른 사람도 똑같이 고군분투한다는 사실을 아는 것만으로 힘이 난다고 말하는 선수가 많다. 한 선수는 혼자 힘겹게 달릴 때 어딘가에서 다른 참가자들도 각자의 악령과 마주하고 있다고 생각하면 왠지 마음이 놓인다고 말했다. 다른 울트라 러너는 또 이렇게 설명한다. "함께하는 사람이 많을수록 더 힘이 나는 것 같습니다."

선수들은 대부분 대회에 나가기 전에 친구와 가족, 코치 등 지원 팀과 함께 준비한다. 루트 곳곳에 배치된 구호소에선 자원봉사자들이 갖가지 도움을 제공한다. 참가자들에게 연료를 보급하거나 물집을 치료해주거나 경기를 계속하도록 격려한다. 참가자들끼리도 개인 물품을 나눠주거나 아까운 시간을 할애해서 동료 경쟁자가 계속 나아갈 수 있도록 돕는다. 소프트웨어 기술자인 조이 에버츠 Joy Ebertz는 50마일(약 80킬로미터) 레이스에서 위장장애로 쓰러졌을 때 탈수증상까지 있었다. 다음 구호소까지 가려면 5마일을 더 가야 했다. 때마침 한 러너가 지나가다 그녀를 발견하고 도움을 주었다. "그가 내게 물을 주고 다음 구호소까지 부축해줬어요. 그는 레이스 기록을 완전히 망쳤지만 전혀 개의치 않았어요."

한 울트라 러너는 밤새 62마일(약 100킬로미터)을 달리는 트레일 레이스에 처음 출전했을 때, 오밤중에 헤드램프 배터리가 나가 오도 가도 못 하게 되었다. 그런데 뒤따라오던 한 선수가 날이 샐 때까지 길을 밝혀줘서 레이스를 무사히 마칠 수 있었다. "내 주머니에 양말이 있는데 누군가가 양말이 필요하면 선뜻 내줍니다. 그래도 괜찮습니다. 다들 어떤 식으로든 도움을 주고받게 돼 있거든요. 경쟁자를 넘어 조력자가 되는 겁니다. 우리는 모두 공동체의 일원이자 가족 같은 사람들입니다."

연구원 제나 퀴크Jenna Quicke가 선수들에게 울트라러닝을 대표할 만한 사진을 보내 달라고 했을 때, 그들이 보낸 것은 피 묻은 운동화나 부르튼 발 사진이 아니었다. 레이스 메달이나 멋진 풍경 사진도 아니었다. 다른 러너들과 함께 찍은 사진이었다. 퀴크는 "이러한 사진에서 드러나는 것은 바로 공동체였다"고 썼다. [28]

선수들은 함께 고통을 이겨내며 똘똘 뭉친다. 육체적으로 고통스러운 경험을 함께하면 낯선 사람과도 금세 신뢰감과 친밀감이 생

움직임의 힘

긴다.[29] 얼음물에 손을 담그거나 매운 고추를 먹거나 지칠 정도로 스쿼트를 하는 등 간단한 활동에서도 그렇다. 개인적으로 의미가 있고 다른 사람들도 응원해주는 행사의 일환으로 고통을 겪을 때는 유대감이 훨씬 더 강해진다. 인류학자인 하비 화이트하우스Harvey Whitehouse와 조나단 랜먼Jonathan A. Lanman은 고통이 포함된 집단의식은 "우리의 친족 심리를 자극하여 동료 참가자들과 융합시켜" 결속을 다지게 한다고 말한다.[30] 다시 말해, 굉장히 힘든 일을 함께 겪고 나면 한 가족처럼 된다는 것이다. 산 페드로 만리케에서 숯불 위를 걷는 의식에 동참했던 한 사람은 연구진에게 이렇게 말했다. "그 위에 올라가면 모두 다 당신의 형제입니다."[31] 다른 사람은 또 이렇게 말했다. "숯불 위를 걸었던 사람을 다음날 거리에서 우연히 만나면, 뭔가 통하는 것 같고 이어져 있는 것 같은 느낌을 받습니다."

울트라 인듀어런스 대회에서 이러한 연대감은 서로 도움을 주고받는 식의 육체적 친밀감에서 비롯된다. 지원팀과 자원봉사자, 동료 경쟁자가 선수의 피 나고 물집 잡힌 발을 치료하거나 기대라고 어깨를 빌려주거나 구토와 설사 후에 수분을 유지하도록 돕는다는 이야기를 읽고 관련 사진을 보고 있자니, 문득 임상 간호사 출신의 니키 플레머가 내게 했던 말이 떠올랐다. "병에 걸리면 온갖 겉치레와 헛소리가 순식간에 사라집니다. 사람은 취약한 상태에 처하면, 마음의 문이 쉽게 열리고 작은 일에도 크게 감동하거든요."

이런 점이 울트라 인듀어런스 선수들을 결속시키는 한 부분임은 의심할 여지가 없다. 육체적으로 감당하기 어려운 현실은 혼자서

다 할 수 있다는 환상을 몰아낸다. 호스피스 간호사를 대상으로 한 조사에 따르면, 인생 말년에 접어든 사람들은 남들에게 짐이 될까 봐 몹시 걱정한다고 한다.[32] 울트라 인듀어런스 대회 중에 이뤄지는 돌봄 의식을 관찰하면서, 나는 이러한 대회가 인간의 상호의존성을 연습할 절호의 기회라고 느꼈다.

우리의 상호의존성을 인식하면, 인간이 견딜 수 있는 한계를 넘어서는 데 큰 힘이 된다. 일본의 히에이 산에서 수행하는 승려들은 흔히 마라톤 승려Marathon Monks라고 불리는데, 오밤중에 일어나 계절이나 날씨에 상관없이 18.8마일(약 30킬로미터)의 산길을 밤새 달린다.[33] 눈이 잔뜩 쌓인 날에도 얄팍한 짚신만 신고 달리고, 폭우가 내리는 날에는 신고 나간 짚신이 망가질 경우를 대비해 한 켤레를 더 챙겨간다. 중간에 2분 동안 앉아서 불경을 욀 때 빼고는 잠시도 쉬지 않는다. 이렇게 매일 달리는 일은 경전 공부나 묵언 수행과 마찬가지로 영적 수행으로 간주된다. 달리기 수행의 전통은 1310년에서 1571년 사이로 거슬러 올라간다. 1885년 이래로 46명이 7년 내 1,000번 완주라는 서약을 이행했다. 그런데 이행하는 과정에서 달리는 구간이 점점 늘어난다. 마지막 해에는 52.2마일(약 84킬로미터)을 달린다. 마라톤 구간을 쉬지 않고 두 번 뛰는 것과 맞먹는 거리다.

엔도 미츠나가 Endo Mitsunaga는 히에이 산에서 7년간 달리기 수행을 완수한, 몇 안 되는 마라톤 승려다. 2010년, 미국 공영 라디오NPR

에서 그는 수행으로 얻은 가장 큰 가르침에 대해 들려주었다. 달리기를 700번까지 완주한 뒤에 이뤄진 9일간의 밤샘 금식으로 몸이 너무 약해졌었다고 했다. 동료 승려들의 도움이 없었더라면 살아남지 못했을 것이라고. 그가 7년 동안 엄청난 육체적 정신적 고행으로 얻은 가장 지속적이고 중요한 통찰은 다음과 같다. "사람들은 흔히 남들의 도움 없이 혼자 힘으로 살아간다고 생각합니다. 하지만 그런 일은 가능하지 않습니다."

정신적으로나 육체적으로 타인에게 기꺼이 의존하라는 말은 레이스 코스를 벗어난 영역에서도 귀중한 교훈이 될 수 있다. 숀 비어든은 100마일(약 160킬로미터) 대회에 처음 참가했을 때, 러닝 코치가 야간에 함께 달려줬다고 말했다. 100마일을 다 달리려면 보통 28시간 정도 걸린다. "나는 늘 혼자서 해내고 싶다는 생각을 품었습니다. 하지만 이런 상황에서는 주변의 지원이 필요했습니다."

레이스가 후반부로 접어들면 선수는 정신없이 뛰느라 몸을 돌보기가 쉽지 않다. 비어든의 코치는 이따금 "물은 마셨나? 배고프지 않은가?"라고 물었다. 잔소리로 들릴 수 있는 말을 고맙게 받아들인 것은 항상 침묵 속에서 괴로워하던 사람에겐 엄청난 변화였다. 이러한 경험은 남들이 "괜찮니?" 혹은 "내가 뭘 도와줄까?"라고 물어볼 때 밀어내지 않도록 연습하는 것이다. 비어든은 "뭐든 혼자 알아서 해"라는 태도 때문에 우울증이 더 깊어졌다고 인정한다. "혼자 있을 것, 모든 면에서 내 잠재력을 백퍼센트 발휘할 것, 내가 될 수 있는 최고가 될 것, 뭐든 혼자서 해낼 것." 비어든은 이런 마음가

짐 때문에 늘 자신을 고립시키고, 몸과 마음을 괴롭혔다. 그런데 코치가 옆에서 뛰어도 밀쳐내기는커녕 고맙게 여겼다니, 정말 엄청난 변화였다. "난 지금도 혼자 하는 걸 좋아합니다. 하지만 함께할 친구가 있다는 걸 고맙게 생각합니다. 예전엔 도움을 받으면 내가 모자라고 약하기 때문이라고 생각했어요. 하지만 지금은 아닙니다. 도움을 받는다고 해서 내가 할 수 없다는 건 아니니까요."

최근에 올린 블로그 글에서, 비어든은 자신이 마흔다섯 살을 넘긴 후의 모습을 상상할 수 없었노라고 고백했다. 그 나이가 되기 전에 스스로 목숨을 끊을 생각이었다. 그런데 달리기 덕분에 모든 게 달라졌다. 그에게 달리기는 치료의 한 형태이자 기쁨의 원천이었다. 블로그 글에서 비어든은 가장 어두운 순간을 이겨내도록 도와준 아내에게 고마운 마음을 전했다. 그런 도움을 받아들이는 것이 그에게는 가장 어렵고도 중요한 일 중 하나였다면서, 자살을 고려하거나 우울증으로 힘겨워하는 사람들에게 혼자가 아니라고, 도움을 청하는 걸 두려워하지 말라고 조언했다. 이 글을 올린 날은 마침 그의 마흔여섯 번째 생일이었다. 그는 이런 말로 글을 마무리했다.

"이젠 내가 상상할 수 없는 나이는 없습니다."

이 책을 쓰는 동안 서재 한쪽 벽면을 다 덮을 만큼 커다란 코르크 게시판을 활용했다. 처음엔 색인카드에 휘갈겨 쓴 메모나 연락할 사람들의 이름, 조사해볼 자료 따위를 듬성듬성 붙였다. 책을 완성하는 과정에서, 나와 이야기를 나눴던 사람들이 관련 자료와 사진을 많이 보내주었다. 나는 죄다 출력해서 게시판에 붙였다. 아울러 그들이 소셜 미디어에 올린 사진과 비디오 영상의 캡처 화면도 붙였다.

게시판에 붙인 여러 사진 중에서 킴벌리 소기가 보내준 사진이 특히 마음에 들었다. 그녀는 오타와 조정 클럽에서 활동하는 숙련된 여성 크루 여덟 명 중 하나다. 사진은 2017년 10월, 찰스강에서 쉰세 번째로 열린 조정 대회Head of the Charles Regatta, HOCR에서 찍은 것이었다. 이 레가타(조정, 보트, 요트 경주 등을 통틀어 일컫는 말)는 이틀에 걸쳐 진행될 정도로 세계 최대 규모를 자랑한다. 경기가 열리는 주말 동안, 30만 명 넘는 관중이 찰스강 주변으로 몰려든다. 그들은 보스턴과 케임브리지를 가르는 찰스강의 양쪽 강기슭이나 여러 다리에서 선수들이 힘차게 노를 저으며 강을 거슬러 올라가는 모습을 지켜본다. 오타와 크루들은 평균 나이가 50세 이상인 여성 장년부 레이스에서 좋은 순번을 배정받았다. 그들은 레가타 참가만으로 꿈을 이룬 것이나 마찬가지였다. 케임브리지에 도착한 후, 타수舵手를 맡은 여성이 팀원들에게 선물을 하나씩 나눠주었다. 여덟 살 난 딸이 레가타에 참가하는 크루들을 응원하려고 마분지로 하트 모양을 오려낸 것이었다. 그녀의 딸은 디즈니 영화 〈모아나Moana〉에 푹 빠졌는데, 엄마들이 화산의 여신인 테피티의 심장을 품고 경기에 나가길 바랐다.

여성 장년부 레이스는 토요일 오전 10시에 시작되었다. 오타와 크루들은 마분지로 된 하트를 스포츠 브라 안쪽에 찔러 넣고 붉은색 유니폼과 신분증을 착용했다. 여름 날씨처럼 햇살이 쨍하게 비추었다. 크루들은 18미터에 이르는 보트를 머리에 이고 강물로 향했다. 강에서는 이미 수백 척의 보트가 입구 쪽으로 천천히 나아가고 있었다. 그들은 키잡이인 타수를 마주보며 각자의 자리에 앉았

움직임의 힘

다. 그리고 오타와 조정 클럽이라 적힌 노를 자랑스럽게 내저으며 출발 지점으로 나아갔다.

"여러분, 드디어 왔군요."

타수가 지금 이 순간을 즐기자고 말하는데, 그들을 호출하는 소리가 들렸다.

"오타와 조정 클럽, 30번 자리로 오세요. 여러분 차례입니다!"

"자, 이제 시작이에요. 멋지게 해치웁시다!" 타수가 힘차게 말했다.

노를 젓는 조수들은 원래 시각보다 청각을 많이 활용한다. 소기가 찰스강 레가타에 대해 기억하는 내용도 대부분 소리와 관련되었다. 동시에 노를 저으면서 나오는 팀원들의 힘찬 숨소리. 노걸이가 삐걱거리는 소리. 보트 밑에서 갈라지는 물소리. 보트가 다리 밑을 지날 때 메아리치는 온갖 소리. 멕시코시티에서 응원하러 와준 친구가 다리에 서 있다가 오타와 팀이 지나갈 때 목이 터져라 외치던 소리, "오타와 파이팅!"

보트가 강을 거슬러 올라갈수록, 크루들은 그간의 훈련에서 쌓은 팀워크와 서로를 향한 신뢰감에 의존했다. 3마일(약 4.8킬로미터) 레이스에서 마지막 몇 백 미터를 앞두고 타수가 소리쳤다. "자, 이젠 모든 걸 나한테 맡기세요. 여러분의 심장도! 테피티의 심장도! 전부 다!"

"우리는 심장이 터질 정도로 노를 저었어요." 소기가 내게 말했다. "고통과 혼신의 노력과 정신력이 하나로 합쳐진 순간이었죠. 그 순간을 결코 잊지 못할 거예요."

그들은 20분 37초 만에 결승선을 통과해, 서른여덟 팀 중 서른한 번째를 차지했다. 기술적으로 뛰어난 레이스를 펼쳤다는 사실에 다들 만족했다. 그들은 선창 쪽으로 돌아오다 노를 잠시 내려놓고 보트가 조류에 저절로 나아가게 했다. 타수가 자기 딸의 선물을 꺼내라고 했다. "이젠 여러분의 심장을 강물에 돌려줘야 합니다."

그들은 너무나 지쳤지만 행복에 겨운 얼굴로 스포츠 브라 안쪽에 넣어둔 하트를 꺼냈다. 뻣뻣했던 하트가 땀에 푹 젖어 흐늘흐늘했다. 숫자 셋을 세는 것과 동시에 그들은 일제히 하트를 강물로 던졌다. 소기가 내게 보내준 사진은 바로 그 장면을 찍은 것이었다. 여덟 명의 크루가 노를 젓듯 일제히 오른팔을 하늘로 뻗치고 있다. 엄지와 검지 사이엔 종이 하트가 들려 있다. 소기는 종이 하트가 펄럭이며 날아가는 모습을 기쁜 마음으로 지켜보면서도 한편으론 이런 생각이 들었다고 했다. '이토록 멋진 순간도 이젠 다 지나간 일이야.'

어느 날, 여느 때처럼 서재에서 코르크 게시판을 쳐다보는데 문득 이러한 이미지가 존재한다는 게 무척 흥미롭다는 생각이 들었다. 우리는 하찮은 것을 기록으로 남기지 않는다. 이러한 장면이 포착된 이유는 그 순간을 기억하고 싶기 때문이다. 그래서 우리는 육체적 성과를 사진이나 영상에 담아 오래도록 간직한다. 운동을 마치고 땀에 젖은 팔로 어깨를 감싸고 단체 사진을 찍는다. 레이스 등번호가 보이도록 찍은 사진을 가족사진과 함께 책상에 나란히 올려놓는다. 20여 년 전에 걸쳤던 유니폼 셔츠를 고이 간직한다. 내가 게시판에 붙인 온갖 이미지는 신체 활동이 사람들을 하나로 묶어주고 최선을 다하게 한다는 증거였다. 역기를 들어 올리고 벽을 기어오르고 빙 둘러앉아 손을 잡는 식의 단순한 행동에도 놀라운 의미가 있다는 증거였다. 즐거움이나 유대감, 승리감을 맛본 순간은 사진이나 기념품, 이야기의 형태로 우리의 기억 속에 간직된다. 그리고 시간이 흐르면서 정체성이 확립되고 공동체가 형성된다.

노르웨이의 윤리학자 지그문트 롤랜드Sigmund Loland는 2017년에 발표한 에세이에서 이런 질문을 던졌다. "알약으로 운동을 대체하는 게 가능해지면, 정말로 그렇게 해야 할까?"[1] 과학자들은 이미 운동의 건강 효과를 모방한 약물을 제조하려 애쓰고 있다. 그들이 성공한다면 정말 어떻게 해야 할까? "운동하려면 시간과 에너지가 소모되고, 흔히 비용 부담과 부상 위험도 수반된다. 그런 점을 고려하더라도 운동을 알약으로 대체하지 않는 이유는 딱 한 가지, 바로 운동이라는 활동 자체에 담긴 가치와 관련될 것이다." 롤랜드는 또 다시 질문을 던졌다. "운동에 그러한 가치가 있을까? 있다면, 과연 무엇일까?"

이 책에 소개한 과학적 자료와 여러 이야기, 나의 직접 경험 등을 놓고 볼 때, 운동에는 그러한 가치가 확실히 있다. 움직임은 우리에게 즐거움과 정체성, 소속감과 희망을 제공한다. 또 우리를 유익한 곳으로 인도한다. 그곳이 우리의 한계를 시험하는 거친 환경이든, 우리를 지지하는 공동체가 있는 곳이든 상관없다. 움직임은 사회적 연결을 더 쉽게 해주고 자기초월감을 맛보게 해준다. 물론 이러한 혜택은 다양한 수단으로도 실현할 수 있다. 자아를 발견할 경로나 공동체를 구축할 방법은 굉장히 많다. 우리는 다양한 역할을 수행하고 갖가지 취미를 즐기면서 행복을 찾을 수 있다. 시를 암송하거나 기도를 드리거나 예술작품을 감상하면서 위안을 받을 수 있다. 하지만 그중에서도 운동은 인간의 수많은 니즈를 채워준다는 점에서 단연 돋보인다. 노력을 기울일 가치가 충분히 있다. 킴벌리 소기는 찰스강 레가타에서 꿈같은 경기를 펼치고 나서 이렇게 말했다. "지극히 숭고한 인간애가 절로 솟아납니다."

윤리학자인 지그문트 롤랜드도 비슷한 결론에 이르러, 알약이 그저 신체 활동의 빈약한 대용품에 불과할 거라고 선언했다. "운동

을 거부한다는 것은 인간답게 산다는 중요한 경험을 거부한다는 뜻
이다."

신체 활동은 인간이 수천 년 동안 갈고닦아온 본능적 능력을 발
휘하도록 돕는다. 집요하게 달려들고 서로 협동하고 도우면서 공
동체를 형성하는 능력. 미래에 투자하고 장애물을 극복하며 고난
을 견디는 능력. 약자를 지키고 보호하는 능력. 다른 사람들과 그리
고 주변 세상과 연결되어 있음을 감지하는 능력. 은혜를 갚고 도움
을 베풀며 서로 끌어주는 능력. 움직임을 통해 이 모든 것을 성취하
도록 해주는 메커니즘은 바로 즐거움이다. 즐거움은 러너스 하이의
신경화학, 동기화된 움직임의 흥겨움, 자연 속에서의 일체감을 단
단히 묶어준다. 우리를 각종 의식과 음악으로 이끌어주고, 우리가
최선을 다할 수 있게 한다. 아울러 타인과 협력하게 하고 타인의 성
공을 진심으로 기뻐하게 한다. 움직임은 우리를 행복하게 해 우리
안에서 가장 좋은 모습을 이끌어낸다. 즐거움이나 뿌듯함 같은 일

시적 기분에서뿐만 아니라 행복이라는 단어의 가장 심오한 의미에서도 그렇다. 우리가 움직임으로 맛보는 행복은 뚜렷한 목적의식과 소속감에서 나오는 행복이요, 희망이라는 말로 가장 잘 묘사되는 행복이다.

움직임의 심리적 사회적 효과는 어렵지 않게 경험할 수 있다. 철학자 더그 앤더슨 Doug Anderson 은 "우리가 각성한다면, 우리의 경험에 주의를 기울인다면, 누구나 움직임의 변화적 특성을 느낄 수 있다"고 했다.[2]

지키거나 따라야 할 훈련 공식 같은 건 없다. 자신의 즐거움만 따르면 될 뿐, 특별한 경로나 처방도 없다. 그런데도 굳이 어떤 지침을 찾고자 한다면, 한 가지 제시한다. 움직여라! 당신을 행복하게 하는 움직임이라면 뭐든 좋다. 종류나 양이나 방식은 상관없다. 당신의 몸에서 움직일 수 있는 부분은 감사한 마음으로 다 움직여라. 혼자서도 움직이고, 공동체 안에서도 움직여라. 집에서도, 밖에서도 움직여라. 음악에 맞춰 신나게 움직이거나 침묵 속에서 조용하게 움직여라. 개인적으로 의미 있는 목표를 설정하라. 걸음마를 떼 듯 살살 내딛다가 성큼성큼 나아가라. 새로운 경험을 찾아내고 새 로운 정체성을 탐색하라. 그러한 활동으로 당신이 무엇을 느끼고 어떻게 변화되는지에 관심을 기울여라. 당신의 몸에 귀를 기울여 라. 기분 좋게 해주는 것을 하도록 당신 자신에게 허락하라. 당신을 격려하고 따뜻하게 맞아주는 장소와 사람과 공동체를 찾아라. 할 수 있을 때까지는 계속해서 즐거움의 끈을 붙잡고 나아가라.

이 책의 수정을 마칠 무렵, 나는 코르크 게시판에 사진 하나를 또 붙였다. 핼러윈Halloween Day에 동네 체육관에서 댄스 수업을 마친 후 찍은 사진이다. 수업이 오전 여덟 시에 열리는데도 참가자의 절반 정도가 핼러윈 복장을 하고 왔다. 거미줄에 걸린 거미, 검은 고양 이, 마법사, 호박벌, 해골로 분장한 사람이 한 명씩 있었고, 원더우 먼으로 분장한 사람이 둘 있었다. 나는 수업이 끝난 후에 나눠 먹으 려고 단감과 사과를 바구니에 담아갔다. 한 참가자는 초콜릿을 가 져왔다. 그날의 선곡 리스트에는 핼러윈을 기념할 만한 곡이 추가

되었다. 우리는 늑대처럼 목을 길게 빼고 울부짖거나 좀비처럼 휘청거리는 등 유치하게 장난치면서 흥겹게 웃었다.

그날 수업에 참가한 사람들 중에는 화학요법 치료를 받는 사람도 있었고, 최근에 남편과 사별한 사람도 있었다. 아버지를 여읜 데다 외상성 뇌손상으로 수술을 받고 회복 중인 여성도 있었다. 그런데도 그들은 수업에 참가해서 춤을 추겠다는 이유를 찾아냈다. 어쩌면 바로 그런 점이 그들의 이유였는지 모른다. 정리 운동까지 마쳤을 때, 우리는 교실에 들어오려는 다음 수업 학생들을 잠시 만류하고 사진을 찍었다. 두 주일쯤 지난 후, 그 사진에 찍힌 한 여성이 내게 이메일을 보냈다. 그녀는 그간의 수업이 자신에게 어떤 의미가 있었는지 자세히 적었다. "때로는 강인하고 힘이 있다고 느끼게 해주었고, 때로는 힘든 감정을 이겨내게 해주었으며, 또 때로는 즐겁고 낙관적으로 느끼게 해주었어요. 전에도 이러한 경험을 했었지만, 올해는 특히 동료 수강생들의 응원이 더해져서 효과가 배가되었어요. 몇 명은 저처럼 힘든 상황에 처해 있지만, 공동체 안에서 함께 춤을 추면서 서로 힘을 얻었다고 생각해요. 우린 그 안에서 혼자가 아니라는 걸 계속 느꼈어요."

　나는 그녀의 이메일을 출력해 코르크 게시판에 붙였다. 바로 옆에는 핼러윈에 함께 찍은 사진이 있다. 이 사진과 이메일은 지금까지 이 책에 소개된 사람들이 포착한 여러 순간들과 합류했다. 터프 머더 경기에서 흙탕물로 뛰어내리는 캐시 메리필드. 기증품을 분류한 뒤 푸드 뱅크 앞에서 포즈를 취한 굿짐 러너들. 남편을 등에 업고 모래사장을 내달리는, 크로스핏 코치이자 목사인 케이티 노리스. 브루넬 대학교 트랙 팀을 위해 코스타스 카라게오그리스가 제작한 '우리는 한 가족' 티셔츠. 물리치료를 위해 트레드밀에서 처음으로 5킬로미터를 달린 조디 벤더. 캠든 커뮤니티의 녹색 공간을 돌본 지 10년째를 기념하는 그린 짐 자원 봉사자들. 울트라 러너 숀 비어든의 도로 위 스냅 사진. 벽면에 한 자리 차지하려고 DPI 어댑티브 피트니스에서 데번 팔레르모와 복싱을 하는 조애나 보닐라. 줄리아드 연습실에서 '파킨슨병 환자를 위한 댄스 프로그램'에 참가해 두 팔을 번쩍 들어 올린 댄서들. 노라 헤펠의 거실 진열장에 줄줄이 걸린 하프 마라톤 레이스 메달. 개심 수술 후 처음 참가한 수업에서 305 피트니스의 '피트 팸'과 함께 포즈를 취한 아마라 맥피. 쌍둥이 딸들을 유모차에 태우고 나란히 레이스를 달리는 여동생 부부. 각자가 마주한 인생을 축하하고자 친구들과 포즈를 취한, 내 여덟 시부 댄스 수강생들.

코르크 게시판 앞에서 집념과 용기와 공동체를 상징하는 온갖 이미지를 바라보고 있자니 점점 더 가슴이 벅차올랐다.

'그래, 이런 모습이 바로 희망을 상징하는 거야.'

　이 책에는 수많은 사람의 사사로운 이야기가 등장한다. 그들의 이름이 모두 공개된 경우는 당사자에게 허락을 받았거나 그들의 이야기가 이미 다른 곳에서 공개되었기 때문이다. 성만 공개된 경우는, 당사자가 사연은 공개하되 신원은 노출하고 싶어 하지 않았기 때문이다(그들에겐 가명을 붙이거나 당사자의 허락을 받아 성만 사용했다). 또는 당사자에게 연락할 길이 없어서 이름을 공개해도 되는지 물어볼 수 없었기 때문이다(가령 과학 저널의 사례 보고에 실린 이야기거나, 연구진이 당사자에게 가명을 붙인 경우다). 이름이 소개된 출처의 인용문은 대부분 대면 인터뷰, 전화, 스카이프, 이메일, 소셜 미디어 등 다양한 경로로 확보했다. 나머지는 책 뒷면에 첨부한 참고 자료에서 인용했다. 첨부한 과학 참고 문헌은 이 책의 내용을 뒷받침하는 대표적 자료일 뿐, 총망라하진 못했다. 본문에 언급된 구체적 연구 사례뿐만 아니라 중요한 연구 리뷰도 독자에게 소개하고자 다양한 인용문을 실었다. 아울러 동물을 대상으로 한 연구 사례도 소개했는데, 이러한 연구를 실시할 때는 윤리적 문제를 진지하게 고려해

야 한다고 본다. 내가 설명하려는 아이디어에 대한 과학적 근거를
제공할 경우에만 동물 대상 연구를 논의에 포함시켰다. 이러한 연
구는 모두 실행 당시에 인간이 아닌 대상의 윤리적 처우를 위한 과
학계의 합의를 준수했다.

책을 쓰는 것은 울트라마라톤을 하는 것과 같다. 여느 인듀어런스 선수들처럼 나 역시 혼자 힘으로 결승선에 도달할 수 없다.

출판과 관련해서 우선 나의 열렬한 지지자이자 협력자인 에이전트, 테드 와인스타인에게 크나큰 빚을 졌다. 아울러 에이버리-펭귄 랜덤 하우스 출판사의 전체 팀에게 깊은 감사를 드린다. 이 프로젝트를 맡아준 발행인이자 편집자인 메간 뉴먼에게 고마움을 전한다. 그녀는 내가 더 크게 생각하도록, 내 호기심을 믿고 대단히 흥미로운 끈을 따라가도록 나를 끊임없이 격려했다. 원고를 수정하는 과정에서 잘 참고 안내해준 니나 쉴드 편집자와 막후에서 조용히 도와준 한나 스티그마이어 편집자에게도 고마움을 전한다. 원고의 오류를 찾아냈을 뿐만 아니라 품질까지 높여준 낸시 잉글리스와 제니스 커치어스에게 고마움을 전한다. 홍보 과정을 유쾌하게 진행한 린지 고든과 케이시 맬로니에게도 고마움을 전한다. 두 사람과 오랫동안 함께할 수 있어서 무척 기쁘다.

우리 가족은 내가 운동 강사나 작가로 성장하리라고 생각지도 못했던 시절부터 이 책을 지원해주었다. 창고 세일에서 운동 비디오를 잔뜩 사오고, 뮤지컬 수업과 댄스 수업에 나를 등록해준 엄마에게 감사드린다. 그러한 수업과 리허설에 나를 태워다준 아버지에게 감사드린다. 두 분은 가르치는 일에 헌신하는 모습을 몸소 보여주고 또 그런 자질을 내게 물려주었다. 모든 면에서 나를 늘 격려해주고, 이 책의 주제에 특별한 관심을 보여준 내 쌍둥이 자매 제인에게도 고마움을 전한다. 갈피를 못 잡고 있을 때 제인의 열정 덕분에 용기를 잃지 않았다. 또 울트라마라톤을 하는 것 같은 집필 과정에서 든든하게 곁을 지켜준 남편 브라이언에게 고마움을 전한다. 멋진 페이스메이커답게, 브라이언은 내가 끝까지 집중력을 잃지 않도록 도와주었다. 그리고 너무 힘들고 혼란스러워할 때마다 내가 이 일을 왜 하는지 상기해주었다.

그동안 내 행복과 정신 건강에 큰 힘을 보태준 운동 강사와 댄스 강사들에게 공개적으로 감사를 드리고 싶다. 모두 다 언급하기 어려워 몇 분만 소개하고자 한다. 어렸을 때 내 댄스 열정을 싹트게 해준 베리 무어, 게리 바니, 린다 폴베레. 킥복싱 수업을 처음 받았던, 보스턴 소재 헬스웍스HealthWorks의 강사진. 스탠퍼드 대학교 무용학과 교직원. 내게 영감을 불어넣고 좋은 본보기가 되어준 주디 셰파드 미세트와 마가렛 리처즈. 니아Nia 설립자인 데비 로사스와 카를로스 로사스, 그리고 내게 니아를 가르쳐준 강사진. 우연히 함께 춤출 기회가 있었던 줌바 댄스 강사들. 세계적인 피트니스 프로그램인 레즈밀Les Mills의 프로그램 편성자들과 각국에서 레즈밀 프로그램을 운영하는 현장 팀들. 볼리엑스BollyX, 리핏REFIT, 305 피트니스 등 수많은 사람에게 즐거움을 선사하는 프로그램의 개발자들.

2000년에 첫 수업을 시작해서 지금까지 지도하는 스탠퍼드 에어로빅스 앤 요가Stanford Aerobics and Yoga 커뮤니티를 비롯해, 그동안 내가 그룹 운동을 지도해온 여러 커뮤니티에도 특별한 고마움을 전한다. 그리고 내게 니아를 처음 알려주고, 움직임이라는 즐거움을 전파하는 데 앞장서준 사라 라미레즈에게 고마움을 전한다. 그녀는 어떤 난관에도 희망을 잃지 않고 커뮤니티를 키워내는, 내가 가장

움직임의 힘

좋아하는 동료이다.

　무엇보다도 자신의 사사로운 이야기를 들려준 개인들, 그리고 관련 내용을 쓰도록 허락해준 단체들에 감사드린다. 그들이 시간을 할애해서 이 프로젝트에 참여한 이유는 다른 사람들을 돕고 싶어서였다. 내가 이 책을 쓰게 된 것도 그 때문이다. 내가 그들의 여정을, 그리고 그들이 세상에 전하고자 했던 참된 의미를 제대로 포착했기를 진심으로 바란다. 이 책이 사람들의 삶을 변화시킨다면, 그들의 호의도 한몫할 것이다.

노트

머리말

1   Daniel M. Wolpert, Zoubin Ghahramani, and J. Randall Flanagan, "Perspectives and Problems in Motor Learning." Trends in Cognitive Sciences 5, no. 11(2001): 487-494.

2   Doug Anderson, "Recovering Humanity: Movement, Sport, and Nature." Journal of the Philosophy of Sport 28, no. 2(2001): 140-150.

CHAPTER 1 : 끈질긴 노력 끝에 맛보는 짜릿함

1   Alexander Bain, The Senses and the Intellect(London: John W. Parker & Son, 1855).

2   Vybarr Cregan-Reid, Footnotes: How Running Makes Us Human(New York: Thomas Dunne Books/ St. Martin's Press, 2017). Quote about the runner's high on p. 100.

3   Scott Dunlap, "Understanding the Runner's High." January 8, 2005; http://www.atrailrunnersblog.com/2005/01/understanding-runners-high.html.

4   Dan Sturn, "How Humans Fly." In Garth Battista, ed., The Runner's High: Illumination and Ecstasy in Motion (Halcottsville, NY: Breakaway Books,

2014). Quote appears on p. 178.

5   https://www.reddit.com/r/running/comments/1nbmjc/what_does_the_
    runners_high_actually_feel_like/.

6   Stephanie Case, "Riding the Runner's Highs and Braving the Lows." March
    10, 2011; https://ultrarunnergirl.com/2011/03/10/highs_and_lows/.

7   Dennis M. Bramble and Daniel E. Lieberman, "Endurance Running and
    the Evolution of Homo." Nature 432, no. 7015(2004): 345-342.

8   Although Herman Pontzer shared this story with me in our conversation,
    the quote I used is from the Story Collider podcast where I first heard him
    tell it. You can listen to the story here: https://www.storycollider.org/
    stories/2016/10/22/herman-pontzer-burning-calories.

9   David A. Raichlen et al., "Physical Activity Patterns and Biomarkers of
    Cardiovascular Disease Risk in Hunter-Gatherers." American Journal of
    Human Biology 29, no. 2(2017): doi:10.1002/ajhb.22919.

10 Jared M. Tucker, Gregory J. Welk, and Nicholas K. Beyler, "Physical
    Activity in US Adults: Compliance with the Physical Activity Guidelines
    for Americans." American Journal of Preventive Medicine 40, no. 4(2011):
    454-461; Vijay R. Varma et al., "Re-evaluating the Effect of Age on
    Physical Activity over the Lifespan." Preventive Medicine 101(2017): 102-
    108.

11 Raichlen et al., "Physical Activity Patterns and Biomarkers of
    Cardiovascular Disease Risk in Hunter-Gatherers."

12 Stephanie A. Hooker and Kevin S. Masters, "Purpose in Life Is Associated
    with Physical Activity Measured by Accelerometer." Journal of Health
    Psychology 21, no. 6(2016): 962-971.

13 Neal Lathia et al., "Happier People Live More Active Lives: Using
    Smartphones to Link Happiness and Physical Activity." PLOS ONE 12, no.
    1(2017): e0160589.

14 Jaclyn P. Maher et al., "Daily Satisfaction with Life Is Regulated by Both

Physical Activity and Sedentary Behavior." Journal of Sport and Exercise Psychology 36, no. 2(2014): 166-178.

Romano Endrighi, Andrew Steptoe, and Mark Hamer, "The Effect of Experimentally Induced Sedentariness on Mood and Psychobiological Responses to Mental Stress." The British Journal of Psychiatry: The Journal of Mental Science 208, no. 3(2016): 245-251.

Meghan K. Edwards and Paul D. Loprinzi, "Experimentally Increasing Sedentary Behavior Results in Increased Anxiety in an Active Young Adult Population." Journal of Affective Disorders 204(2016): 166-173; Meghan K. Edwards and Paul D. Loprinzi, "Effects of a Sedentary Behavior-Inducing Randomized Controlled Intervention on Depression and Mood Profile in Active Young Adults." Mayo Clinic Proceedings 91, no. 8(2016): 984-998; Meghan K. Edwards and Paul D. Loprinzi, "Experimentally Increasing Sedentary Behavior Results in Decreased Life Satisfaction." Health Promotion Perspectives 7, no. 2(2017): 88-94.

Tim Althoff et al., "Large-Scale Physical Activity Data Reveal Worldwide Activity Inequality." Nature 547, no. 7663(2017): 336-339.

Bramble and Lieberman, "Endurance Running and the Evolution of Homo"; Herman Pontzer, "Economy and Endurance in Human Evolution." Current Biology 27, no. 12(2017): R613-621; Jay Schulkin, "Evolutionary Basis of Human Running and Its Impact on Neural Function." Frontiers in Systems Neuroscience 10(2016): 59.

Herman Pontzer, "The Exercise Paradox." Scientific American, February 2017. Quote appears on p. 27.

Tiina Saanijoki et al., "Opioid Release After High-Intensity Interval Training in Healthy Human Subjects." Neuropsychopharmacology 43, no. 2(2018): 246-254; Henning Boecker et al., "The Runner's High: Opioidergic Mechanisms in the Human Brain." Cerebral Cortex 18, no. 11(2008): 2523-2531.

21 Patrick M. Whitehead, "The Runner's High Revisited: A Phenomenological Analysis." Journal of Phenomenological Psychology 47, no. 2(2016): 183-198.

22 David A. Raichlen et al., "Exercise-Induced Endocannabinoid Signaling Is Modulated by Intensity." European Journal of Applied Physiology 113, no. 4(2013): 869-875.

23 David A. Raichlen et al., "Wired to Run: Exercise-Induced Endocannabinoid Signaling in Humans and Cursorial Mammals with Implications for the 'Runner's High.'" Journal of Experimental Biology 215, no. 8(2012): 1331-1336.

24 Angelique G. Brellenthin et al., "Endocannabinoid and Mood Responses to Exercise in Adults with Varying Activity Levels." Translational Journal of the American College of Sports Medicine 2, no. 21(2017): 138-145; E. Heyman et al., "Intense Exercise Increases Circulating Endocannabinoid and BDNF Levels in Humans-Possible Implications for Reward and Depression." Psychoneuroendocrinology 37, no. 6(2012): 844-851; P. B. Sparling et al., "Exercise Activates the Endocannabinoid System." NeuroReport 14, no. 17(2003): 2209-2211; M. Feuerecker et al., "Effects of Exercise Stress on the Endocannabinoid System in Humans Under Field Conditions." European Journal of Applied Physiology 112, no. 7(2012): 2777-2781.

25 Elizabeth Cassidy, Sandra Naylor, and Frances Reynolds, "The Meanings of Physiotherapy and Exercise for People Living with Progressive Cerebellar Ataxia: An Interpretative Phenomenological Analysis." Disability and Rehabilitation 40, no. 8(2018): 894-904.

26 David Fleming, "Slow and Steady Wins the Planet." ESPN, February 11, 2011; http://www.espn.com/espn/news/story?id=6110087.

27 Adharanand Finn, "Why We Love to Run." The Guardian, February 5, 2013; https://www.theguardian.com/lifeandstyle/ the-running-blog/2013/

feb/05/why-we-love-to-run.

Robin Christensen et al., "Efficacy and Safety of the Weight-Loss Drug Rimonabant: A Meta-Analysis of Randomised Trials." The Lancet 370, no. 9600(2007): P1706-1713.

Hamilton Morris, "New Frontiers of Sobriety." Vice, July 31, 2009; https://www.vice.com/en_us/article/kwg8ny/new-frontiers-of-sobriety-984-v16n8.

Brooke K. Keeney et al., "Differential Response to a Selective Cannabinoid Receptor Antagonist(SR141716: Rimonabant) in Female Mice from Lines Selectively Bred for High Voluntary Wheel-Running Behaviour." Behavioural Pharmacology 19, no. 8(2008): 812-820; Sarah Dubreucq et al., "Ventral Tegmental Area Cannabinoid Type-1 Receptors Control Voluntary Exercise Performance." Biological Psychiatry 73, no. 9(2013): 895-903.

Johannes Fuss et al., "A Runner's High Depends on Cannabinoid Receptors in Mice." Proceedings of the National Academy of Sciences of the USA 112, no. 42(2015): 13105-13108.

Eli Puterman et al., "Physical Activity and Negative Affective Reactivity in Daily Life." Health Psychology 36, no. 12(2017): 1186-1194.

Andreas Ströhle et al., "The Acute Antipanic and Anxiolytic Activity of Aerobic Exercise in Patients with Panic Disorder and Healthy Control Subjects." Journal of Psychiatric Research 43, no. 12(2009): 1013-1017.

Nora D. Volkow, Aidan J. Hampson, and Ruben D. Baler, "Don't Worry, Be Happy: Endocannabinoids and Cannabis at the Intersection of Stress and Reward." Annual Review of Pharmacology and Toxicology 57(2017): 285-308.

D. S. Karhson, A. Y. Hardan, and K. J. Parker, "Endocannabinoid Signaling in Social Functioning: an RDoC Perspective." Translational Psychiatry 6, no. 9(2016): e905; Don Wei et al., "Endocannabinoid Signaling in the Control of Social Behavior." Trends in Neurosciences 40, no. 7(2017): 385-396.

36   Viviana Trezza, Petra J. J. Baarendse, and Louk J. M. J. Vanderschuren, "The Pleasures of Play: Pharmacological Insights into Social Reward Mechanisms." Trends in Pharmacological Sciences 31, no. 10(2010): 463-469.

37   Michal Schechter et al., "Blocking the Postpartum Mouse Dam's CB1 Receptors Impairs Maternal Behavior as Well as Offspring Development and Their Adult Social-Emotional Behavior." Behavioural Brain Research 226, no. 2(2012): 481-492.

38   Kevin C. Young et al., "The Cascade of Positive Events: Does Exercise on a Given Day Increase the Frequency of Additional Positive Events?" Personality and Individual Differences 120(2018): 299-303.

39   Jeremy B. Yorgason et al., "Marital Benefits of Daily Individual and Conjoint Exercise Among Older Couples." Family Relations 67, no. 2(2018): 227-239.

40   Brian Hare, "Survival of the Friendliest: Homo sapiens Evolved via Selection for Prosociality." Annual Review of Psychology 68(2017): 155-186.

41   Jamil Zaki and Jason P. Mitchell, "Prosociality as a Form of Reward-Seeking." In Joshua David Greene, India Morrison, and Martin E. P. Seligman, eds., Positive Neuroscience(New York: Oxford University Press, 2016); Carolyn H. Declerck, Christophe Boone, and Griet Emonds, "When Do People Cooperate? The Neuroeconomics of Prosocial Decision Making." Brain and Cognition 81, no. 1(2013): 95-117.

42   James K. Rilling et al., "A Neural Basis for Social Cooperation." Neuron 35, no. 2(2002): 395-405; Jean Decety et al., "The Neural Bases of Cooperation and Competition: An fMRI Investigation." Neuroimage 23, no. 2(2004): 744-751.

43   Christopher Dana Lynn, "Hearth and Campfire Influences on Arterial Blood Pressure: Defraying the Costs of the Social Brain Through Fireside Relaxation." Evolutionary Psychology 12, no. 5(2014): 983-1003.

44 Giovanni Di Bartolomeo and Stefano Papa, "The Effects of Physical Activity on Social Interactions: The Case of Trust and Trustworthiness." Journal of Sports Economics(2017): doi.org/ 10.1177/ 1527002517717299.

45 Susan Davidson and Phil Rossall, "Evidence Review: Loneliness in Later Life." Age UK, July 2014. Available at: https://www.ageuk.org. uk/Documents/EN-GB/For-professionals/Research/Age% 20UK%20 Evidence%20Review%20on%20Loneliness%20July%202014.pdf.

46 Ceylan Yeginsu, "U.K. Appoints a Minister for Loneliness." New York Times, January 17, 2018; https://www.nytimes.com 2018 01/17/world/ europe/uk-britain-loneliness.html.

47 Evaluation of GoodGym, a 2015-2016 study conducted by Ecorys, funded by Nesta's Centre for Social Action Innovation Fund; https://media.nesta. org.uk/documents/good_gym_evaluation.pdf.

48 Amit Sheth, Dare to Run(Mumbai: Sanjay and Company, 2011). Quote appears on p. 61.

49 Valentina De Chiara et al., "Voluntary Exercise and Sucrose Consumption Enhance Cannabinoid CB1 Receptor Sensitivity in the Striatum." Neuropsychopharmacology 35, no. 2(2010): 374-387; Matthew N. Hill et al., "Endogenous Cannabinoid Signaling Is Required for Voluntary Exercise-Induced Enhancement of Progenitor Cell Proliferation in the Hippocampus." Hippocampus 20, no. 4(2010): 513-523.

CHAPTER 2 : 푹 빠지기

1 Frederick Baekeland, "Exercise Deprivation: Sleep and Psychological Reactions." Archives of General Psychiatry 22, no. 4(1970): 365-369.

2 Julie A. Morgan et al., "Does Ceasing Exercise Induce Depressive Symptoms? A Systematic Review of Experimental Trials Including

Immunological and Neurogenic Markers." Journal of Affective Disorders 234(2018): 180-192; Eugene V. Aidman and Simon Woollard, "The Influence of Self-Reported Exercise Addiction on Acute Emotional and Physiological Responses to Brief Exercise Deprivation." Psychology of Sport and Exercise 4, no. 3(2003): 225-236; Ali A. Weinstein, Christine Koehmstedt, and Willem J. Kop, "Mental Health Consequences of Exercise Withdrawal: A Systematic Review." General Hospital Psychiatry 49(2017): 11-18.

3   Attila Szabo, "Studying the Psychological Impact of Exercise Deprivation: Are Experimental Studies Hopeless?" Journal of Sport Behavior 21, no. 2(1998): 139-147.

4   Boris Cheval et al., "Behavioral and Neural Evidence of the Rewarding Value of Exercise Behaviors: A Systematic Review." Sports Medicine 48, no. 6(2018): 1389-1404.

5   Yu Jin Kim et al., "The Neural Mechanism of Exercise Addiction as Determined by Functional Magnetic Resonance Imaging(fMRI)." Journal of Korean Association of Physical Education and Sport for Girls and Women 32, no. 1(2018): 69-80.

6   Kata Mónok et al., "Psychometric Properties and Concurrent Validity of Two Exercise Addiction Measures: A Population Wide Study." Psychology of Sport and Exercise 13, no. 6(2012): 739-746.

7   Nicola Twilley, "A Pill to Make Exercise Obsolete." The New Yorker, November 6, 2017, 30-35.

8   Samuele Marcora, "Can Doping Be a Good Thing? Using Psychoactive Drugs to Facilitate Physical Activity Behaviour." Sports Medicine 46, no. 1(2016): 1-5.

9   Eric J. Nestler, "ΔFosB: A Molecular Switch for Reward." Journal of Drug and Alcohol Research 2(2013): article ID 235651.

10   Nora D. Volkow and Marisela Morales, "The Brain on Drugs: From Reward to Addiction." Cell 162, no. 4(2015): 712-725.

11   Deanna L. Wallace et al., "The Influence of ΔFosB in the Nucleus Accumbens on Natural Reward- Related Behavior." Journal of Neuroscience 28, no. 41(2008): 10272-10277.

12   Martin Werme et al., "ΔFosB Regulates Wheel Running." Journal of Neuroscience 22, no. 18(2002): 8133-8138.

13   Martin Werme et al., "Running and Cocaine Both Upregulate Dynorphin mRNA in Medial Caudate Putamen." European Journal of Neuroscience 12, no. 8(2000): 2967-2974.

14   Anthony Ferreira et al., "Spontaneous Appetence for Wheel- Running: A Model of Dependency on Physical Activity in Rat." European Psychiatry 21, no. 8(2006): 580-588.

15   Benjamin N. Greenwood et al., "Long-Term Voluntary Wheel Running Is Rewarding and Produces Plasticity in the Mesolimbic Reward Pathway." Behavioural Brain Research 217, no. 2(2011): 354-362.

16   Jennifer J. Heisz et al., "Enjoyment for High-Intensity Interval Exercise Increases During the First Six Weeks of Training: Implications for Promoting Exercise Adherence in Sedentary Adults." PLOS ONE 11, no. 12(2016): e0168534.

17   Navin Kaushal and Ryan E. Rhodes, "Exercise Habit Formation in New Gym Members: A Longitudinal Study." Journal of Behavioral Medicine 38, no. 4(2015): 652-663.

18   Barbara Walsh et al., "'Net Mums': A Narrative Account of Participants' Experiences Within a Netball Intervention." Qualitative Research in Sport, Exercise and Health 10, no. 5(2018): 604-619.

19   Quote appears as part of a case study in Rebecca Y. Concepcion and Vicki Ebbeck, "Examining the Physical Activity Experiences of Survivors of Domestic Violence in Relation to Self-Views." Journal of Sport and Exercise Psychology 27, no. 2(2005): 197-211.

20   Valerie Andrews, "The Joy of Jogging," New York 10, no. 1(1976): 61.

Accessed via: https://books.google.com/books?id=mYQpAQAAIAAJ.

21   J. Wayne Aldridge and Kent C. Berridge, "Neural Coding of Pleasure: Rose-Tinted Glasses of the Ventral Pallidum." In M. L. Kringelbach and K. C. Berridge, eds., Pleasures of the Brain(New York: Oxford University Press, 2010), 62-73.

22   Benjamin Kissin, "The Disease Concept of Alcoholism." In R. G. Smart et al., Research Advances in Alcohol and Drug Problems(New York: Plenum Press, 1983), 93-126. Example cited on 113.

23   Nora D. Volkow, George F. Koob, and A. Thomas McLellan, "Neurobiologic Advances from the Brain Disease Model of Addiction." New England Journal of Medicine 374, no. 4(2016): 363-371.

24   George F. Koob and Michel Le Moal, "Plasticity of Reward Neurocircuitry and the 'Dark Side' of Drug Addiction." Nature Neuroscience 8, no. 11(2005): 1442-1444; George F. Koob and Michel Le Moal, "Addiction and the Brain Antireward System." Annual Review of Psychology 59(2008): 29-53.

25   Christopher M. Olsen, "Natural Rewards, Neuroplasticity, and Non-Drug Addictions." Neuropharmacology 61, no. 7(2011): 1109-1122; Lisa S. Robison et al., "Exercise Reduces Dopamine D1R and Increases D2R in Rats: Implications for Addiction." Medicine and Science in Sports and Exercise 50, no. 8(2018): 1596-1602.

26   For some examples, see Maciej S. Buchowski et al., "Aerobic Exercise Training Reduces Cannabis Craving and Use in Non-Treatment Seeking Cannabis-Dependent Adults." PLOS ONE 6, no. 3(2011): e17465; Dongshi Wang et al., "Aerobic Exercise Training Ameliorates Craving and Inhibitory Control in Methamphetamine Dependencies: A Randomized Controlled Trial and Event-Related Potential Study." Psychology of Sport and Exercise 30(2017): 82-90; Maryam Alizadeh, Mahdi Zahedi-Khorasani, and Hossein Miladi-Gorji, "Treadmill Exercise Attenuates the Severity of Physical

Dependence, Anxiety, Depressive-Like Behavior and Voluntary Morphine Consumption in Morphine Withdrawn Rats Receiving Methadone Maintenance Treatment." Neuroscience Letters 681(2018): 73-77; Dongshi Wang et al., "Impact of Physical Exercise on Substance Use Disorders: A Meta-Analysis." PLOS ONE 9, no. 10(2014): e110728.

27 Chelsea L. Robertson et al., "Effect of Exercise Training on Striatal Dopamine D2/D3 Receptors in Methamphetamine Users During Behavioral Treatment." Neuropsychopharmacology 41, no. 6(2016): 1629-1636.

28 Thomas E. Schlaepfer et al., "Rapid Effects of Deep Brain Stimulation for Treatment-Resistant Major Depression." Biological Psychiatry 73, no. 12(2013): 1204-12; Manoj P. Dandekar et al., "Increased Dopamine Receptor Expression and Anti-Depressant Response Following Deep Brain Stimulation of the Medial Forebrain Bundle." Journal of Affective Disorders 217(2017): 80-88.

29 Felipe B. Schuch et al., "Exercise as a Treatment for Depression: A Meta-Analysis Adjusting for Publication Bias." Journal of Psychiatric Research 77(2016): 42-51.

30 Gioia Mura et al., "Exercise as an Add-On Strategy for the Treatment of Major Depressive Disorder: A Systematic Review." CNS Spectrums 19, no. 6(2014): 496-508.

31 Linh C. Dang et al., "Reduced Effects of Age on Dopamine D2 Receptor Levels in Physically Active Adults." NeuroImage 148(2017): 123-129.

32 Justin S. Rhodes and Petra Majdak, "Physical Activity and Reward: The Role of Dopamine." In Panteleimon Ekkekakis, ed., Routledge Handbook of Physical Activity and Mental Health(New York: Routledge, 2013).

33 Ayland C. Letsinger et al., "Alleles Associated with Physical Activity Levels Are Estimated to Be Older Than Anatomically Modern Humans." PloS ONE 14, no. 4(2019): e0216155.

34 For an interesting discussion of how our ancestors' need to be active

led to the modern neuroprotective benefits of exercise, see David A. Raichlen and Gene E. Alexander, "Adaptive Capacity: An Evolutionary Neuroscience Model Linking Exercise, Cognition, and Brain Health." Trends in Neurosciences 40, no. 7(2017): 408-421.

35   Xueying Zhang and John R. Speakman, "Genetic Factors Associated with Human Physical Activity: Are Your Genes Too Tight to Prevent You Exercising?" Endocrinology(2019): https://doi.org/10.1210/en.2018-00873; J. Timothy Lightfoot et al., "Biological/Genetic Regulation of Physical Activity Level: Consensus from GenBioPAC." Medicine & Science in Sports & Exercise 50, no. 4(2018): 863-873.

36   Nienke M. Schutte et al., "Heritability of the Affective Response to Exercise and Its Correlation to Exercise Behavior." Psychology of Sport and Exercise 31(2017): 139-148.

37   For examples, see Yann C. Klimentidis et al., "Genome-Wide Association Study of Habitual Physical Activity in Over 377,000 UK Biobank Participants Identifies Multiple Variants Including CADM2 and APOE." International Journal of Obesity 42(2018): 1161-1176; Xiaochen Lin et al., "Genetic Determinants for Leisure-Time Physical Activity." Medicine and Science in Sports and Exercise 50, no. 8(2018): 1620-1628; Aiden Doherty et al., "GWAS Identifies 14 Loci for Device-Measured Physical Activity and Sleep Duration." Nature communications 9, no. 1(2018): 5257.

38   For examples, see Marcus K. Taylor et al., "A Genetic Risk Factor for Major Depression and Suicidal Ideation Is Mitigated by Physical Activity." Psychiatry Research 249(2017): 304-306; Helmuth Haslacher et al., "Physical Exercise Counteracts Genetic Susceptibility to Depression." Neuropsychobiology 71, no. 3(2015): 168-175; Dharani Keyan and Richard A. Bryant, "Acute Exercise-Induced Enhancement of Fear Inhibition Is Moderated by BDNF Val66Met Polymorphism." Translational Psychiatry 9, no. 1(2019): 131.

39　Matthew P. Herring, Mats Hallgren, and Mark J. Campbell, "Acute Exercise Effects on Worry, State Anxiety, and Feelings of Energy and Fatigue Among Young Women with Probable Generalized Anxiety Disorder: A Pilot Study." Psychology of Sport and Exercise 33(2017): 31-36; Matthew P. Herring et al., "Acute Exercise Effects Among Young Adults with Subclinical Generalized Anxiety Disorder: Replication and Expansion." Medicine & Science in Sports & Exercise 50, no. 5S(2018): 249-50; Serge Brand et al., "Acute Bouts of Exercising Improved Mood, Rumination and Social Interaction in Inpatients with Mental Disorders." Frontiers in Psychology 9(2018): 249.

40　K. M. Lucibello, J. Parker, and J. J. Heisz, "Examining a Training Effect on the State Anxiety Response to an Acute Bout of Exercise in Low and High Anxious Individuals." Journal of Affective Disorders 247(2019): 29-35.

41　Brendon Stubbs et al., "An Examination of the Anxiolytic Effects of Exercise for People with Anxiety and Stress-Related Disorders: A Meta-Analysis." Psychiatry Research 249(2017): 102-108.

42　Julie A. Morgan, Frances Corrigan, and Bernhard T. Baune, "Effects of Physical Exercise on Central Nervous System Functions: A Review of Brain Region Specific Adaptations." Journal of Molecular Psychiatry 3, no. 1(2015): 3.

43　N. R. Sciolino et al., "Galanin Mediates Features of Neural and Behavioral Stress Resilience Afforded by Exercise." Neuropharmacology 89(2015): 255-264.

44　Karl-Jürgen Bär et al., "Hippocampal-Brainstem Connectivity Associated with Vagal Modulation After an Intense Exercise Intervention in Healthy Men." Frontiers in Neuroscience 10(2016): 145.

45　Nabil Karnib et al., "Lactate Is an Antidepressant That Mediates Resilience to Stress by Modulating the Hippocampal Levels and Activity of Histone Deacetylases." Neuropsychopharmacology(2019): 10.1038 s41386-019-

0313-z; Patrizia Proia et al., "Lactate as a Metabolite and a Regulator in the Central Nervous System." International Journal of Molecular Sciences 17, no. 9(2016): 1450.

46   Justin S. Rhodes, Theodore Garland Jr., and Stephen C. Gammie, "Patterns of Brain Activity Associated with Variation in Voluntary Wheel-Running Behavior." Behavioral Neuroscience 117, no. 6(2003): 1243-1256.

47   Helen E. Fisher et al., "Reward, Addiction, and Emotion Regulation Systems Associated with Rejection in Love." Journal of Neurophysiology 104, no. 1(2010): 51-60.

48   Shir Atzil et al., "Dopamine in the Medial Amygdala Network Mediates Human Bonding." Proceedings of the National Academy of Sciences of the USA 114, no. 9(2017): 2361-2366.

49   Johan N. Lundström et al., "Maternal Status Regulates Cortical Responses to the Body Odor of Newborns." Frontiers in Psychology 4(2013): 597.

50   Sophie Haslett, " 'I could just eat you up!' The scientific reason behind a mother's desire to nuzzle, nibble or EVEN gobble her baby revealed...and don't worry-it's perfectly natural." Daily Mail Australia, April 6, 2016. http://www.dailymail.co.uk/femail/article-3525665/Why-science-says-mother-s-wish-eat-baby-entirely-natural.html.

51   James P. Burkett and Larry J. Young, "The Behavioral, Anatomical and Pharmacological Parallels Between Social Attachment, Love and Addiction." Psychopharmacology 224, no. 1(2012): 1- 6.

52   Bianca P. Acevedo, "Neural Correlates of Human Attachment: Evidence from fMRI Studies of Adult Pair- Bonding." In Vivian Zayas and Cindy Hazan, eds., Bases of Adult Attachment(New York: Springer, 2015), 185-194.

53   Atzil et al., "Dopamine in the Medial Amygdala Network Mediates Human Bonding."

54   Bianca P. Acevedo et al., "Neural Correlates of Long-Term Intense Romantic Love." Social Cognitive and Affective Neuroscience 7, no. 2(2012): 145-159.

55 Mary-Frances O'Connor et al., "Craving Love? Enduring Grief Activates Brain's Reward Center." Neuroimage 42, no. 2(2008): 969-972.

56 Pilyoung Kim et al., "The Plasticity of Human Maternal Brain: Longitudinal Changes in Brain Anatomy During the Early Postpartum Period." Behavioral Neuroscience 124, no. 5(2010): 695; Pilyoung Kim et al., "Neural Plasticity in Fathers of Human Infants." Social Neuroscience 9, no. 5 (2014): 522-535.

CHAPTER 3 : 집단적 즐거움

1 Émile Durkheim, The Elementary Forms of the Religious Life(1912), English translation by Joseph Ward Swain, 1915(New York: The Free Press, 1965).

2 The term collective joy was proposed by Barbara Ehrenreich in Barbara Ehrenreich, Dancing in the Streets: A History of Collective Joy(New York: Henry Holt, 2007). See also Edith Turner, Communitas: The Anthropology of Collective Joy(New York: Palgrave Macmillan, 2012).

3 A. R. Radcliffe-Brown, The Andaman Islanders(1st British ed., 1922; New York: Cambridge University Press, 1933). Quote appears on p. 252. Accessed at https://archive.org/details/TheAndamanIslandersAStudyInSocialAnthropology.

4 Bronwyn Tarr et al., "Synchrony and Exertion During Dance Independently Raise Pain Threshold and Encourage Social Bonding." Biology Letters 11, no. 10(2015): doi: 10.1098/ rsbl.2015.076720150767.

5 Bronwyn Tarr, Jacques Launay, and Robin I. M. Dunbar, "Silent Disco: Dancing in Synchrony Leads to Elevated Pain Thresholds and Social Closeness." Evolution and Human Behavior 37, no. 5(2016): 343-349.

6 Bronwyn Tarr et al., "Naltrexone Blocks Endorphins Released When

Dancing in Synchrony." Adaptive Human Behavior and Physiology 3, no. 3(2017): 241-254.

7   Ronald Fischer et al., "How Do Rituals Affect Cooperation? An Experimental Field Study Comparing Nine Ritual Types." Human Nature 24, no. 2(2013): 115-125.

8   Stephanie Cacioppo et al., "You Are in Sync with Me: Neural Correlates of Interpersonal Synchrony with a Partner." Neuroscience 277(2014): 842-858.

9   Tommi Himberg et al., "Coordinated Interpersonal Behaviour in Collective Dance Improvisation: The Aesthetics of Kinaesthetic Togetherness." Behavioral Sciences(Basel) 8, no. 2(2018): 23.

10   I learned this fascinating fact from Anil Ananthaswamy, The Man Who Wasn't There: Tales from the Edge of the Self(New York: Penguin, 2016).

11   Miriam Rennung and Anja S. Göritz, "Prosocial Consequences of Interpersonal Synchrony: A Meta-Analysis." Zeitschrift für Psychologie 224, no. 3(2016): 168-189; Reneeta Mogan, Ronald Fischer, and Joseph A. Bulbulia, "To Be in Synchrony or Not? A Meta-Analysis of Synchrony's Effects on Behavior, Perception, Cognition and Affect." Journal of Experimental Social Psychology 72(2017): 13-20; Paul Reddish et al., "Collective Synchrony Increases Prosociality Towards Non-Performers and Outgroup Members." British Journal of Social Psychology 55, no. 4(2016): 722-738.

12   Laura K. Cirelli, "How Interpersonal Synchrony Facilitates Early Prosocial Behavior." Current Opinion in Psychology 20(2018): 35-39.

13   Robin I. M. Dunbar, "The Anatomy of Friendship." Trends in Cognitive Sciences 22, no. 1(2018): 32-51.

14   Cole Robertson et al., "Rapid Partner Switching May Facilitate Increased Broadcast Group Size in Dance Compared with Conversation Groups." Ethology 123, no. 10(2017): 736-747.

15   Dunbar, "The Anatomy of Friendship."

16　Mark Oppenheimer, "When Some Turn to Church, Others Go to CrossFit," New York Times, November 27, 2015; Angie Thurston on "Boutique Fitness Craze," On Point radio broadcast, January 6, 2016; http://www.wbur.org/onpoint/2016/01/07/soulcycle-devotion-explanation.

17　Florian "Floyd" Mueller et al., "Jogging over a Distance: The Influence of Design in Parallel Exertion Games." In Proceedings of the 5th ACM SIGGRAPH Symposium on Video Games, Los Angeles, CA, July 25-29, 2010, 63-68.

18　Florian "Floyd" Mueller et al., "13 Game Lenses for Designing Diverse Interactive Jogging Systems." In Proceedings of the Annual Symposium on Computer-Human Interaction in Play, ACM, 2017, 43-56.

19　Bronwyn Tarr, Mel Slater, and Emma Cohen, "Synchrony and Social Connection in Immersive Virtual Reality." Scientific Reports 8, no. 1(2018): 3693.

20　William H. McNeill, Keeping Together in Time: Dance and Drill in Human History(Cambridge, MA: Harvard University Press, 1995). Quotes from pp. 1-2. Additional details about his basic training are from William McNeill, The Pursuit of Truth: A Historian's Memoir(Lexington: University Press of Kentucky, 2005), 45-46.

21　Elisabeth Pacherie, "The Phenomenology of Joint Action: Self-Agency Versus Joint Agency." In Axel Seemann, ed., Joint Attention: New Developments in Psychology, Philosophy of Mind, and Social Neuroscience(Cambridge, MA: MIT Press, 2012), 343-389.

22　William H. McNeill, The Pursuit of Power: Technology, Armed Force, and Society since A.D. 1000(Chicago: University of Chicago Press, 1982).

23　Joachim Richter and Roya Ostovar, "'It Don't Mean a Thing if It Ain't Got That Swing'-an Alternative Concept for Understanding the Evolution of Dance and Music in Human Beings." Frontiers in Human Neuroscience 10(2016): 485.

24 Charlotte Duranton and Florence Gaunet, "Behavioural Synchronization from an Ethological Perspective: Overview of Its Adaptive Value." Adaptive Behavior 24, no. 3(2016): 181-191; Valeria Senigaglia et al., "The Role of Synchronized Swimming as Affiliative and Anti-Predatory Behavior in Long-Finned Pilot Whales." Behavioural Processes 91, no. 1(2012): 8-14.

25 Daniel M. T. Fessler and Colin Holbrook, "Synchronized Behavior Increases Assessments of the Formidability and Cohesion of Coalitions." Evolution and Human Behavior 37, no. 6(2016): 502-509.

26 Daniël Lakens and Mariëlle Stel, "If They Move in Sync, They Must Feel in Sync: Movement Synchrony Leads to Attributions of Rapport and Entitativity." Social Cognition 29, no. 1(2011): 1-14.

27 Daniel M. T. Fessler and Colin Holbrook. "Marching into Battle: Synchronized Walking Diminishes the Conceptualized Formidability of an Antagonist in Men." Biology Letters 10, no. 8(2014): doi: 10.1098/rsbl.2014.0592.

28 Dario Páez et al., "Psychosocial Effects of Perceived Emotional Synchrony in Collective Gatherings." Journal of Personality and Social Psychology 108, no. 5(2015): 711-729.

29 Kevin Filo and Alexandra Coghlan, "Exploring the Positive Psychology Domains of Well-Being Activated Through Charity Sport Event Experiences." Event Management 20, no. 2(2016): 181-199.

30 Taishi Tsuji et al., "Reducing Depressive Symptoms After the Great East Japan Earthquake in Older Survivors Through Group Exercise Participation and Regular Walking: A Prospective Observational Study." BMJ Open 7, no. 3(2017): e013706.

31 Jacob Devaney, "Research Shows Dancing Makes You Feel Better." Uplift, December 14, 2015.

32 Erwan Codrons et al., "Spontaneous Group Synchronization of Movements

and Respiratory Rhythms." PLOS ONE 9, no. 9(2014): e107538.

33 Mark Changizi, Harnessed: How Language and Music Mimicked Nature and Transformed Ape to Man(Dallas: BenBella Books, 2011). Quote is on p. 5.

34 Joshua Conrad Jackson et al., "Synchrony and Physiological Arousal Increase Cohesion and Cooperation in Large Naturalistic Groups." Scientific Reports 8, no. 1(2018): 127.

35 Jan Stupacher et al., "Music Strengthens Prosocial Effects of Interpersonal Synchronization-If You Move in Time with the Beat." Journal of Experimental Social Psychology 72(2017): 39-44.

36 Jasper H. B. de Groot et al., "A Sniff of Happiness." Psychological Science 26, no. 6(2015): 684-700.

37 Jasper H. B. de Groot et al., "Beyond the West: Chemosignaling of Emotions Transcends Ethno- Cultural Boundaries." Psychoneuroendocrinology 98(2018): 177-185.

38 Radcliffe-Brown, The Andaman Islanders. Quote appears on p. 248.

39 Joanne Lumsden et al., "Who Syncs? Social Motives and Interpersonal Coordination." Journal of Experimental Social Psychology 48, no. 3(2012): 746-751.

40 McNeill, Keeping Together in Time: Dance and Drill in Human History. Quote appears on p. 150.

CHAPTER 4 : 마음껏 움직여라

1 Petr Janata, Stefan T. Tomic, and Jason M. Haberman, "Sensorimotor Coupling in Music and the Psychology of the Groove." Journal of Experimental Psychology: General 141, no. 1(2012): 54-75.

2 stván Winkler et al., "Newborn Infants Detect the Beat in Music." Proceedings of the National Academy of Sciences of the USA 106, no.

7(2009): 2468-2471.

3   Marcel Zentner and Tuomas Eerola, "Rhythmic Engagement with Music in Infancy." Proceedings of the National Academy of Sciences of the USA 107, no. 13(2010): 5768-5773; Beatriz Ilari, "Rhythmic Engagement with Music in Early Childhood: A Replication and Extension." Journal of Research in Music Education 62(2015): 332-343.

4   Chelsea L. Gordon, Patrice R. Cobb, and Ramesh Balasubramaniam, "Recruitment of the Motor System During Music Listening: An ALE Meta-Analysis of fMRI Data." PLOS ONE 13, no. 11(2018): e0207213.

5   Katja Kornysheva et al., "Tuning-in to the Beat: Aesthetic Appreciation of Musical Rhythms Correlates with a Premotor Activity Boost." Human Brain Mapping 31, no. 1(2010): 48-64.

6   Oliver Sacks, A Leg to Stand On(New York: Simon & Schuster/Touchstone, 1998). Quote appears on p. 13. Sacks claims to be quoting Nietzsche, although I could not find any original source confirming this quote.

7   Robert Goldthwaite Carter, Four Brothers in Blue, or Sunshine and Shadow of the War of the Rebellion: A Story of the Great Civil War from Bull Run to Appomattox(Washington, DC: Press of Gibson Bros., Inc., 1913). Quote appears on p. 297. https://archive.org/details/cu31924032780623.

8   Juliet Macur, "A Marathon Without Music? Runners with Headphones Balk at Policy." New York Times, November 1, 2007.

9   Anne J. Blood and Robert J. Zatorre, "Intensely Pleasurable Responses to Music Correlate with Activity in Brain Regions Implicated in Reward and Emotion." Proceedings of the National Academy of Sciences of the USA 98, no. 20(2001): 11818-11823; Valorie N. Salimpoor et al., "Anatomically Distinct Dopamine Release During Anticipation and Experience of Peak Emotion to Music." Nature Neuroscience 14, no. 2 (2011): 257-262.

10 Marc Leman, The Expressive Moment: How Interaction(with Music) Shapes Human Empowerment(Cambridge, MA: MIT Press, 2016).

11 Karan Sarode et al., "Does Music Impact Exercise Capacity During Cardiac Stress Test? A Single Blinded Pilot Randomized Controlled Study." Journal of the American College of Cardiology 71, no. 11(2018): A400.

12 Mária Rendi, Attila Szabo, and Tamás Szabó, "Performance Enhancement with Music in Rowing Sprint." The Sport Psychologist 22, no. 2(2008): 175-182. Stuart D. Simpson and Costas I. Karageorghis, "The Effects of Synchronous Music on 400-Metre Sprint Performance." Journal of Sports Sciences 24, no. 10(2006): 1095-1102; Costas Karageorghis et al., "Psychological, Psychophysical, and Ergogenic Effects of Music in Swimming." Psychology of Sport and Exercise 14, no. 4(2013): 560-568.

13 Luke Nikol et al., "The Heat Is On: Effects of Synchronous Music on Psychophysiological Parameters and Running Performance in Hot and Humid Conditions." Frontiers in Psychology 9(2018): 1114.

14 Peter C. Terry et al., "Effects of Synchronous Music on Treadmill Running Among Elite Triathletes." Journal of Science and Medicine in Sport 15, no. 1(2012): 52-57.

15 Edith Van Dyck and Marc Leman, "Ergogenic Effect of Music During Running Performance." Annals of Sports Medicine and Research 3, no. 6(2016): 1082.

16 Marcelo Bigliassi et al., "Cerebral Mechanisms Underlying the Effects of Music During a Fatiguing Isometric Ankle-Dorsiflexion Task." Psychophysiology 53, no. 10(2016): 1472-1483.

17 Jonathan M. Bird et al., "Effects of Music and Music- Video on Core Affect During Exercise at the Lactate Threshold." Psychology of Music 44, no. 6(2016): 1471-1487.

18 Elaine A. Rose and Gaynor Parfitt, "Pleasant for Some and Unpleasant for Others: A Protocol Analysis of the Cognitive Factors That Influence Affective Responses to Exercise." International Journal of Behavioral Nutrition and Physical Activity 7(2010): 1-15.

19   Beau Sievers et al., "Music and Movement Share a Dynamic Structure That Supports Universal Expressions of Emotion." Proceedings of the National Academy of Sciences of the USA 110, no. 1(2013): 70-75.

20   Tal Shafir et al., "Emotion Regulation Through Execution, Observation, and Imagery of Emotional Movements." Brain and Cognition 82, no. 2(2013): 219-227; Tal Shafir, Rachelle P. Tsachor, and Kathleen B. Welch, "Emotion Regulation Through Movement: Unique Sets of Movement Characteristics Are Associated With and Enhance Basic Emotions." Frontiers in Psychology 6(2016): 02030.

21   Radcliffe-Brown, The Andaman Islanders. Quote appears on p. 247.

22   Watch the dance at https://www.youtube.com/watch?v=ZA4bAuAoEsU.

23   Rachel Schwartz and Marc D. Pell, "When Emotion and Expression Diverge: The Social Costs of Parkinson's Disease." Journal of Clinical and Experimental Neuropsychology 39, no. 3(2017): 211-230.

24   Lars-Olov Lundqvist et al., "Emotional Responses to Music: Experience, Expression, and Physiology." Psychology of Music 37, no. 1(2009): 61-90.

25   Lisa Heiberger et al., "Impact of a Weekly Dance Class on the Functional Mobility and on the Quality of Life of Individuals with Parkinson's Disease." Frontiers in Aging Neuroscience 3(2011): 14.

26   "Forever Young: Music and Aging." Hearing before the Special Committee on Aging, United States Senate. Washington, D.C., August 1, 1991. Hearing 102-545. Testimony transcript available at: https://www.aging.senate.gov/imo/media/doc/publications/811991.pdf

27   Virginia Woolf, "A Dance at Queen's Gate." In A Passionate Apprentice: The Early Journals, 1897-1909, Mitchell A. Leaska, ed. (San Diego: Harcourt Brace Jovanovich, 1990).

28   Jennifer J. Nicol, "Body, Time, Space and Relationship in the Music Listening Experiences of Women with Chronic Illness." Psychology of Music 38, no. 3(2010): 351-367.

1   Lizzie Widdicombe, "In Cold Mud." The New Yorker, January 27, 2014.

2   Anecdote appears in Will Dean, It Takes a Tribe: Building the Tough Mudder Movement(New York: Penguin, 2017), 114-115.

3   Steven F. Maier, "Behavioral Control Blunts Reactions to Contemporaneous and Future Adverse Events: Medial Prefrontal Cortex Plasticity and a Corticostriatal Network." Neurobiology of Stress 1(2015): 12-22.

4   J. Amat et al., "Behavioral Control over Shock Blocks Behavioral and Neurochemical Effects of Later Social Defeat." Neuroscience 165, no. 4(2010): 1031-1038.

5   Joseph A. Bulbulia et al., "Images from a Jointly-Arousing Collective Ritual Reveal Affective Polarization." Frontiers in Psychology 4(2013): 960.

6   Erik T. Frank and K. Eduard Linsenmair, "Saving the Injured: Evolution and Mechanisms." Communicative & Integrative Biology 10, nos. 5-6(2017): e1356516; John C. Lilly, "Distress Call of the Bottlenose Dolphin: Stimuli and Evoked Behavioral Responses." Science 139, no. 3550(1963): 116-118; Martijn Hammers and Lyanne Brouwer, "Rescue Behaviour in a Social Bird: Removal of Sticky 'Bird-Catcher Tree' Seeds by Group Members." Behaviour 154, no. 4(2017): 403-411.

7   Thomas Brown, Lectures on the Philosophy of the Human Mind, 2nd ed., 4 vols(first published 1820; Edinburgh, 1824). Vol. 1, 460-461. As described in Roger Smith, "'The Sixth Sense': Towards a History of Muscular Sensation." Gesnerus 68, no. 2(2011): 218-271.

8   Olaf Blanke, Mel Slater, and Andrea Serino, "Behavioral, Neural, and Computational Principles of Bodily Self-Consciousness." Neuron 88, no. 1(2015): 145-166.

9   M. Kelter(a pseudonym used by author), "Descartes' Lantern(the Curious Case of Autism and Proprioception)." August 26, 2014; https://theinvisiblestrings.

com/descartes-lantern-curious-case-autism-proprioception/.

10 Laura Khoudari, "The Incredible, Life-Affirming Nature of the Deadlift."
Medium, March 1, 2018; https://medium.com/@laura.khoudari/the-incredible-life-affirming-nature-of-the-deadlift-4e1e5b637dad.

11 Samuel Taylor Coleridge, quote from the 1825 sonnet "Work Without
Hope."

12 C. Richard Snyder, "Hope Theory: Rainbows in the Mind." Psychological
Inquiry 13, no. 4(2002): 249-275.

13 Simone Schnall et al., "Social Support and the Perception of Geographical
Slant." Journal of Experimental Social Psychology 44, no. 5(2008): 1246-1255.

14 Ilana Schlesinger, Ilana Erikh, and David Yarnitsky, "Paradoxical Kinesia
at War." Movement Disorders 22, no. 16(2007): 2394-2397, as cited in H.
G. Laurie Rauch, Georg Schönbächler, and Timothy D. Noakes, "Neural
Correlates of Motor Vigour and Motor Urgency During Exercise." Sports
Medicine 43, no. 4(2013): 227-241.

15 Harry T. Reis et al., "Are You Happy for Me? How Sharing Positive Events
with Others Provides Personal and Interpersonal Benefits." Journal of
Personality and Social Psychology 99, no. 2(2010): 311-329.

16 Jerome Groopman, The Anatomy of Hope: How People Prevail in the
Face of Illness(New York: Random House Trade Paperbacks, 2005). Quote
appears on p. xiv.

17 Carla J. Berg, C. R. Snyder, and Nancy Hamilton, "The Effectiveness of a
Hope Intervention in Coping with Cold Pressor Pain." Journal of Health
Psychology 13, no. 6(2008): 804-809.

18 Fabrizio Benedetti et al., "Pain as a Reward: Changing the Meaning of Pain
from Negative to Positive Co-activates Opioid and Cannabinoid Systems."
PAIN 154, no. 3(2013): 361-367.

19 Jonah Lehrer, "The Neuroscience of Fandom." Frontal Cortex, June 13, 2008;

http://scienceblogs.com/cortex/2008/06/13/it-happens-to-me-every/.

20   John Joseph Martin, America Dancing: The Background and Personalities of the Modern Dance(1936; reprint, Brooklyn, NY: Dance Horizons, 1968). Quote appears on p. 117.

CHAPTER 6 : 삶을 포용하라

1   Jo Barton, Rachel Bragg, Carly Wood, and Jules Pretty, eds., Green Exercise: Linking Nature, Health and Well-Being(New York: Routledge, 2016).

2   Mariya Davydenko and Johanna Peetz, "Time Grows on Trees: The Effect of Nature Settings on Time Perception." Journal of Environmental Psychology 54(2017): 20-26.

3   Richard A. Fuller et al., "Psychological Benefits of Greenspace Increase with Biodiversity." Biology Letters 3, no. 4(2007): 390-394.

4   Michelle N. Shiota, Dacher Keltner, and Amanda Mossman, "The Nature of Awe: Elicitors, Appraisals, and Effects on Self-Concept." Cognition and Emotion 21, no. 5(2007): 944-963.

5   Robert D. Schweitzer, Harriet L. Glab, and Eric Brymer, "The Human-Nature Experience: A Phenomenological-Psychoanalytic Perspective." Frontiers in Psychology 9 (2018): 969; https://doi.org/10.3389/fpsyg.2018.00969.

6   Won Kim et al., "The Effect of Cognitive Behavior Therapy-Based Psychotherapy Applied in a Forest Environment on Physiological Changes and Remission of Major Depressive Disorder." Psychiatry Investigation 6, no. 4(2009): 245-254.

7   J. Sturm, "Physical Exercise Through Mountain Hiking in High-Risk Suicide Patients. A Randomized Crossover Trial." Acta Psychiatrica

Scandinavica 126, no. 6(2012): 467-475.

8   Maura Kelly, "Finally Seeing the Forest for the Trees." Longreads,
     November 2017; https://longreads.com/2017/11/15/finally-seeing-the-
     forest-for-the-trees/.

9   Marcus E. Raichle et al., "A Default Mode of Brain Function." Proceedings
     of the National Academy of Sciences of the USA 98, no. 2(2001): 676-682.

10   Christopher G. Davey and Ben J. Harrison, "The Brain's Center of Gravity:
     How the Default Mode Network Helps Us to Understand the Self." World
     Psychiatry 17, no. 3(2018): 278-279.

11   Igor Marchetti et al., "Spontaneous Thought and Vulnerability to Mood
     Disorders: The Dark Side of the Wandering Mind." Clinical Psychological
     Science 4, no. 5(2016): 835-857.

12   Aneta Brzezicka, "Integrative Deficits in Depression and in Negative
     Mood States as a Result of Fronto-Parietal Network Dysfunctions." Acta
     Neurobiol Exp 73, no. 3(2013): 313-325; Igor Marchetti et al., "The Default
     Mode Network and Recurrent Depression: A Neurobiological Model
     of Cognitive Risk Factors." Neuropsychology Review 22, no. 3(2012):
     229-251; Annette Beatrix Brühl et al., "Neuroimaging in Social Anxiety
     Disorder-A Meta-Analytic Review Resulting in a New Neurofunctional
     Model." Neuroscience & Biobehavioral Reviews 47(2014): 260-280;
     Claudio Gentili et al., "Beyond Amygdala: Default Mode Network Activity
     Differs Between Patients with Social Phobia and Healthy Controls." Brain
     Research Bulletin 79, no. 6(2009): 409-413.

13   Li Wang et al., "Altered Default Mode and Sensorimotor Network
     Connectivity with Striatal Subregions in Primary Insomnia: A Resting-State
     Multi-Band fMRI Study." Frontiers in Neuroscience 12(2018): 917; doi:
     10.3389/fnins.2018.00917.

14   Kathleen A. Garrison et al., "Meditation Leads to Reduced Default
     Mode Network Activity Beyond an Active Task." Cognitive, Affective,

& Behavioral Neuroscience 15, no. 3(2015): 712-720; Judson A. Brewer et al., "Meditation Experience Is Associated with Differences in Default Mode Network Activity and Connectivity." Proceedings of the National Academy of Sciences of the USA 108, no. 50(2011): 20254-20259; Rozalyn Simon et al., "Mantra Meditation Suppression of Default Mode Beyond an Active Task: A Pilot Study." Journal of Cognitive Enhancement 1, no. 2(2017): 219-227.

15   Yochai Ataria, Yair Dor-Ziderman, and Aviva Berkovich-Ohana, "How Does It Feel to Lack a Sense of Boundaries? A Case Study of a Long-Term Mindfulness Meditator." Consciousness and Cognition 37(2015): 133-147; Yair Dor-Ziderman et al., "Mindfulness-Induced Selflessness: A MEG Neurophenomenological Study." Frontiers in Human Neuroscience 7(2013): 582.

16   Gregory N. Bratman et al., "Nature Experience Reduces Rumination and Subgenual Prefrontal Cortex Activation." Proceedings of the National Academy of Sciences of the USA 112, no. 28(2015): 8567-8572.

17   J. Paul Hamilton et al., "Depressive Rumination, the Default-Mode Network, and the Dark Matter of Clinical Neuroscience." Biological Psychiatry 78, no. 4(2015): 224-230.

18   Conor Liston et al., "Default Mode Network Mechanisms of Transcranial Magnetic Stimulation in Depression." Biological Psychiatry 76, no. 7(2014): 517-526.

19   Milan Scheidegger et al., "Ketamine Decreases Resting State Functional Network Connectivity in Healthy Subjects: Implications for Antidepressant Drug Action." PLOS ONE 7, no. 9(2012): e44799.

20   Femke Beute and Yvonne A. W. de Kort, "The Natural Context of Wellbeing: Ecological Momentary Assessment of the Influence of Nature and Daylight on Affect and Stress for Individuals with Depression Levels Varying from None to Clinical." Health & Place 49(2018): 7-18.

21 Andrew Fusek Peters, Dip: Wild Swims from the Borderlands(London: Rider, 2014). Quotes appear on pp. 143 and 212.

22 Elena Makovac et al., "The Verbal Nature of Worry in Generalized Anxiety: Insights from the Brain." NeuroImage: Clinical 17(2017): 882-892.

23 Norman A. S. Farb et al., "Attending to the Present: Mindfulness Meditation Reveals Distinct Neural Modes of Self-Reference." Social Cognitive and Affective Neuroscience 2, no. 4(2007): 313-322.

24 Veronique A. Taylor et al. "Impact of Meditation Training on the Default Mode Network During a Restful State." Social Cognitive and Affective Neuroscience 8, no. 1(2013): 4-14; Richard Harrison et al., "Trait Mindfulness Is Associated with Lower Pain Reactivity and Connectivity of the Default Mode Network." Journal of Pain(2018); https://doi.org 10.1016/j.jpain.2018.10.011.

25 Alexandra G. Rosati, "Foraging Cognition: Reviving the Ecological Intelligence Hypothesis." Trends in Cognitive Sciences 21, no. 9(2017): 691-702.

26 Fernanda Palhano-Fontes et al., "The Psychedelic State Induced by Ayahuasca Modulates the Activity and Connectivity of the Default Mode Network." PLOS ONE 10, no. 2(2015): e0118143; Robin L. Carhart-Harris et al., "Neural Correlates of the Psychedelic State as Determined by fMRI Studies with Psilocybin." Proceedings of the National Academy of Sciences of the USA 109, no. 6(2012): 2138-2143.

27 Enzo Tagliazucchi et al., "Increased Global Functional Connectivity Correlates with LSD-Induced Ego Dissolution." Current Biology 26, no. 8(2016): 1043-1050.

28 Terry Louise Terhaar, "Evolutionary Advantages of Intense Spiritual Experience in Nature." Journal for the Study of Religion, Nature & Culture 3, no. 3(2009): 303-339.

29 Rich Roll, Finding Ultra: Rejecting Middle Age, Becoming One of the

World's Fittest Men, and Discovering Myself(New York: Crown/ Three Rivers Press, 2012). Quote appears on p. 13.

30 Woman's hiking anecdote and quote appears in Laura M. Fredrickson and Dorothy H. Anderson, "A Qualitative Exploration of the Wilderness Experience as a Source of Spiritual Inspiration." Journal of Environmental Psychology 19, no. 1(1999): 21-39.

31 Kathryn E. Schertz et al., "A Thought in the Park: The Influence of Naturalness and Low-Level Visual Features on Expressed Thoughts." Cognition 174(2018): 82-93.

32 Holli-Anne Passmore and Andrew J. Howell, "Eco-Existential Positive Psychology: Experiences in Nature, Existential Anxieties, and Well-Being." The Humanistic Psychologist 42, no. 4(2014): 370-388.

33 F. Stephan Mayer et al., "Why Is Nature Beneficial? The Role of Connectedness to Nature." Environment and Behavior 41, no. 5(2009): 607-643.

34 Stephen R. Kellert and Edward O. Wilson, eds., The Biophilia Hypothesis(Washington, DC: Island Press, 1993).

35 Colin A. Capaldi, Raelyne L. Dopko, and John M. Zelenski, "The Relationship Between Nature Connectedness and Happiness: A Meta-Analysis." Frontiers in Psychology 5(2014): doi: 10.3389/ fpsyg.2014.00976; Anne Cleary et al., "Exploring Potential Mechanisms Involved in the Relationship Between Eudaimonic Wellbeing and Nature Connection." Landscape and Urban Planning 158(2017): 119-128.

36 M. P. White et al., "Natural Environments and Subjective Wellbeing: Different Types of Exposure Are Associated with Different Aspects of Wellbeing." Health & Place 45(2017): 77-84.

37 George MacKerron and Susana Mourato, "Happiness Is Greater in Natural Environments." Global Environmental Change 23, no. 5(2013): 992-1000.

38 Neil E. Klepeis et al., "The National Human Activity Pattern Survey (NHAPS):

A Resource for Assessing Exposure to Environmental Pollutants." Journal of Exposure Analysis and Environmental Epidemiology 11, no. 3(2001): 231-252.

39   I learned this fact from Scott Kelly, Endurance: My Year in Space, A Lifetime of Discovery(New York: Knopf, 2017).

40   Debbora Battaglia, "Aeroponic Gardens and Their Magic: Plants/ Persons/ Ethics in Suspension." History and Anthropology 28, no. 3(2017): 263-292.

41   Rollo May, Man's Search for Himself(New York: Norton, 2009). Quote appears on p. 49. (《자아를 잃어버린 현대인》, 백상창 옮김, 문예출판사, 2015년 10월)

42   Christopher A. Lowry et al., "The Microbiota, Immunoregulation, and Mental Health: Implications for Public Health." Current Environmental Health Reports 3, no. 3(2016): 270-286.

43   Graham A. W. Rook, Charles L. Raison, and Christopher A. Lowry, "Childhood Microbial Experience, Immunoregulation, Inflammation, and Adult Susceptibility to Psychosocial Stressors and Depression." In Bernhard T. Baune, ed., Inflammation and Immunity in Depression: Basic Science and Clinical Applications (Cambridge, MA: Academic Press, 2018), 17-44; Charles L. Raison, Christopher A. Lowry, and Graham A. W. Rook, "Inflammation, Sanitation, and Consternation: Loss of Contact with Coevolved, Tolerogenic Microorganisms and the Pathophysiology and Treatment of Major Depression." Archives of General Psychiatry 67, no. 12(2010): 1211-1224.

44   Aileen V. Ireland et al., "Walking Groups for Women with Breast Cancer: Mobilising Therapeutic Assemblages of Walk, Talk and Place." Social Science & Medicine(2018): https://doi.org/10.1016/j.socscimed.2018.03.016.

45   Søren Christensen, "Seeding Social Capital? Urban Community Gardening and Social Capital." Civil Engineering and Architecture 5, no. 3(2017):

104-123.

46 J. Mailhot, "Green Social Work and Community Gardens: A Case Study of the North Central Community Gardens." Master's thesis, University of Nordland, Bodo, Norway, 2015.

47 Joana Chan, Bryce DuBois, and Keith G. Tidball, "Refuges of Local Resilience: Community Gardens in Post-Sandy New York City." Urban Forestry & Urban Greening 14, no. 3(2015): 625-635. Quote appears on p. 631.

48 E. O. Wilson, Consilience: The Unity of Knowledge(New York: Knopf, 1998). Quote appears on p. 6.

49 2016 National Evaluation of Green Gym, supported by the New Economics Foundation (NEF). Full report available at https://www.tcv.org.uk/sites/default/files/green-gym-evaluation-report-2016.pdf.

50 Debarati Mukherjee et al., "Park Availability and Major Depression in Individuals with Chronic Conditions: Is There an Association in Urban India?" Health & Place 47(2017): 54-62; Mathew P. White et al., "Would You Be Happier Living in a Greener Urban Area? A Fixed-Effects Analysis of Panel Data." Psychological Science 24, no. 6(2013): 920-928; Kirsten M. M. Beyer et al., "Exposure to Neighborhood Green Space and Mental Health: Evidence from the Survey of the Health of Wisconsin." International Journal of Environmental Research and Public Health 11, no. 3(2014): 3453-3472.

51 Eugenia C. South et al., "Effect of Greening Vacant Land on Mental Health of Community-Dwelling Adults: A Cluster Randomized Trial." JAMA Network Open 1, no. 3(2018): e180298.

52 Thomas O. Perry, "Tree Roots: Facts and Fallacies." Arnoldia 49, no. 4(1989): 3-24.

1 Statistics about ultramarathon participation in North America are from http://realendurance.com/summary.php.

2 Comrades Marathon, "Beginnings"; http://www.comrades.com/ marathoncentre/club-details/8-news/latest-news/326-history-of-comrades.

3 Robin Harvie, The Lure of Long Distances: Why We Run (New York: Public Affairs, 2011). Quote appears on p. 140.

4 David Heinz, Victor Vogel, et al., "Disturbed Experience of Time in Depression-Evidence from Content Analysis." Frontiers in Human Neuroscience 12(2018): 66.

5 Dolores A. Christensen, "Over the Mountains and Through the Woods: Psychological Processes of Ultramarathon Runners." PhD dissertation, Springfield College, 2017.

6 Harvie, The Lure of Long Distances. Quotes appear on pp. 239-240, 267.

7 Jennifer Pharr Davis, The Pursuit of Endurance: Harnessing the Record-Breaking Power of Strength and Resilience(New York: Viking, 2018). Quote appears on p. 293.

8 Karen Weekes, "Cognitive Coping Strategies and Motivational Profiles of Ultra-Endurance Athletes." PhD dissertation, Dublin City University, 2004.

9 Kirsty-Ann Burroughs, "Faith and Endurance: The Relationship Between Distinct Theologies and the Experience of Running for Christian Women." PhD dissertation, University of Brighton, 2004.

10 Robert H. Coker et al., "Metabolic Responses to the Yukon Arctic Ultra: Longest and Coldest in the World." Medicine and Science in Sports and Exercise 49, no. 2(2017): 357-362.

11 Christiane D. Wrann et al., "Exercise Induces Hippocampal BDNF Through a PGC-1α/ FNDC5 Pathway." Cell Metabolism 18, no. 5(2013): 649-659; David A. Raichlen and Gene E. Alexander, "Adaptive Capacity:

An Evolutionary Neuroscience Model Linking Exercise, Cognition, and Brain Health." Trends in Neurosciences 40, no. 7(2017): 408-421; Ning Chen et al., "Irisin, an Exercise-Induced Myokine as a Metabolic Regulator: An Updated Narrative Review." Diabetes/Metabolism Research and Reviews 32, no. 1(2016): 51-59.

12 Wen-Jun Tu et al., "Decreased Level of Irisin, a Skeletal Muscle Cell-Derived Myokine, Is Associated with Post-Stroke Depression in the Ischemic Stroke Population." Journal of Neuroinflammation 15, no. 1(2018): 133; Csaba Papp et al., "Alteration of the Irisin-Brain-Derived Neurotrophic Factor Axis Contributes to Disturbance of Mood in COPD Patients." International Journal of Chronic Obstructive Pulmonary Disease 12(2017): 2023-2033.

13 Judit Zsuga et al., "FNDC5/Irisin, a Molecular Target for Boosting Reward-Related Learning and Motivation." Medical Hypotheses 90(2016): 23-28.

14 Aline Siteneski et al., "Central Irisin Administration Affords Antidepressant-Like Effect and Modulates Neuroplasticity-Related Genes in the Hippocampus and Prefrontal Cortex of Mice." Progress in Neuro-Psychopharmacology and Biological Psychiatry 84(2018): 294-303.

15 Muaz Belviranli et al., "The Relationship Between Brain-Derived Neurotrophic Factor, Irisin and Cognitive Skills of Endurance Athletes." Physician and Sportsmedicine 44, no. 3(2016): 290-296; Yunho Jin et al., "Molecular and Functional Interaction of the Myokine Irisin with Physical Exercise and Alzheimer's Disease." Molecules 23, no. 12(2018): e3229; Dong-Jie Li et al., "The Novel Exercise-Induced Hormone Irisin Protects Against Neuronal Injury via Activation of the Akt and ERK½ Signaling Pathways and Contributes to the Neuroprotection of Physical Exercise in Cerebral Ischemia." Metabolism 68(2017): 31-42.

16 Ning Chen et al., "Irisin, an Exercise-Induced Myokine as a Metabolic Regulator: An Updated Narrative Review." Diabetes/ Metabolism Research

and Reviews 32, no. 1(2016): 51-59.

17   For an introduction to the concept of myokines, see: Martin Whitham
      and Mark A. Febbraio, "The Ever-Expanding Myokinome: Discovery
      Challenges and Therapeutic Implications." Nature Reviews Drug Discovery
      15, no. 10(2016): 719-729; Svenia Schnyder and Christoph Handschin,
      "Skeletal Muscle as an Endocrine Organ: PGC-1α, Myokines and Exercise."
      Bone 80(2015): 115-125; Jun Seok Son et al., "Exercise-Induced Myokines:
      A Brief Review of Controversial Issues of This Decade." Expert Review of
      Endocrinology & Metabolism 13, no. 1(2018): 51-58.

18   Jill Fox et al., "Effect of an Acute Exercise Bout on Immediate Post-
      Exercise Irisin Concentration in Adults: A Meta-Analysis." Scandinavian
      Journal of Medicine and Science in Sports 28, no. 1(2018): 16-28.

19   Stella S. Daskalopoulou et al., "Plasma Irisin Levels Progressively Increase
      in Response to Increasing Exercise Workloads in Young, Healthy, Active
      Subjects." European Journal of Endocrinology 171, no. 3(2014): 343-352.

20   Martin Whitham et al., "Extracellular Vesicles Provide a Means for Tissue
      Crosstalk During Exercise." Cell Metabolism 27, no. 1(2018): 237-251.

21   Leandro Z. Agudelo et al., "Skeletal Muscle PGC-1α1 Modulates Kynurenine
      Metabolism and Mediates Resilience to Stress-Induced Depression." Cell
      159, no. 1(2014): 33-45; Maja Schlittler et al., "Endurance Exercise Increases
      Skeletal Muscle Kynurenine Aminotransferases and Plasma Kynurenic Acid
      in Humans." American Journal of Physiology-Cell Physiology 310, no.
      10(2016): C836-840.

22   Cristy Phillips and Ahmad Salehi, "A Special Regenerative Rehabilitation
      and Genomics Letter: Is There a 'Hope' Molecule?" Physical Therapy 96,
      no. 4(2016): 581-583.

23   Brittany A. Edgett et al., "Dissociation of Increases in PGC-1α and Its
      Regulators from Exercise Intensity and Muscle Activation Following
      Acute Exercise." PLOS ONE 8, no. 8(2013): e71623; Lee T. Ferris, James

S. Williams, and Chwan-Li Shen, "The Effect of Acute Exercise on Serum Brain-Derived Neurotrophic Factor Levels and Cognitive Function." Medicine & Science in Sports & Exercise 39, no. 4(2007): 728-734; Malcolm Eaton et al., "Impact of a Single Bout of High-Intensity Interval Exercise and Short-Term Interval Training on Interleukin-6, FNDC5, and METRNL mRNA Expression in Human Skeletal Muscle." Journal of Sport and Health Science 7, no. 2(2018): 191-196; Ayhan Korkmaz et al., "Plasma Irisin Is Increased Following 12 Weeks of Nordic Walking and Associates with Glucose Homoeostasis in Overweight/Obese Men with Impaired Glucose Regulation." European Journal of Sport Science 19, no. 2(2019): 258-266; Katya Vargas-Ortiz et al., "Aerobic Training But No Resistance Training Increases SIRT3 in Skeletal Muscle of Sedentary Obese Male Adolescents." European Journal of Sport Science 18, no. 2(2018): 226-234.

24 Cesare Granata, Nicholas A. Jamnick, and David J. Bishop, "Principles of Exercise Prescription, and How They Influence Exercise-Induced Changes of Transcription Factors and Other Regulators of Mitochondrial Biogenesis." Sports Medicine 48, no. 7(2018): 1541-1559; Casper Skovgaard et al., "Combined Speed Endurance and Endurance Exercise Amplify the Exercise-Induced PGC-1α and PDK4 mRNA Response in Trained Human Muscle." Physiological Reports 4, no. 14(2016): e12864.

25 Shanhu Qiu et al., "Acute Exercise-Induced Irisin Release in Healthy Adults: Associations with Training Status and Exercise Mode." European Journal of Sport Science 18, no. 9(2018): 1226-1233.

26 Terri Schneider, Dirty Inspirations: Lessons from the Trenches of Extreme Endurance Sports(Hobart, NY: Hatherleigh, 2016).

27 "50 Stunning Olympic Moments No. 3: Derek Redmond and Dad Finish 400m." The Guardian, November 30, 2011; https://www.theguardian.com/sport/blog/2011/nov/30/50-stunning-olympic-moments-derek-redmond.

28   Quicke, "The Phenomenon of Community."

29   Brock Bastian, Jolanda Jetten, and Laura J. Ferris, "Pain as Social Glue: Shared Pain Increases Cooperation." Psychological Science 25, no. 11(2014): 2079-2085.

30   Harvey Whitehouse and Jonathan A. Lanman, "The Ties That Bind Us: Ritual, Fusion, and Identification." Current Anthropology 55, no. 6(2014): 674-695.

31   Dimitris Xygalatas, "The Biosocial Basis of Collective Effervescence: An Experimental Anthropological Study of a Fire-Walking Ritual." Fieldwork in Religion 9, no. 1(2014): 53-67.

32   Stacey Burling, "What Do Dying People Really Talk About at the End of Life?" Philadelphia Inquirer, December 13, 2018; http://www.philly.com/health/what-do-hospice-patients-talk-about-towson-death-regret-family-gratitude-20181214.html.

33   John Stevens and Tadashi Namba, The Marathon Monks of Mount Hiei(Brattleboro, VT: Echo Point Books & Media, 2013).

마무리 제언

1   Sigmund Loland, "The Exercise Pill: Should We Replace Exercise with Pharmaceutical Means?" Sport, Ethics and Philosophy 11, no. 1(2017): 63-74.

2   Doug Anderson, "Recovering Humanity: Movement, Sport, and Nature." Journal of the Philosophy of Sport 28, no. 2(2001): 140-150.